Das Familienbrett

Das Familienbrett

Ein Verfahren für die Forschung und Praxis mit Familien und anderen sozialen Systemen

herausgegeben von
Kurt Ludewig und Ulrich Wilken

 Hogrefe · Verlag für Psychologie
Göttingen · Bern · Toronto · Seattle

Dr. Kurt Ludewig, geb. 1942. 1966-1971 Studium der Psychologie in Hamburg. 1978 Promotion. 1974-1992 Wissenschaftlicher Angestellter und Dozent in der Abteilung für Kinder- und Jugendpsychiatrie der Universität Hamburg. Seit 1992 Leitender Psychologe der Klinik und Poliklinik für Psychiatrie und Psychotherapie des Kindes- und Jugendalters der Westfälischen Wilhelms-Universität Münster. Mitbegründer und Direktor des Instituts für systemische Studien e.V. Hamburg.

Dipl.-Psych. Ulrich Wilken, geb. 1956. 1979-1983 Studium der Psychologie in Hamburg. Mitbegründer des Instituts für systemische Studien e.V. Hamburg. Seit 1986 Lehrtherapeut und Supervisor (SG) in systemischer Therapie. Seit 1986 Psychotherapie, Supervision und Organisationsberatung in eigener Praxis.

Die Deutsche Bibliothek - CIP-Einheitsaufnahme

Das Familienbrett:
ein Verfahren für die Forschung und Praxis mit Familien und anderen sozialen Systemen / hrsg. von Kurt Ludewig und Ulrich Wilken.- Göttingen ; Bern ; Toronto ; Seattle : Hogrefe, Verl. für Psychologie, 2000
ISBN 3-8017-1329-6

© Hogrefe-Verlag, Göttingen • Bern • Toronto • Seattle 2000
Rohnsweg 25, D-37085 Göttingen

Das Werk einschließlich aller seiner Teile ist urheberrechtlich geschützt. Jede Verwertung außerhalb der engen Grenzen des Urheberrechtsgesetzes ist ohne Zustimmung des Verlages unzulässig und strafbar. Das gilt insbesondere für Vervielfältigungen, Übersetzungen, Mikroverfilmungen und die Einspeicherung und Verarbeitung in elektronischen Systemen.

Gesamtherstellung: Dieterichsche Universitätsbuchdruckerei
W. Fr. Kaestner GmbH & Co. KG, 37124 Rosdorf / Göttingen
Printed in Germany
Auf säurefreiem Papier gedruckt

ISBN 3-8017-1329-6

Für Angelika und Philipp,
Gabi und Leonie.

Vorwort

Kurt Ludewig und Ulrich Wilken

Gegen Ende der 70er Jahre war unter den Familientherapeuten an der Abteilung für Kinder- und Jugendpsychiatrie des Universitäts-Krankenhauses Hamburg-Eppendorf Bedarf nach einem Verfahren entstanden, das es ermöglichte, die Komplexität von Verläufen und Ergebnissen bei Familientherapien möglichst unverfälscht zu dokumentieren. Denn bis dahin war man auf ziemlich unübersichtliche schriftliche Protokolle angewiesen. Es galt also, der systemtheoretischen Forderung, "komplexitätserhaltende Komplexitätsreduktion" zu leisten, gerecht zu werden. Um dieses Problem zu lösen, bildeten Diplomanden der Psychologie eine Arbeitsgruppe unter der Leitung von Kurt Ludewig. Dazu gehörten Sybille Ellinger, Jan Seemann und Karin Pflieger. Zunächst wurden verschiedene Techniken wie z.B. Zeichnungen probiert. Diesen waren aber enge Grenzen gesetzt, da einmal Gezeichnetes nicht ohne weiteres zu verändern war, während die Prozesse einer Familientherapie sich fortlaufend veränderten. Im nächsten Schritt benutzten wir verschiedene kleine Gegenstände wie Murmeln, Münzen, Streichhölzer. Die damit gewonnene Flexibilität stellte uns aber schnell vor eine neue Schwierigkeit, nämlich diese Veränderungen auf sinnvolle Weise festzuhalten. Einer der Studenten erschien eines Tages mit dem rettenden Vorschlag. Er hatte ein Holzbrett und dazu einige rundliche und eckige Holzfiguren gefertigt. Wir erkannten darin eine Möglichkeit, sowohl der prozeßhaften Veränderung in Therapien mit Mehr-Personen-Systemen als auch deren Dokumentierung gerecht zu werden. Die Bezeichnung "Familienbrett" ergab sich dann fast von selbst.

In der Folgezeit entstand nach und nach ein Projekt mit dem Ziel, die wissenschaftlichen und praktischen Möglichkeiten, die das Familienbrett anbot, zu erkunden und zu überprüfen. Die seit 1983 gültige Gestalt des Instruments geht auf Ulrich Wilken zurück. Aus früheren Erfahrungen mit ähnlichen Verfahren, etwa dem Sceno-Test, erschien uns wichtig, die zu verwendenden Figuren mit einem Minimum an Eigenschaften auszustatten. Wir einigten uns auf zwei Sorten von Figuren: rund und eckig, und auf zwei Größen: lang und kurz. Später kamen drei farbige, sechseckige Figuren hinzu.

In den Jahren 1979-1993 wurde eine Reihe von wissenschaftlichen Arbeiten im Umkreis des erwähnten Projekts an der Universität Hamburg durchgeführt. Beteiligt waren Psychologen und Mediziner. Im Rahmen dieser Arbeiten sowie auch der praktischen Erfahrungen mit dem *Familienbrett* wurde zunehmend deutlich, daß dessen Verwendbarkeit weit über das einstmals anvisierte Ziel der Dokumentation hinausreichte. Als Reservoir weitgehend abstrakter Zeichen und Symbole glich das

Familienbrett einer Sprache, die geeignet war, um Kommunikation über soziale Prozesse und Systeme zu fördern. Wir gingen also dazu über, das Familienbrett als *Kommunikationsmittel* für die Kommunikation über soziale Phänomene aufzufassen. Dabei zeigte sich, daß das *Familienbrett* nicht nur für die Dokumentation geeignet war, indem es "Momentaufnahmen" eines sozialen Prozesses *en miniature* liefert, sondern auch um diese Prozesse und deren Veränderung zu beobachten und festzuhalten. Zudem erlaubt es dem Beobachter ("Untersucher"), im Verlauf beraterischer, therapeutischer und supervisorischer Prozesse aktiv in den Aufstellungsprozeß der Probanden einzugreifen.

Die Gütekriterien der traditionellen Testpsychologie sind in Anlehnung an die Physik auf die Erfassung formkonstanter und zeitstabiler Gegenstände ausgerichtet. Diese erweisen sich aber für die Beurteilung von Verfahren, die soziale Prozesse, also prinzipiell instabile Ereignisse fokussieren als ungeeignet. An deren Stelle wurden neue, kommunikationstheoretisch gefaßte Kriterien formuliert: Brauchbarkeit und Nützlichkeit, die im nachhinein der Luhmann'schen "Anschlußfähigkeit" vergleichbar erschienen. Als ein weiteres Kriterium kam der Zugewinn, der fragt, ob das Verfahren gegenüber anderen Kommunikationsmitteln Vorteile erbringt. Ein Verfahren ist dann "brauchbar", wenn man mittels des vorgelegten Materials sozial relevante Informationen ausdrücken und verständlich mitteilen kann, es ist "nützlich", wenn der Adressat diese Mitteilungen auf sinnvolle Weise versteht.

Der vorliegende Band bietet im Unterschied zu üblichen Handanweisungen keine Vorschriften, sondern vielmehr Anregungen für den Einsatz des Verfahrens in Forschung und Praxis an. Getreu der Maßgabe, als Kommunikationsmittel zu dienen, setzt er der Kreativität des Benutzers keine Grenzen. Anstelle einer festgelegten "Gebrauchsanweisung" bekommt hier der Benutzer unterschiedliche Hinweise aus Wissenschaft und Praxis. Es handelt sich also um ein "Manual" besonderer Art.

Im ersten Beitrag werden die konzeptionelle Grundlage und erste Ergebnisse aus eigenen Untersuchungen der genannten Arbeitsgruppe zusammengefaßt. Die weiteren Beiträge referieren über die Erfahrungen von Wissenschaftlern und Praktikern mit dem *Familienbrett* in ihren jeweiligen Arbeitsgebieten. Der Band ist thematisch in folgende Schwerpunkte aufgeteilt: Theorie und Methode, Forschung und praktische Anwendung. Er schließt mit einer Erhebung bei Benutzern zur Nützlichkeit des Instruments, der Beschreibung eines PC-fähigen Programms für die Dokumentierung und zusammengefaßte Hinweise für die Anwendung.

Wir danken allen Autoren herzlichst für ihre Bereitschaft, mit ihren in der gebotenen Kürze verfaßten Beiträgen zur Verwirklichung dieser ersten umfassenden Publikation zum Familienbrett geholfen zu haben. Besonders möchten wir Herrn PD Dr. G. Bergmann danken, der die Mühe nicht gescheut hat, neben seiner klinischen Arbeit die Dissertation seiner in jungen Jahren verstorbenen Medizinstudentin, Sabine Klotz-Nicolas, mit einem Beitrag zu würdigen. Zudem danken wir allen damaligen Studentinnen und Studenten, die mit ihrer Arbeit zur Aufklärung über den Wert des Instruments beigetragen haben. Dem Verlag Hogrefe, insbesondere Herrn Dr. Michael Vogtmeier, danken wir für die Unterstützung unseres Vorhabens.

Inhaltsverzeichnis

I   Theorie und Methode

Das Familienbrett - Theorie, Methode, Entwicklungen
Kurt Ludewig 13

Eine systemtheoretische Operationalisierung des Familienbretts
Martin Bökmann 37

Methodologische Probleme handlungsorientierter, systemischer
Diagnostik am Beispiel des Familienbretts
Frank Baumgärtel 45

II   Einsatz in der Forschung

Das Familienbrett als Prozeßvariable bei stationär-psychosomatischer
Therapie - eine systemorientierte Verlaufsuntersuchung
Günther Bergmann und Sabine Klotz-Nicolas † 59

Alkohol und Familie - Erkundungen mit dem Familienbrett
Birgit Knuschke und Sabine Reichelt-Nauseef 79

Ablösungsprozesse bei Adoleszenten - ein systemischer Forschungsansatz
Thomas Dirksen 91

III   Einsatz in der Praxis

Ein Bild statt vieler Worte - Das Familienbrett in der stationären
Entgiftungsbehandlung und in der Allgemeinpsychiatrie
Heike Schmidt und Sabine Haude 103

Das Familienbrett im Praxisfeld Justizvollzug
Jörg Jesse 113

Kurzer Prozeß - Arbeit mit dem Familienbrett in der Supervision
Elke Sengmüller 119

Das Familienbrett in der forensischen Begutachtung -
Familienrechts- und Vormundschaftssachen
Annegret von Osterroht 127

Das Familienbrett im Rahmen tiefenpsychologisch orientierter Einzeltherapie
Heike Schmidt 135

Das Familienbrett in Organisationsberatung und Supervision
Werner Simmerl 141

IV Nützlichkeit

Erhebung über die Anwendung des Familienbretts
Ulrich Wilken 149

Eine praxisorientierte Dokumentations-Software für die Arbeit
mit dem Familienbrett
Georg Schmidt 157

V Hinweise zur Anwendung

Hinweise zur Anwendung - eine Übersicht
Kurt Ludewig und Ulrich Wilken 163

Literaturverzeichnis 169

Autorenverzeichnis 177

I

THEORIE UND METHODE

Das Familienbrett - Theorie, Methode, Entwicklungen

Kurt Ludewig

Einleitung

Die Bedeutung von Familienbeziehungen für die psychische Gesundheit ihrer Mitglieder, darüber hinaus aber auch als unmittelbare Ressource bei der Überwindung psychischer Beeinträchtigungen ist allgemein bekannt und hinlänglich empirisch belegt (vgl. z.B. Mattejat u. Remschmidt 1991, 1997). In den Siebziger Jahren erreichte die zuerst im angelsächsischen Raum aufgekommene Familientherapie-Bewegung auch Deutschland und wurde insbesondere in Kinder- und Jugendpsychiatrien und Erziehungsberatungsstellen eingeführt. Dabei entstand ein Bedarf an Instrumenten für eine angemessene Diagnostik und Dokumentation. Denn die Einbeziehung sozialer Systeme in Therapie und Beratung brachte eine stark anwachsende Zahl von Daten mit sich und erforderte neuartige Techniken, um diese auf sinnvolle Weise zu erfassen. Im Rahmen der damaligen Familienforschung waren vor allem in den USA verschiedene Tests, Fragebögen, Interviews und spezielle Ansätze für die experimentelle Beobachtung unter kontrollierten und "natürlichen" Bedingungen entstanden. Diese waren aber in der Regel entweder zu aufwendig, um für eine praxisnahe Dokumentation und Forschung relevant zu sein (vgl. z.B. Karrass u. Hausa 1981), oder sie waren auf dem Hintergrund individuumsbezogener Konzepte erdacht worden und daher für die Arbeit mit sozialen Systemen nur bedingt nützlich (vgl. Riskin u. Faunce 1972; Cromwell et al. 1976; Cierpka 1988, 1996; Jacob 1987).

Das *Familienbrett* < FB > wurde 1978 von einer Arbeitsgruppe unter der Leitung von Kurt Ludewig an der Abteilung für Kinder- und Jugendpsychiatrie des Universitäts-Krankenhauses Hamburg-Eppendorf konzipiert. Es wurde mit dem Ziel entworfen, ein einfach zu handhabendes und konzeptionell möglichst unspezifisches Instrument an die Hand zu bekommen, um abseits von der analytisch und positivistisch geprägten Testpsychologie familientherapeutische Prozesse und familiendynamische Fragestellungen angemessen zu dokumentieren und erforschen. Eine erste empirische Erprobung des Instruments datiert auf 1980 (Pflieger 1980), erste Publikationen auf 1983 (Ludewig et al. 1983; Ludewig u. Wilken 1983). In den Folgejahren wurde jedoch deutlich, daß das FB über die ursprüngliche Zielsetzung hinaus durchaus geeignet war, um bei anderen als familienbezogenen Prozessen eingesetzt zu werden, so zum Beispiel als Mittel der Therapie und Beratung aber auch in der Supervision und Organisationsentwicklung.

Das *Familienbrett* wird wie ein Brettspiel gehandhabt. Es beinhaltet gewissermaßen eine Miniaturversion einer Familienskulptur (vgl. z. B. Simon 1972; Papp et al. 1973; Jefferson 1978; Schweitzer u. Weber 1982; von Schlippe u. Kriz 1993). Es unterscheidet sich aber von "realen" Familienskulpturen dadurch, daß die Aufstellung auf dem Brett eine symbolisierte, gewissermaßen "virtuelle" Kommunikationsebene und so einen Unterschied zu jener der "realen" Personen erzeugt. Damit bietet es eine neue und andersartige Möglichkeit zur (Meta)Kommunikation über das aufgestellte soziale System. Aufgrund der geringen Vorstrukturiertheit des Materials eignet sich das FB für eine große Vielfalt von Fragestellungen. Die Figurenaufstellungen lassen sich je nach Ziel der Anwendung variieren, ohne daß die beteiligten Personen dabei physisch und psychisch überstrapaziert werden. Im therapeutischen Prozeß eignet es sich ganz besonders für das Ausprobieren von bisher nicht erkannten Alternativen zu aktuellen Problemen, aber auch für die Rekonstruktion vergangener Ereignisse und für ein konkretisierendes Ausmalen von Zukunftsphantasien. Diese Aspekte sind übliche Interventionen bei lösungsorientierten Therapieansätzen.

Verfahren der Familiendiagnostik

Erste Ansätze der Therapie mit Familien lassen sich auf das Wien der Zwanziger Jahre zurückverfolgen, und zwar auf Arbeiten von Alfred Adler (vgl. Ackerknecht 1983). Die eigentliche Familientherapie entwickelt sich aber erst ab den 50er Jahren im angelsächsischen Raum. Seitdem sind immer wieder neue Handlungs- und Erklärungsmodelle entstanden, die psychopathologische Auffälligkeiten einzelner Menschen auf Prozesse und/oder strukturelle Merkmale relevanter sozialer Systeme, vor allem der Familie, zurückführen. Diagnostische Verfahren, die interaktionelle Komplexität ohne übermäßige Komplexitätsreduktionen erfassen sollen, wurden verschiedentlich entworfen und geprüft. Die sog. konstruktivistische Wende der Achtziger Jahre führte aber die Familientherapie in die neuere Systemische Therapie über (vgl. Reiter et al. 1997) und erforderte, daß wissenschaftlich brauchbare Instrumente darüber hinaus keine übermäßige "Einfrierung" der selbstorganisierenden Dynamiken, die das soziale Systeme charakterisieren, in Kauf nehmen. Cierpka (1996) fordert, daß diagnostische Aussagen über Familien und andere soziale Systeme mindestens drei Organisationsebenen - individuelle, interpersonelle und gesamtsystemische Kategorien - einbeziehen sollen. Außerdem seien Längs- und Querperspektiven gleichzeitig zu berücksichtigen, zumal die aktuelle Struktur eines sozialen Systems an dessen Interaktionsgeschichte anschließt. Im Hinblick auf die Vorgehensweisen der Familiendiagnostik unterscheidet Cierpkas Handbuch der Familiendiagnostik zwischen Verfahren klinischer Diagnostik und empirisch-diagnostischen Methoden (vgl. auch Reiss 1983). Zu den klinischen Verfahren zählen das klinische Familiengespräch und die Skulpturverfahren; zu den empirischen Methoden gehören standardisierte Familieninterviews und Beobachtungsmethoden sowie Fragebogeninventare (vgl. z.B. Mattejat 1993, Schiepek 1999).

Familienfragebogen

Nach testtheoretischen Kriterien konstruierte Fragebögen im Rahmen der Familientherapie haben zum Ziel, spezifische "Familienmuster" in Analogie zu den "Persönlichkeitseigenschaften" der Differentiellen Psychologie möglichst objektiv zu erfassen. Bei Studien sozialer Interaktionen in Kleingruppen waren bereits in den 50er Jahren zwei Hauptdimensionen interpersoneller Einstellungen unterschieden worden: instrumentelle und expressive Funktion bzw. Macht und Emotionalität (vgl. Parsons & Bales 1955; Argyle 1973). Erste Versuche, diese Aspekte dimensional anzuordnen, ergaben ein kreisförmig angeordnete Typologie, ein Circumplex-Modell (vgl. Leary 1957; Schaefer 1959). In Anlehnung daran erarbeitet die Arbeitsgruppe um D.H. Olson ein empirisches Circumplex-Model of Marital and Family Systems (vgl. z.B. Olson et al. 1979, 1983). Die dieses Modell kennzeichnende Dimensionen - Kohäsion und Anpassungsfähigkeit (adaptability) - erlaubten eine vereinfachte und doch umfassende Beschreibung familialer Interaktionen, die aber allein die jeweils individuelle Sicht einzelnen Mitglieder abbildet. Kohäsion betrifft die emotionalen Bindungen der Familienmitglieder untereinander und variiert zwischen den Extremen losgelöster (disengaged) und verstrickter (enmeshed) Interaktionsweisen. Adaptabilität variiert zwischen rigide und chaotisch und liefert ein Maß für die Flexibilität von Familien, ihre Strukturen, Rollen und Beziehungsregeln an situationelle Erfordernisse anzupassen. Eine dritte Dimension "Kommunikation" stellt einen modulierenden (facilitating) Faktor dar und betrifft die Art und Weise, wie sehr es Paaren und Familien gelingt, in den beiden anderen Dimensionen variabel zu bleiben.

Dieses Modell wurde von Olson und Mitarbeitern mittels verschiedener Versionen eines Fragebogens operationalisiert: FACES: Family Adaptability and Cohesion Evaluation Scales (vgl. z.B. Olson et al. 1985). Die Skalen stellen Operationalisierungen der Dimensionen Kohäsion und Adaptabilität dar. Mit Hilfe dieses Instruments sollte ermöglicht werden, "dysfunktionale" Familien, die einem extremen Familientyp entsprechen, von "funktionalen" Familien zu unterscheiden, die eher ausgeglichen sind und im Mittelbereich der Dimensionen liegen. Der FACES wurde trotz diskutabler Aussagekraft in der familientherapeutischen Forschung bislang am häufigsten eingesetzt (vgl. Benninghoven et al. 1996). Im deutschsprachigen Raum wurde jedoch dessen klinisch-empirische Aussagekraft und Diskriminierungsfähigkeit angezweifelt und dessen Verwendbarkeit im systemischen Verständnis ganz und gar bestritten (v. Schlippe u. Schweitzer 1988). Nach der konstruktivistischen Wende der 80er Jahre, die mit der Tradition älterer strukturalistischer Familientherapien brach, ist es um dieses Instrument ruhiger geworden.

Skulpturverfahren

Unter Skulpturverfahren versteht man Aufstellungsprozesse, in deren Verlauf die tatsächlich Beteiligten, z.B. Familienmitglieder, oder sie stellvertretende Rollenspieler die Beziehungsstruktur eines sozialen Systems im Raum abbilden. Frühe Formen dieser Aufstellungen in der Psychotherapie waren das Rollenspiel und die Inszenierungen beim Psychodrama (vgl. Moreno 1946). In der Familientherapie werden diese

Verfahren besonders von jenen Schulen angewandt, die an die Traditionen der Gestalttheorie und der Humanistischen Psychologie anknüpfen. Hier ist vor allem die sog. wachstumsorientierte Familientherapie nach Virginia Satir (1964), zum Teil aber auch der strukturalistische Ansatz in Anlehnung an Salvador Minuchin (1974) zu nennen. Wie bei allen soziometrischen Techniken, ganz besonders beim Soziogramm (vgl. z.B. Dollase 1973), haben Aufstellungen mit "realen" Personen als Protagonisten, ob als direkt Betroffene oder als Rollenspieler, den Vorteil, daß diese die dargestellten Situationen unmittelbar erleben (Aktualisierungsaspekt nach Grawe, 1994). "Reale" Darstellungen gewähren aber zugleich wenig Möglichkeiten zur emotionalen Distanzierung, so daß dieser Vorteil leicht zu einem Nachteil mit uneinschatzbaren Folgen werden kann (Man führe sich hierzu die eindrucksvolle Anziehungskraft von rituellen Massenveranstaltungen vor Augen, in denen die Not problembeladener Menschen öffentlich genutzt wird, um eindrucksvolle "Heilungen" herbeizuführen, mitunter auch unter der mißbräuchlichen Verwendung der Bezeichnung "systemische Psychotherapie".) "Reale" Skulpturen bieten zudem den Beteiligten eine eingeschränkte Perspektive des Gesamtbildes, zumal jedes Mitglied die Aufstellung allein aus dem Blickwinkel seiner Position im Raum verfolgen kann. Nicht zuletzt aus diesen Gründen sind in den letzten Jahrzehnten verschiedene Techniken entstanden, die zur Veranschaulichung sozialer Strukturen dienen, dabei aber höhere Freiheitsgrade für eine emotionale Distanzierung bieten. Darunter befinden sich verschiedene Zeichentests (Familie-in-Tieren, Verzauberte Familie usw.), das Genogramm (vgl. McGoldrick et al. 1990; Roedel 1994) und die sog. Figurenskulpturen. Arnold et al. (1988, 1996) unterscheiden die verschiedenen Formen von Skulpturverfahren danach, ob sie hauptsächlich projektive, interaktionelle oder strukturelle Schwerpunkte setzen.

Figurenskulpturverfahren <FSV>

Figurenskulpturverfahren (*figure placement techniques*) gehören nach Baumgärtel (1987, 1993) zu den *evokativen* Testverfahren. Evokation meint ein Auf- oder Hervorrufen von Handlungs- und Deutungsschemata aufgrund des Aufforderungscharakters des Testmaterials. Die FSV bestehen in der Regel aus handgroßen Figuren, mit deren Hilfe die Probanden <Pbn> die relevanten Personen eines sozialen Systems symbolisieren und auf einer vorgegebenen Fläche aufstellen. FSV erfüllen in besonderer Weise die Erfordernisse, die an eine diagnostische Erfassung sozialer Prozesse und Strukturen gestellt werden (vgl. Cromwell et al. 1976: 26ff.). Die inhaltliche Validität der Figurenaufstellungen folgt unmittelbar aus der Instruktion und erweist sich ebenfalls unmittelbar an der allseits überprüfbaren Darstellung. FSV erfassen die subjektiven Ansichten der Aufstellenden, erlauben aber auch ein direkte Beobachtung des interaktionellen Verhaltens beim Aufstellungsprozeß. Sowohl die Endanordnung der Figuren als auch der Prozeß der Aufstellung sind leicht dokumentierbar. Die ProbandInnen fühlen sich nicht auf für sie undurchschaubare Weise "getestet". FSV sind bei allen Alters- und sozialen Gruppen anwendbar und das Material ist meistens leicht zu handhaben. Zu diesen praktischen Aspekten kommt hinzu, daß FSV keine *a priori* konzeptionelle Festlegung voraussetzen, so daß sie auf dem Hintergrund verschiedener theoretischer Konzepte eingesetzt werden können.

Theorie, Methoden, Entwicklungen 17

Insofern können Figurenskulpturverfahren jedem der oben genannten drei Schwerpunkte zugeordnet werden: sie können interaktionell, strukturell und projektiv gedeutet werden. Erste wissenschaftliche Untersuchungen geben zu erkennen, daß zumindest die "psychometrischen" unter den FS-Verfahren (s. unten) testpsychologischen Kriterien genügen (vgl. Gehring et al. 1987, 1993b). Nebenher hat die Praxis gezeigt, daß die meisten unter den bekannten FSV auch in Therapie, Beratung und Supervision nutzbringend eingesetzt werden können. Zu den in Deutschland gebräuchlichen Figurenskulpturverfahren gehören neben dem *Familienbrett* der Scenotest (von Staabs 1964) und dem darauf aufbauenden Familienskulptur-Test (Wille 1982). Später kamen der Familiensystem-Test FAST (Gehring et al. 1989) und der Familien-Skulptur-Test FST (vgl. Hehl u. Ponge 1997; Hehl u. Priester 1998) hinzu. Nicht-standardisierte Darstellungsmittel (Murmeln, Münzen, Klötzchen usw.) wurden hingegen seit jeher von Familientherapeut/innen bei ihrer Arbeit eingesetzt.

Psychometrische Figurenskulpturverfahren

● *Kvebæk Family Sculpture Technique KFST.* So weit bekannt, wurde die erste standardisierte Version eines Figurenskulpturverfahrens 1973 von dem norwegischen Familientherapeuten David Kvebæk entworfen und im Rahmen eines unveröffentlichten Referats bei seinem Besuch in Nordamerika vorgestellt (vgl. Cromwell u. Peterson 1983). Die nach dem Autor benannte Kvebæk Family Sculpture Technique KFST wurde erst 1981 einer größeren Öffentlichkeit zugänglich gemacht (vgl. Cromwell et al. 1981). Ursprünglich für die familientherapeutische Praxis konzipiert, ging es bei dieser Technik um die Erfassung von emotionaler Nähe und Distanz in Familien. Cromwell et al. (1981) schlugen in ihrem Manual zum Verfahren vor, folgende Maße zu verwenden: Die Distanzen zwischen den Familienmitgliedern, etwaige Diskrepanzen zwischen Darstellungen, die unterschiedliche Einflußnahme einzelner Familienmitglieder beim Aufstellen und das Ausmaß der gewünschten Änderung. Auf diese Weise wurde der KFST für die empirische Forschung erweitert. Neuere Arbeiten zur Validierung des KFST zeigen jedoch widersprüchliche Ergebnisse. Während Berry et al. (1990) von einem signifikanten Zusammenhang zwischen emotionaler Distanz im KFST und Kohäsion im FACES berichten, weisen die Ergebnisse sorgfältiger Studien einer norwegischen Gruppe darauf hin, daß diese Korrelationen artifiziell durch eine semantische Beeinflussung der Pbn hervorgebracht worden sein könnte; das Konstrukt Kohäsion schien wesentlich komplexer zu sein, als es bisher verstanden wurde (vgl. Vandvik u. Eckblad 1993).

● *Familiensystem-Test FAST.* Der FAST geht auf Gehring (1990) zurück und ist in Zürich auf der Grundlage strukturalistischer Familienmodelle entstanden. Mittels dreidimensionaler Aufstellungen auf einem in Quadraten aufgeteilten Brett soll er die Dimensionen Kohäsion und Hierarchie auf voneinander unabhängige und eindeutig meßbare Weise erfassen. Um Mehrdeutigkeiten bei Aufstellung und Auswertung auszuschließen, wird den Pbn per Anweisung mitgeteilt, was die einzelnen Merkmale des Instruments bedeuten und wie die erfragten Aspekte darzustellen sind. Das auf Annahmen strukturalistischer Familientheorie ausgerichtete Verfahren wies nach bisherigen empirischen Ergebnissen eine gewisse Konstruktvalidität auf. So zeigte eine Schweizer Untersuchungsreihe an Kindern, daß die FAST-Aufstellungen zwischen "klinischen" und "nicht-klinischen" Kindergruppen unterschieden (vgl. Marti u. Gehring 1992; Gehring u. Marti 1993a).

- *Familien-Skulptur-Test FST*. Dieses von F.J. Hehl und MitarbeiterInnen parallel zum FAST entworfene Verfahren mißt drei Beziehungsdimensionen: Einfluß bzw. Macht, Beziehungsintensität und Beziehungsqualität bzw. emotionale Bindung. Diese Beziehungsmerkmale werden mit Hilfe der Größe und Distanz sowie des Blickwinkels der aufgestellten Figuren operationalisiert. Die Pbn erhalten eine ausdrückliche Instruktion zur Verwendung der Figuren und zur Darstellung der Beziehungsmerkmale. Neuere Untersuchungen lieferten Belege für die Brauchbarkeit des FST in der Sozialforschung bei jugendlichen Spätaussiedlern (vgl. Hehl u. Ponge 1997) und getrennt lebenden Frauen (Hehl u. Priester 1998).

Diskussion

Die psychometrische Umarbeitung der Figurenskulpturverfahren geht trotz aller unterstellter Eignung für die empirische Forschung mit erheblichen Nachteilen einher. Im einzelnen:
- *Das "Einfrieren" flüchtiger Phänomene*. Die Entwicklung der sog. psychometrischen Figurenskulpturverfahren KFST, FAST und FST spiegelt die Tradition normativer Psychologie und Psychiatrie wider. Psychiatrische Diagnostik und Testpsychologie streben es an, Personenmerkmale möglichst objektiv zu erfassen und sie vordefinierten Kategorien (z.B. Krankheitseinheiten) zuzuordnen. Beiden ist gemeinsam, daß sie Menschen nach dem Konzept eines einheitlichen und konstanten "Behälters für Eigenschaften/Symptome" modellieren (vgl. Gergen 1990). Die klassische Testtheorie baut auf der Annahme auf, daß menschliche Eigenschaften auf "realen", überdauernden und quantifizierbaren Strukturen aufbauen und deshalb mit geeigneten Instrumenten objektiv, zuverlässig und valide zu messen seien. Dies setzt aber voraus, daß Menschen als relativ einfache, gewissermaßen "triviale Maschinen" mit festgelegtem Aufbau und konstanter Arbeitsweise betrachtet werden (vgl. von Foerster 1985). Begreift man aber Lebewesen als autopoietische Systeme (vgl. Maturana 1982, Maturana u. Varela 1987), die permanent dabei sind, ihre inneren Zustände im Rahmen ihrer strukturellen Plastizität selbstorganisierend zu verändern, so erweist sich jeder Versuch, die Essenz eines Menschen für alle Zeiten zu erfassen, als bedenklich reduktionistisches Unternehmen, daß leicht das Phänomen verfälschen kann.

Für soziale Systeme läßt sich Entsprechendes behaupten. Soziale Systeme stützen sich nach Luhmann (1984, 1997) auf kommunikative Prozesse und stellen daher "flüchtige" Konstrukte dar, die permanent im Wandel begriffen sind. Kommunikation ist als zeitliches Geschehen - als Ereignis - prinzipiell instabil und muß deshalb fortlaufend regeneriert werden. Dies macht sie äußerst anfällig für Zufälle und sonstige sprunghafte Veränderungen. Erst der Aufbau von Erwartungen schränkt die kommunikativen Komplexität ein und ermöglicht Orientierung. Eine klassifizierende

Diagnostik sozialer Systeme muß demgemäß auf abstrakte Ordnungsgesichtspunkte (z.B. Erwartungskategorien) fokussieren und läuft Gefahr, die komplexe Dynamik systemischer Prozesse über Gebühr zu reduzieren. Gemeint sind redundante und ritualisierte Kategorien wie Rollen und andere Identitäten, die das System insofern charakterisieren, als ihnen zeitliche Beständigkeit unterstellt wird. Aber selbst diese Kategorien sind nur so stabil und rekonstruierbar, wie das betreffende System noch wirksam und sich weder aufgelöst noch in ein anderes System übergegangen ist. Empirisch kann dies allenfalls sozialen Systemen gelingen, die auf Fortbestand angelegt sind, z.B. Familien, Teams und Klassenverbänden. Dennoch muß bedacht werden, daß auch solche Systeme trotz aller beobachtbarer Redundanz selbstreferentielle, selbstorganisierende Systeme bleiben, die sich jederzeit von selbst auflösen oder verändern können. Eine auf die Erfassung von Konstanz ausgerichtete Diagnostik "friert" die interaktionelle Komplexität sozialer Systeme auf abstrakte "Parameter" ein und fügt dem Phänomen aus methodologischen Gründen eine uneinschätzbare Verfremdung zu ("Methodologismus"). Die sog. "Interaktionsmuster", die durch Beobachtung von Redundanz ausgemacht werden, sollten nicht mit festen Eigenschaften verwechselt werden. Denn selbst Systeme mit stark ritualisierter Kommunikation wie sog. Problemsysteme (vgl. Ludewig 1992) können jederzeit ganz andere als die sonst üblichen Interaktionsweisen erzeugen. Der Versuch also, das "Muster" einer Familie oder eines anderen sozialen Systems "objektiv und zuverlässig" zu erfassen, erweist sich als eine Form der Komplexitätsreduktion, die nur unter der Bedingung nützlich (valide) sein kann, wenn sie als eine Momentaufnahme eines fortlaufenden Prozesses betrachtet wird, die aber im nächsten Moment anders werden kann.

- *Familialismus*. Ein zweites Problem einer psychometrischen Familiendiagnostik betrifft den Vorwurf des "Familialismus". Diesen Vorwurf haben sich die Familientherapeuten von Feministinnen und Sozialwissenschaftlern eingehandelt (vgl. u.a. Hare-Mustin 1987; Hörmann et al. 1988), weil sie die konzeptionelle Einbettung ihrer Modelle in die soziokulturelle Lage kaum bedacht haben. Das Konzept der meisten Verfahren der Familiendiagnostik knüpft an sozial-strukturalistische Auffassungen über die "normale Familie" an, wie sie vor allem in Nordamerika der 50er und 60er Jahre aktuell waren. Dies war aber die Zeit, in der infolge fortschreitendem ökonomischem Wachstums erste Anzeichen einer Auflösung der Familie als Kernzelle gesellschaftlicher Ordnung erkennbar wurden. Die damals aufkeimende Familientherapie-Bewegung ließ Hoffnung aufkommen, daß die angeschlagene - "dysfunktionale" - Familie zu reparieren und so auch die Familie als solche gesellschaftlich doch noch zu rehabilitieren sei. In US-amerikanischen Kreisen der Familientherapie wurden insbesondere Konzepte von Hierarchie, Bindung und Anpassungsfähigkeit als zentral erachtet. "Normale Familien" waren solche, in denen die Bindungen der Mitglieder untereinander weder zu locker ("disengaged") noch zu intensiv ("enmeshed"), sondern an die jeweiligen Entwicklungsphasen der einzelnen Mitglieder und die äußeren Lebensbedingungen der Familie angepaßt waren. Zudem hatten die Familienmitglieder die Generationsgrenzen einzuhalten, also eine altersbedingte Hierarchie zu respektieren. Diese dem bürgerlichen Familienideal verpflichteten Konzepte muteten als gesellschaftspolitisch wenig reflektierte Zeitgeist-Erscheinungen an und fanden meistens nur vorübergehend Anklang.

● *Semantische Einschränkung.* Ein drittes Problem bei "psychometrischen" Figurenskulpturverfahren resultiert aus der Notwendigkeit, die Pbn präzise über die Bedeutung des Testmaterials und der darzustellenden Merkmale zu instruieren. Dies ist sicher erleichternd, will man sicherstellen, daß der Test eben das mißt, was er messen soll. Andererseits erlegt eine solche Anweisung den Pbn Einschränkungen auf, die kaum Spielraum für Kreativität und Individualität lassen. Der Gewinn an "psychometrischer" Qualität wird um den Preis einer Trivialisierung erreicht. Ein früher Versuch, die Merkmale des *Familienbretts* nach empirisch-wissenschaftlichen Kriterien zu gestalten, wurde als unbrauchbar aufgegeben, nachdem klar wurde, daß wir dafür die Merkmale des FB auf wenige im voraus bestimmte Variablen hätten einschränken und das Konzept an eine feste Familientheorie hätten anbinden müssen.

Das Familienbrett im Vergleich

Bei aller Ähnlichkeit im Aufbau unterscheidet sich das FB konzeptionell und methodisch von den bisher genannten Verfahren. Mit dem vornehmlich projektiv ausgerichteten Scenotest und dem danach ausgerichteten Familienskulptur-Test nach Wille verbindet das Familienbrett allenfalls so viel, daß alle drei Verfahren Figuren als Material verwenden. Der Scenotest hat vielfältige ausgestattete, nach psychoanalytischen Konzepten erdachte Figuren; die Figuren des Familienbretts sind hingegen im Aussehen äußerst sparsam, um möglichst viel Spielraum für Eigengestaltung bzw. Projektionen oder Evokationen der Pbn zu ermöglichen. Die Interpretation der Aufstellungen auf dem Scenotest orientiert sich an normativen, vom zugrundeliegenden Konzept abgeleiteten Erwartungen. Die Interpretation des FB ist nicht vorgeschrieben, sondern hängt jeweils vom Untersuchungsziel ab. Der Scenotest interessiert sich für Personen und sog. Introjekte, das FB hingegen für die Relationen zwischen den Elementen, also letztlich für formale Verknüpfungsmuster zwischen den Mitgliedern eines sozialen Systems.

Bei den neueren Verfahren FAST und FST handelt es sich um Versuche, eine nach normativen Konzepten objektiv messende Familiendiagnostik zu etablieren. Gegenüber diesen "psychometrisch" ausgerichteten Verfahren, auf die unsere Kritik der letzten Absätze trifft, bietet das FB eine Vorgehensweise mit minimalen inhaltlichen und pragmatischen Einschränkungen.

Konzept und Beschreibung

Theoretischer Hintergrund

Die Entwicklung des *Familienbretts* verlief parallel zur Entstehung der Systemischen Therapie (vgl. Ludewig 1992). Dieser therapeutische Ansatz beruht auf Positionen des Konstruktivismus und der neueren Systemwissenschaften. Unter "systemisch" wird hier eine wissenschaftliche Sichtweise oder Denkmethode verstanden, die Menschen in ihrer unentrinnbaren biologischen und sozialen Komplexität betrachtet. Menschen entstehen hiernach als solche erst im Zusammenhang mit sozialen Systemen[1]. Mit der Übernahme dieser Sichtweise geht ein vielfältiger Wandel einher, im einzelnen von der Beobachtungseinheit Individuum zum sozialen System, von ursächlichen zu komplementären Erklärungen, von absoluten Bezugsgrößen zu relativen Wahrheiten und vom Objektivitätsgebot zu Kriterien des Nützlichen, Ästhetischen und Ethischen (vgl. Ludewig 1988). Wesentlich für diese Position ist die Bestimmung des "Beobachters". Denn alle Realitätsaussagen werden auf die im Kontext sozialer Interaktionen erkennenden Beobachter zurückgeführt. Die Welt der Beobachter besteht aus Beschreibungen, die in Interaktion mit anderen Beobachtern entstehen und konsensualisiert werden. Der Maßstab für Wahres liegt hiernach nicht in den "Dingen", sondern vielmehr in sprachlich hervorgebrachten Kohärenzen. Beobachter erzeugen keine objektiven, sondern "kommunikative Wirklichkeiten".

Das Verfahren

Das *Familienbrett* ist ein 50 x 50 cm großer Kasten, auf dessen oberen Fläche ein im Abstand von 5 cm ringsum von der Kante gezeichneter Rand ist. Dazu gehören Holzfiguren in zwei Größen (7 und 10 cm) und in zwei Formen (runder und eckiger Umriß). Außerdem stehen drei farbige sechseckige große Figuren für besondere Zwecke zur Verfügung. Die Figuren sind geringfügig strukturiert und haben ein nur angedeutetes Gesicht mit zwei runden Augen und einer dreieckigen Nase-Mund-Partie. Das FB bietet eine Reihe variabler Merkmale, die allein oder in Kombination untereinander die Abbildung verschiedener Relationen zwischen den Figuren ermöglichen. Diese Merkmale sind u.a.: Entfernung zwischen den Figuren, Blickrichtung, Plazierung auf dem Brett, Reihenfolge der Aufstellung auf das Brett und die resultierende Gestalt der Anordnung.

Anweisung

Das *Familienbrett* wird in ähnlicher Weise wie ein Brettspiel gehandhabt. Individuen oder soziale Systeme werden je nach Zielsetzung gebeten, mit Hilfe der Figuren die einzelnen Mitglieder eines bestimmten sozialen Systems symbolisch zu repräsentieren und auf die Fläche aufzustellen. Der Beobachter (Untersucher/Versuchsleiter/Therapeut usw.) kann die Pbn so instruieren, wie dies zur Fragestellung der Untersuchung paßt. Wir weisen unsere Pbn in der Regel mit folgendem Wortlaut an, hier am Beispiel einer Familie:

> "Ich möchte Sie bitten, für jedes Mitglied der Familie eine Figur zu wählen und die Figuren so aufzustellen, wie sie in der Familie *zueinander stehen*. Es stehen Ihnen große und kleine, runde und eckige Figuren zur Auswahl. Die farbigen Figuren bitten wir erst auf unsere Anforderung hin zu verwenden. Das Brett hat eine Randlinie, es gibt also ein Innenfeld und ein Außenfeld. Sie können so viel von der Fläche benutzen, wie Sie möchten. Die Figuren können weit auseinander oder eng zusammenstehen, jedoch nicht aufeinander. Sie haben Augen, können also einander ansehen. Sie haben so viel Zeit, wie Sie brauchen".

Durchführung

Die Interpretation von FB-Aufstellungen hängt von Zielsetzung und theoretischer Orientierung des Untersuchers ab. Daher erscheint es wenig sinnvoll, konkrete Vorschriften zur Durchführung der Aufstellungen zu geben. Im allgemeinen hat sich aber als nützlich erwiesen, die Beteiligten um einen Tisch, auf dem das Brett steht, zu setzen. Die einzelnen Phasen einer "Untersuchung" können wie folgt sein:

- *Standard-Aufstellung*: Die Figuren werden so angeboten, wie sie im Kasten geordnet liegen. Nach Vorgabe der Anweisung haben die Beteiligten so viel Zeit, wie sie für eine sie befriedigende Aufstellung benötigen. Nach Beendigung der Aufstellung werden sie gefragt, 1) wen die einzelnen Figuren repräsentieren, 2) was sie haben darstellen wollen und 3) was die einzelnen Merkmale bedeuten (Größe und Form der Figuren, Position der Figuren auf der Fläche, Entfernungen, Blickrichtungen, eventuelle Subsysteme und die Gestalt der Anordnung). Die Untersuchung kann hiernach beendet oder in eine *Interventionsphase* übergehen.

- *Die Probanden*. FB-Aufstellungen können von einzelnen Probanden, aber auch in den verschiedensten Gruppierungen gemacht werden.

- *Außensetzung:* Je nach Fragestellung kann man zum Beispiel eine relevant erscheinende Figur in Richtung ihres Blickes rückwärts bis ins Außenfeld (Randbereich) zurückversetzen. Die Beteiligten werden dann gebeten, auf diese Intervention zu reagieren, gegebenenfalls auch zu erklären, was diese *Außensetzung* für sie bedeutet.

- *Dynamisches Spielen*: Bei psychotherapeutisch oder beraterisch intendierten Aufstellungen kann der Beobachter verschiedene Umsetzungen vollziehen und sehen, wie die Beteiligten darauf reagieren. Dieser Prozeß entspricht durchaus einem "Dialog ohne Worte". Im Rahmen von Supervisionen können ganze Teams aufgestellt werden, wobei der Supervisor einzelne Figuren herausnehmen, andere umgruppieren oder isolieren usw. kann. Bei allen diesen Interventionen ist jedoch darauf zu achten, daß das Maß an emotionaler Belastung, das den Beteiligten zugemutet wird, angemessen dosiert bleibt. In der Regel hat es sich als günstig erwiesen, die Aufstellungssequenz gegen Ende so zu entspannen, daß die Pbn gebeten werden, entweder noch einmal das Ausgangsbild oder eine Wunschvorstellung darzustellen. Dies gilt natürlich nicht für solche Fälle, in denen FB-Aufstellungen am Ende einer Therapiesitzung als Abschlußintervention (vgl. Ludewig 1992) eingesetzt werden.

- *Vergleichende Konfrontation*. Bei Paaren oder anderen Mehrpersonensystemen kann es von Vorteil sein, daß die Beteiligten ihre Aufstellungen einzeln gestalten, um sie dann miteinander vergleichen zu können. Hat man zum Beispiel zwei *Familienbretter* zur Verfügung, kann dies in unterschiedlichen Räumen passieren, um dann die verschiedenen Bilder nebeneinander zu stellen und darüber zu reflektieren.

- *Zusatzfiguren*. Die Standardvorgabe bietet neben den üblichen Figuren drei sechseckige farbige Figuren. Diese können entweder vom Beobachter oder von den

Probanden mit speziellen Bedeutungen versehen werden (Schwiegermutter, Arzt, Richter, Polizist, Chef usw.). Sie können zum Beispiel in der Interventionsphase eingeführt werden, um die Probanden zu situationsspezifischen Reaktionen aufzufordern. Bezüglich der sonst einzuführenden Figuren sind der Phantasie der Benutzer keine Grenzen gesetzt. So wurde zum Beispiel in der Arbeit mit Alkoholikern eine Miniaturflasche verwendet. Bei Beratungssituationen zur Familienplanung könnten zum Beispiel eine kleine Wiege oder ein Präservativ, bei anderen Familienberatungen ein kleiner Hund nützlich sein.

- *Dokumentation.* Je nach erforderlicher Genauigkeit können die Aufstellungen grob abgezeichnet oder auf ein auf die Brettfläche aufgelegtes durchsichtiges Papier abgepaust werden. Eine weitere Methode bietet die computer-gestützte Darstellung auf der Basis der Koordinaten der Figuren (vgl. G. Schmidt, in diesem Band).

Kommunikationsmittel

Das Familienbrett fördert Kommunikation über soziale Beziehungen (sog. Metakommunikation). Die Aufstellung eines bestimmten Systems auf das Brett fordert die Probanden auf, ein Bild ihrer bis dahin meistens nicht ausformulierten *Ansichten* über Struktur und Funktionsweise des betreffenden Systems zu entwerfen und dabei ihren subjektiven Vorstellungen erstmalig eine *mitteilbare* Realität zu verleihen. Wie bei jeder Kommunikation gehen die Probanden bei ihrer Aufstellung das Risiko ein, mißverstanden zu werden. Das hat nicht nur Folgen für die Interpretationen des Beobachters, sondern bei gemeinsamen Aufstellungen eventuell auch für die Beziehungsdefinitionen zwischen den Aufstellenden, zumal die anderen Systemmitglieder mit Versionen ihrer jeweiligen "Beziehungsrealitäten" konfrontiert werden, die für sie neu sind und zu Reaktionen herausfordern. Mittlerweile hat sich in der Praxis gezeigt, daß das *Familienbrett* auch solche Kommunikationen fördert, die allein durch Verbalisierung schwerer auszuführen sind. Dies trifft vor allem dann zu, wenn die Beteiligten ihre inneren Bilder nur schwer versprachlichen können oder im Gebrauch der Sprache ungeübt sind. Nebenher nehmen aber auch die Beobachter an der FB-Kommunikation teil. Sie sind keineswegs unbeteiligte Adressate, sondern aktive Mitgestalter.

Die Aufstellung auf das Brett erfordert, daß die Pbn im Hinblick auf ein Thema eine Information selektieren und das *Familienbrett* als Medium für deren Mitteilung verwenden. Der Beobachter ist wiederum gefordert, die ausgedrückte Mitteilung zu verstehen und dabei zu beachten, daß die verwendeten Zeichen analoger Natur und daher mehrdeutig sind. Im Verlauf der Brettaufstellung kommt es also zu einer Kommunikation im Sinne der Systemtheorie Luhmanns. Kommunikation heißt dort die Synthese eines dreistelligen Selektionsprozesses, eine Einheit aus Information, Mitteilung und Verstehen. Der Informationsgehalt der Aufstellungen ist dementsprechend unausweichlich zweifach, denn "die Identität einer Information muß im übrigen als vereinbar gedacht werden mit der Tatsache, daß sie für Absender und Empfänger sehr verschiedenes bedeutet" (Luhmann 1984:194). Die Aufstellung selbst, als Mitteilung verstanden, "ist nichts weiter als ein Selektionsvorschlag, eine Anregung" (1984:194), die einmal aufgegriffen und vom Adressaten verarbeitet, zu Kommunikation wird. Die Zeichen des FB haben an sich keine eindeutige Bedeutung, sie sind allenfalls ein Medium, mit dessen Hilfe Sinn erzeugt werden kann. Daher ist eine klärende Kommunikation über die jeweils gewählten Bedeutungsgebungen angebracht, will man den Grad an Verständlichkeit der Aufstellungen erhöhen. Aber selbst dies ist, wie Kowerk (1993) zutreffend bemerkte, keine Gewähr für eine eindeutige Verständigung, zumal die Sprache des FB und die verbale Sprache nicht äquivalent sind.

Endanordnung

Die Endanordnung auf dem Brett stellt eine irreversible Realität dar. Sie kann als das materialisierte Ergebnis (Interpunktion) eines Prozesses betrachtet werden, der sonst selten konkretisiert wird. Bei gemeinsamen Aufstellungen kommen bei der Endanordnung verschiedene Aspekte zum Tragen: 1. Die subjektive Sicht jedes Aufstellenden über die redundanten Interaktionsweisen des betreffenden sozialen Systems (vgl. Watzlawick et al., 1969; Luhmann 1984); 2. die Vereinbarung der subjektiven Ansichten zu einer gemeinsamen Darstellung und 3. der jeweilige Kontext der Aufstellung (wissenschaftliche Untersuchung, klinisch-diagnostische Unter-suchung, Gruppenberatung, Supervision o.ä.). Die Endanordnung - das "Systembild" - stellt gewissermaßen eine Momentaufnahme dar, deren Bedeutung in der Regel erst im nachhinein zu klären bzw. zu "erfinden" ist.

Relevanz

Nach bisherigen Erfahrungen neigen die Pbn dazu, je nach Fragestellung und Anleitung ein "Grundmuster" aus den vielen spezifischen Situationen der Systemgeschichte zu synthetisieren. Insofern scheint es sich beim Aufstellen um die Erarbeitung einer Beschreibung oder einer "Geschichte" (Narrativ) zu handeln. Die diagnostische und dokumentatorische Relevanz der Endanordnung als globale Momentaufnahme kann daher nur auf das bezogen werden, was sie ist: eine statische Interpunktion eines komplexen dynamischen rekursiven Prozesses. Dennoch wird die Anordnung auf dem Brett zu einem Faktum, welches auf die Beteiligten zurückwirkt und somit gute Chancen hat, sich als signifikante *Verstörung* der Systemstruktur zu erweisen (vgl. Ludewig 1983, 1992) und das betreffende System zu einer Veränderung anzustoßen. Denn die Aufstellungen auf dem FB fördern eine Kommunikationsform, die durchaus den typischen Fragetechniken der Systemischen Therapie entspricht: zirkuläres Fragen (vgl. Selvini et al. 1981; Penn 1983), konstruktives Fragen (vgl. Lipchik & de Shazer 1986, Ludewig 1992), reflexives Fragen (vgl. Tomm 1994) und lösungsorientiertes Fragen (vgl. de Shazer 1989a, 1989b). Im Unterschied zur verbalen Befragung, deren Verständlichkeit an den sprachlichen Fähigkeiten der Beteiligten oftmals scheitert, gibt das FB allen anwesenden Mitgliedern gleichzeitig Gelegenheit, den Beantwortungsprozeß unmittelbar verfolgen und mitbestimmen zu können.

Gütekriterien

Frühere Übersichten über die Forschungsmethoden der Familientherapie bemängelten, daß diese oftmals den Kriterien der Testkonstruktion nicht genügten (vgl. Cromwell et al. 1976; Gurman und Kniskern 1981, 1991). Zu Beginn der 90er Jahre war darüber hinaus deutlich geworden, daß die Familientherapie nach den konzeptionellen Umwälzungen der 80 Jahre kaum noch jene Einheitlichkeit und nachvollziehbare Begrifflichkeit anbot, die für eine vergleichende empirische Forschung notwendig erachtet wird (vgl. u.a. Bommert et al. 1990). Man mußte akzeptieren, daß von der in Entwicklung begriffenen Familientherapie keine prompte Integration der verschiedenen Ansätze zu erwarten war (vgl. Mattejat (1986). Ganz in diesem Sinne begann Cierpka (1996) die zweite Auflage seines Handbuchs zur Familiendiagnostik mit der Feststellung, daß die Informationen, die im Verlauf eines diagnostischen Prozesses mit einer Familie gewonnen werden, im testtheoretischen Sinne weder "objektiv" noch "zuverlässig" sein können. Sie können nicht "objektiv" sein, weil die kontextuellen Bedingungen der Beobachtung und Beurteilung nicht beliebig auszuschalten sind, und sie können nicht "zuverlässig" sein, weil jede Erhebung über einen systemischen Prozeß einen nur statischen querschnittartigen Befund liefert und die Mannigfaltigkeit des Prozesses erheblich reduziert. Die Kriterien der "klassischen" Testtheorie - Objektivität, Zuverlässigkeit und Validität - stehen eben in der Tradition analytischer und positivistischer Annahmen und behaupten, daß gute Tests auf vom Tester unabhängige Weise "wahre" kontinuierliche Merkmale wirklichkeitsgetreu erfassen.

Angesichts dieser zum Konzept des *Familienbretts* unpassenden Forderungen erschien es wenig sinnvoll, das Verfahren auf die Erfüllung traditioneller Gütekriterien der Testtheorie auszurichten. Es erschien vielmehr angemessen, das *Familienbrett* als *Kommunikationsmittel* zu verstehen und demgemäß zu beurteilen. Beim FB wird weder erwartet, daß die abzubildenden Konstellationen zeitlich und räumlich stabil sind, zumal kommunikative Strukturen über Rückkoppelungsprozesse in permanenter Evolution begriffen sind, noch daß die Vorstellungen und darauf aufbauend die Aufstellungen der einzelnen Systemmitglieder "richtig" sind. Die Unterstellung eines "wahren" Wertes bzw. eines "richtigen" Systembildes wäre ohnehin unüberprüfbar, die Annahme einer überdauernden, "essentiellen" Struktur darüber hinaus überflüssig.

In den Jahren 1980-1982 kam es im Kreis der ursprünglichen Arbeitsgruppe zu einer ersten Formulierung von drei kommunikationstheoretisch begründeten Bewertungskriterien: *Brauchbarkeit, Nützlichkeit und Zugewinn*.

• Das Instrument erfüllt dann das Kriterium der *Brauchbarkeit*, wenn sein Zeichenvorrat sowie seine inhärente Syntax und Semantik sowohl für den/die Aufstellenden als auch für den Beobachter kommunikativ verwertbar sind. Das heißt, wenn Einzelne, Paare, Familien und andere Gruppen eine für sie befriedigende Darstellung ihrer Beziehungen modellieren können und wenn der Beobachter die Aufstellung "lesen" kann. Da aber das Brett analoge Kommunikation fördert und diese prinzipiell mehrdeutig ist (Watzlawick et al., 1969) erschien es uns notwendig, ein zweites Kriterium vorzuschlagen, nämlich die Nützlichkeit des Instruments.

- Das Kriterium der *Nützlichkeit* trägt dem kommunikativen Sachverhalt Rechnung, daß jeder das versteht, was er versteht, und versucht hierzu Abhilfe zu schaffen. Dieses Kriterium ist dann erfüllt, wenn zwischen den über das FB Kommunizierenden ein befriedigender Konsens bezüglich der mitgeteilten Informationen herzustellen ist. Nützlichkeit bezeichnet das Ausmaß der Übereinstimmung zwischen dem, was die Probanden darstellen und dem, was die Beobachter verstehen. Das Brett ist also dann ein nützliches Instrument, wenn es Probanden und Beobachter ermöglicht, zu übereinstimmenden Interpretationen der Aufstellungen zu gelangen.

- Das dritte Kriterium, der *Zugewinn*, ist in dem Fall erfüllt, wenn die Anwendung des Familienbretts einen Gewinn gegenüber anderen Kommunikationsmitteln gewährleistet, beispielsweise hinsichtlich Simultanität und Ganzheitlichkeit der Beschreibung komplexer interaktioneller Strukturen und Prozesse, sowie hinsichtlich einfacher Beschaffenheit und Handhabung, Zeitökonomie und Replizierbarkeit.

Diese ursprünglich in Anlehnung an die Kommunikationstheorie nach Watzlawick et al. (1969) erarbeiteten Kriterien halfen, die Einschränkungen der Testtheorie zu überwinden und die Beurteilung des Verfahrens nach Kriterien konstruktivistischer Auffassung auszurichten. Anstelle einer methodologischen Objektivität, die eine Übereinstimmung zwischen Beschreibung und Gegenstand erfordert, interessiert hier vielmehr eine zu den jeweiligen Zwecken der FB-Benutzer bezogene Nützlichkeit oder *Viabilität* (vgl. von Glasersfeld 1987). Kurzum, das FB ist als Kommunikationsmittel nach Kriterien der *"kommunikativen Brauchbarkeit"* zu beurteilen (vgl. Ludewig 1992). Das FB ist dann ein brauchbares Mittel, wenn es erlaubt, eine Information in eine Mitteilung symbolisch umzusetzen und nützlich, wenn sie auf angemessene Weise verstanden wird. Der Aspekt des Zugewinns ist wiederum im weitesten Sinne als ökonomisches Kriterium aufzufassen. Das Konzept der kommunikativen Brauchbarkeit steht im Einklang mit Luhmanns Konzept der "Anschlußfähigkeit", welches besagt, daß die Effektivität von Kommunikationen an ihrer Fähigkeit zu erkennen ist, weitere, anschließende Kommunikation auszulösen (vgl. Bökmann, in diesem Band).

Empirische Erkundungen

Die Zweckmäßigkeit des "Familienbretts" als Kommunikationsmittel in der Arbeit mit sozialen Systemen wurde zunächst an Familien in einer Reihe empirischer Studien geprüft[2]. Bei den ersten vier Arbeiten ging es mit Hilfe einiger Familien um eine Einschätzung der empirischen Brauchbarkeit und Nützlichkeit des *Familienbretts*. Zuerst wurden die Merkmale des *Familienbretts* anhand der Aufstellungen einzelner Familienmitglieder (Pflieger 1980) und vollständiger Familien (Wilken 1982) untersucht. In einem zweiten Schritt wurde die Wirkung von willkürlich an den Aufstellungen vorgenommenen Interventionen durch den Beobachter (Jacobskötter 1982) und dann der Umgang von Familien mit vorgegebenen Anordnungsformen und mit Extremsituationen analysiert (Lohmer 1983). Bei drei weiteren Arbeiten standen die (Re)Konstruktion - sprich: eine in der Gegenwart erbrachte Neukonstruktion von

Vergangenem und keine "realistische" Rekonstruktion - familialer Geschichte mit Hilfe einer Sequenz von Aufstellungen zu bestimmten Zeitpunkten im Leben der Familien und, damit verbunden, die Untersuchung klinischer Stichproben (van den Berg 1984, R. Ludewig 1984; Bökmann 1987). Thomasius (1986) und Reichelt-Nauseef (1991) wandten das *Familienbrett* bei ihren Studien zu speziellen klinischen Fragestellungen an. Kowerk (1993) erarbeitete an einer großen Stichprobe ein semiquantitatives Auswertungsschema. Diese Arbeiten werden im folgenden mit Blick auf methodische Fragen erörtert.

Merkmale

Das Material des FB bietet verschiedene variable Merkmale an: Größe der Figuren (groß, klein), Form der Figuren (rund, viereckig, sechseckig), Farbe der Figuren (4 Farben); das Brett selbst teilt sich in ein Innen- und Außenraum. Bei der Aufstellung lassen sich diese Merkmale in Kombination verwenden. Diese sind in erster Linie die "Entfernung" der Figuren untereinander, die Ausrichtung derer "Blickrichtung" und die endgültige "Gestalt" der Figurenanordnung (für weitere Möglichkeiten, vgl. Baumgärtel 1993). Bei der ersten Erkundung dieser Merkmale an einzelnen Personen und ganzen Familien wurden die Pbn um eine Aufstellung ihrer Familien gebeten. Um die Stabilität der Anordnung zu testen, wurde im Anschluß an die spontane Aufstellung die *Außensetzung* der Figur des Pb vorgenommen. Die Untersuchung endete mit einer genauen Befragung der Pbn zu ihren Aufstellungen. Die Ergebnisse hierzu von Pflieger (1980) und Wilken (1982) lassen sich wie folgt zusammenfassen:

• Das FB ermöglichte einzelnen Probanden und ganzen Familien, ihre Ansichten über ihre Familienstrukturen auf eine nach eigenen Aussagen befriedigende Weise darzustellen. Einzelne Probanden benötigten selten mehr als zwei Minuten, ganze Familien bis zu 12 Minuten. Viele Probanden gaben ausdrücklich an, emotional berührt zu sein. Auch die "Untersucher" waren emotional angesprochen, so daß es ihnen teilweise peinlich war, einzelne Zusammenhänge gezielt zu befragen. Die Außensetzung löste häufig affektive Äußerungen aus. Bei Widersprüchen zwischen der Anordnung auf dem Brett und der sprachlichen Erklärung im Interview neigten die meisten Probanden dazu, die verbale Äußerung zugunsten der Brettanordnung zu revidieren; die "primärprozeßhafte" Brettdarstellung schien gegenüber bewußten Vorstellungen vorrangig zu sein (vgl. Watzlawick et al. 1969). Viele Probanden berichteten, daß die Auseinandersetzung mit ihren Familien auf dem Brett neue Erkenntnisse und Perspektiven eröffnet hätte.

• Die erste systematische Erkundung des Familienbretts mit vollständigen Familien bestätigte, daß das FB einerseits die prozeßorientierte Beobachtung der Kommunikation von Familien im Sinne einer "family task" und andererseits das Festhalten eines "Familienbilds" ermöglicht. Bei den untersuchten Familien überwogen kreisähnliche Anordnungen, und sie ließen dabei unterschiedliche Arbeitsstile erkennen (zentralisiert, kooperativ, individualistisch). Die Figuren wurden in Phasen aufgestellt. Nach einer ersten Orientierungsphase wurden unterschiedliche Alltagssituationen durchgespielt, um dann zu einer schließlichen Einigung auf das übergreifende Endmuster zu gelangen. Die meisten Positionsveränderungen nahmen die Kinder vor, die wenigsten die Mütter.

- Weder der *Zeichenvorrat* noch deren mögliche Kombinationen waren eindeutig einer Bedeutung zuzuordnen. Runde Figur" bedeutete nicht automatisch "weiblich", sondern auch "weich", "ansprechend", "geschmeidig" usw; "große Figur" wiederum nicht wie erwartet "erwachsen", sondern auch "mächtig", "dominant" oder eben nur "großer Mensch". Gleiche Merkmale, z.B. eine Entfernung zwischen zwei Figuren um 5 cm, konnte sowohl Ausdruck einer engen als auch einer lockeren Beziehung zwischen den dargestellten Personen sein. Ein enger Kreis in der Mitte des Bretts oder ein Kreis, der die ganze Fläche beansprucht, konnte gleichermaßen enge Bezogenheit beinhalteten. Dies bestätigte die kommunikationstheoretische Annahme, daß die Bedeutung von Zeichen und Worte nicht in ihnen selbst, sondern in der Art und Weise ihrer Verwendung liegen und nur im Hinblick auf einen Kontext zu verstehen sind. Die Aufstellungen waren erst nach einer nachträglichen Befragung der Probanden konsensuell zu interpretieren.

- Nur zwei der untersuchten Variablen wurden mit durchgehend übereinstimmender Bedeutung verwendet: Die räumliche Entfernung zwischen den Figuren als Ausdruck von "sozialer/emotionaler Distanz" und die gezielte Blickrichtung von einer Figur zur anderen als Ausdruck von "Beziehungsintensität". Ambivalenzen wie zwischen Nähe und Distanz konnten durch eine Abstimmung von Entfernung und Blickrichtung aufeinander aufgelöst werden, z.B. weit entfernt, aber aufeinander blickend. Alle anderen Merkmale (Plazierung auf dem Brett, Reihenfolge der Aufstellung, Größe und Form der gewählten Figuren) wurden mit wechselnder, augenscheinlich nicht zu erkennender Bedeutung verwendet und bekamen erst in der Nachbefragung und im *Kontext* der Endanordnung eine kommunikativ nützliche Bedeutung.

- Die "Gestalten" der Endanordnung wurden mit verschiedener Bedeutung versehen. Allein der "Kreis" schien überwiegend Ausdruck von Zusammengehörigkeit und gleichberechtigter Harmonie zu beinhalten; diese Gestalt erwies sich auch am resistentesten gegen von außen vorgenommene Veränderungen. Andere relevant erscheinende Gestalten wie Halbkreis, Ellipse, Dreieck und Linie schienen dynamische Aspekte zu repräsentieren und waren daher in ihrer Bedeutung uneinheitlich. Der "Halbkreis" sollte gute, zugleich aber nach außen offene und flexible familiale Verhältnisse symbolisieren. Die "Ellipse", eine einseitige Ausdehnung eines Kreises, wurde zumeist als Ausdruck eines Ablösungsprozesses verwendet; dabei war die entfernteste Figur in ihrer Blickrichtung gegenüber den anderen entweder zu- oder abgewandt. Dies schien Aspekte von "Individuation mit" und "Individuation gegen" widerzuspiegeln (vgl. Stierlin 1994). Das "Dreieck" schien Momente von "Triangulierung", Gespanntheit und Rigidität in der Familie zu erfassen. Die "Linie" drückte einen Mangel an Kohäsion und Abgrenzung aus und entsprach am ehesten dem Konzept der "losgelösten Familie" (vgl. Minuchin 1977).

Interventionen

Als Kommunikationsmittel über soziale Systeme ermöglicht es das FB dem "Untersucher", von sich aus auf den Aufstellungsprozeß einzuwirken. Bei ihrer diesbezüglichen Studie gelangte Jacobskötter (1982) zu folgenden Ergebnissen:
Von außen vorgenommene Veränderungen - z.B. Außensetzungen, Ergänzungen mit weiteren Personen aus der Familie oder dem sozialen Umfeld - wirken sich als Interventionen aus. Die Familien mußten, um die induzierte Veränderung zu integrieren, Bewältigungsstrategien entwickeln. Solche Veränderungen können verwendet werden, um Krisensituationen oder andere interessierende Ereignisse zu simulieren oder ggf. zu rekonstruieren. Das FB erwies sich als geeignet, um familienspezifische Lösungen angesichts induzierter "Krisen" zu erkunden.

Grenzen

Die Bedeutung der "Gestalten" bei den Endanordnungen sowie die Grenzen des Verfahren wurden von Lohmer (1983) untersucht. 14 Familien wurden zuerst aufgefordert, ihre Familie "wie die Mitglieder zueinander stehen" aufzustellen und dann nach und nach als Kreis, Halbkreis, Ellipse und Linie. Dabei hatten sie zu erklären, was dies für sie bedeutet. Zudem stellten sie ein "Idealbild und eine "Schreckensvision" auf.

- Die spontan angeordneten "Gestalten" ließen keine durchgehend klare Deutung zu. Allein die Gestalten "Kreis" und "Linie" erbrachten annähernd übereinstimmende Deutungen. Der "Kreis" beinhaltete auch hier überwiegend Zusammengehörigkeit und Harmonie. Die "Linie" löste bei den Familien oft Unwilligkeit aus, sie war überwiegend als Ausdruck von "Nebeneinander-Leben" und Mangel an Verbindung zu verstehen. Halbkreise und Ellipsen wurden hingegen mit verschiedenen, teilweise widersprechenden Bedeutungen versehen, so z.B. die Ellipse aus Ausdruck von herausragender Hierarchie oder von Isolierung und Abgelöstheit.

- Die Aufstellung des "Idealbilds" und der "Schreckensvision" gab Einblicke in die Grenzen dessen, was mit FB-Anordnungen möglich ist. Das "Idealbild" war überwiegend ein Kreis; die Schreckensvision zeigte voneinander abgewandte Figuren, die in maximalem Abstand zueinander standen.

(Re)Konstruktionen

Drei weitere Arbeiten befaßten sich mit der Dimension Zeit. In systemischer Perspektive gehört Zeit ausschließlich in den kognitiven Bereich des Beobachters (vgl. Maturana 1982). Beobachter unterstellen dabei ihren Erfahrungen eine lineare Ordnung und erzeugen damit *Geschichten*. Soziale Systeme haben nach Luhmann (1984) eine Eigenzeit, die aus der systemspezifischen Reproduktion kommunikativer Abläufe resultiert und von der Umweltzeit unabhängig verläuft. Geschichten stellen daher keine getreue Rekonstruktion vergangener Ereignisse dar, sondern sie liefern vielmehr

Hinweise auf den aktuellen Zustand des Systems bei der Verarbeitung seiner Vergangenheit. Um die Konstruktion von Vergangenheit zu erkunden, wurden Familien gebeten, ihre familiale Beziehungsstruktur zu unterschiedlichen Zeitpunkten ihrer Geschichte aufzustellen. Die Aufforderung, Bilder zu verschiedenen Zeitpunkten aufzustellen, erwies sich als geeignet, um die Aufstellungen zu differenzieren. Bei den nun zu referierenden Studien handelt es sich um Interventionen in die geschichtliche Logik der untersuchten Familien.

- *Stationäre Aufnahme*. Van den Berg (1984) untersuchte zehn Familien, bei denen ein Kind bzw. ein Jugendlicher zum Zeitpunkt der Untersuchung stationärer Patient der Kinder- und Jugendpsychiatrie war. Die Familien wurden gebeten, fünf gemeinsame Aufstellungen der familialen Struktur vorzunehmen, und zwar in folgender Reihenfolge: 1) "Vor Auftreten des Problems", 2) "In dieser Woche" <Jetzt>, 3) "Trennung" (Außensetzung der Figur des Patienten), 4) "In Zukunft" und 5) "Idealbild" (bzw. Wunschbild der Familie über sich).

Um diese Aufstellungen miteinander vergleichen zu können, ermittelte van den Berg für jede Aufstellung zwei Maße: "Blickpunkt" (BP) und "Schwerpunkt" (SP)[3]. Der Schwerpunkt wurde als Maß für "Zentralität" gedeutet. Stimmt z.B. die Stellung einer Figur mit dem Schwerpunkt überein, so wird diese als "zentrale Figur" betrachtet. Die erste Aufstellung "ohne Problem" wurde als Bezugsbild betrachtet. Aus dem Vergleich der anderen Aufstellungen mit diesem Bezugsbild wurde erschlossen, welchen Stellenwert die Familien solchen Ereignissen wie Problementstehung und stationärer Behandlung zumaßen. Die zweite Aufstellung sollte die Familie dazu anregen, ihre Sicht der Veränderungen darzustellen, die im Zusammenhang mit dem Problem und der Behandlung eingetreten waren. In der Tat erzeugten alle Familien deutliche Unterschiede zur ersten Aufstellung. Die dritte Aufstellung beinhaltete eine "Außensetzung" und sollte die Bedeutung der räumlichen Trennung des Kindes von seiner Familie erkunden. Fast alle Familien reagierten mit einem Umlenken der Blickrichtung der anderen Figuren auf den "Außenstehenden". Die "Zukunftsvision" (4. Aufstellung) zeigte, daß alle Familien in der Zukunft Veränderung zur "Jetzt"-Aufstellung erwarteten. Beim "Idealbild" überwogen im Unterschied zu den "Zukunftsvisionen" Konstellationen, bei denen sich die Figuren mit gleichem Abstand kreisförmig um den Mittelpunkt gruppierten. "Kreise" traten auch hier als Wunschbild auf.

- *Katamnesen*. Raili Ludewig (1984) untersuchte bei zehn Familien den Stellenwert, den sie bei einer Nachbefragung bereits abgeschlossener Familientherapien zumaßen. Die Untersuchungen fanden bei den Familien zu Hause statt. Neben einem ausgedehnten Interview wurden mit Hilfe des FB folgende fünf Zeitpunkte erfragt: "Jetzt" (zum Zeitpunkt der Nachbefragung), "Vor der Therapie" (ca. zwei Jahre zuvor), "Zu Beginn der Therapie", "Ende der Therapie" (letzter Kontakt) und "Zukunft" (ca. zwei Jahre nach der Nachbefragung). Die Verwendung des Familienbretts erwies sich gegenüber dem verbalen Interview als vorteilhaft, zumal alle Mitglieder der Familie an den Aufstellungen aktiv mitarbeiten konnten. Beim Interview neigte hingegen in der Regel ein "Sprecher", meistens ein Elternteil, dazu, die Familie zu vertreten. Besonders den kleineren Kindern war es oft nicht möglich, ihre Sicht beim Interview zum

Ausdruck zu bringen. Ein 12jähriges Mädchen kommentierte zum Beispiel nach Beendigung der Aufstellungen, daß es ohne dieses gemeinsame Spiel nicht so vieles hätte sagen können. Hinsichtlich des Zukunftsbildes traten bei den untersuchten zehn Familien zwei unterschiedliche Tendenzen hervor, die mit der Schichtzugehörigkeit der Familien zusammenzuhängen schienen. Während die Familien mit höherem Status ihre Zukunftsvisionen als Kreise aufstellten, um "Zusammenhalt" und "enge Verbindung" im kommunikativen Sinne darzustellen, wählten die Familien mit niedrigerem Status zum gleichen Zweck, nun aber im Sinne körperlicher Nähe, linienförmige Gebilde. Die Verwendung des *Familienbretts* schaffte im allgemeinen günstige atmosphärische Bedingungen für die im Anschluß durchzuführenden Interviews.

- *Behandlungsvergleiche.* Martin Bökmann (1987) benutzte das Familienbrett, um wesentliche Elemente der soziologischen Systemtheorie nach Niklas Luhmann zu operationalisieren. Anhand einer semiquantitativen Operationalisierung konnten undifferenzierte Systeme (ohne Subsystembildung), Subsysteme und isolierte Figuren unterschieden werden. Darüber hinaus konnten für jede Figur die Art ihrer systemischen Relationierung, der Wandel dieser Relationen von Zeitpunkt zu Zeitpunkt sowie "Blicksysteme" ermittelt werden. Weitere Variablen waren Strukturwandel bzw. zeitliche Konstanz, Erweiterung und Verminderung des Systems. Zur empirischen Überprüfung dieses methodischen Vorgehens wurden zwölf Familien untersucht, bei denen ein Kind zum Zeitpunkt der Untersuchung aus organmedizinischen Gründen in stationärer pädiatrischer Behandlung war. Anhand des Verhältnisses von Wandel und Konstanz konnte u.a. gezeigt werden, daß das kritische Ereignis "stationäre Aufnahme eines Kindes" bei pädiatrischer und psychiatrischer Indikation unterschiedliche Modi der Bewältigung hervorrief (Näheres bei Bökmann, in diesem Band).

Themenbezogene Studien

- *Jugendliche Sucht.* Rainer Thomasius (1986) untersuchte 10 Jugendliche zwischen 12 und 16 Jahren, die ernstzunehmende Erfahrungen mit "Schnüffeln" (Einatmen von Lösungsmitteln) und ggf. auch anderen Drogen hatten. Sie stellten ihre Familien zu vier Zeitpunkten auf: "Jetzt", "Vor Beginn", "Zum Beginn" (des Schnüffelns) und "Zukunftsvision". Es zeigte sich, daß die Jugendlichen mit Hilfe des FB in der Lage waren, ihre eigene Entwicklung unter Einbeziehung ihres Lösungsmittelmißbrauchs zu rekonstruieren. Die dargestellten Anordnungen ließen gering kohäsive und wenig anpassungsfähige Familienstrukturen erkennen. Einige Familien hatten außer Subsystemen keine erkennbare Systemstruktur. Die Familie als Gesamtstruktur schien bei vielen Jugendlichen eine geringere Bedeutung zu haben als die Beziehung zu einzelnen Familienmitgliedern. Insgesamt ähnelten die Familienbilder dieser zum Untersuchungszeitpunkt meist in Heimen untergebrachten Jugendlichen den "Schreckensvisionen" aus der Untersuchung Lohmers (s. oben). Ein Vergleich dieser Probanden mit der "psychiatrischen" Stichprobe aus der Studie van den Bergs (s. oben) zeigte deutliche Ähnlichkeiten in den Aufstellungen beider Gruppen vor allem bezüglich der Zeitpunkte, als der Lösungsmittelkonsum bzw. die psychiatrische Auffälligkeit begonnen hatten. Die Tatsache, daß ein Großteil der beteiligten Jugendlichen eine Sonderschule für Lernbehinderte besuchten, bestätigte die Annahme, daß der Umgang mit dem Familienbrett keine besonderen intellektuellen Anforderungen stellt.

- *Alkoholismus.* Im Rahmen eines Projekt unter der Leitung von Thomas von Villiez (1986) untersuchte Sabine Reichelt-Nauseef (1991) 20 Familien mit einem alkoholabhängigen Mitglied. Die Familien wurden beim ersten Mal in einer Fachklinik während der Behandlung und beim zweiten Mal ca. 6-12 Monate später im häuslichen Milieu aufgesucht. Neben den üblichen Figuren des FB wurde eine Alkoholflasche in Miniaturformat angeboten. Die Instruktion hieß beim ersten Mal die Familie zu "nassen" und zu "trockenen" Zeiten aufzustellen. Bei der zweiten Untersuchung wurden die Familie gebeten, ihre Struktur zu "Heute" und eine "Zukunftsvision" aufzustellen. Als Hauptergebnis dieser Untersuchung wurde betont, daß Alkoholismus in Konfliktfällen eine Lösung darzustellen schien, so daß eine längerfristige Abkehr vom exzessiven Alkoholkonsum eine Neustrukturierung der Familien erfordert (Näheres bei Knuschke u. Reichelt-Nauseef, in diesem Band).

- *Jugendliche Krisen.* In der bisher wohl umfassendesten Studie mit Hilfe des Familienbretts untersuchte Hans Kowerk (1993; vgl. auch 1991) insgesamt 861 Aufstellungen von insgesamt 176 Jugendlichen im Alter zwischen 16 und 20 Jahren. Die Jugendlichen verteilten sich auf drei Gruppen: PatientInnen der Jugendpsychiatrie (N= 75) und Insassen einer Jugendstrafanstalt (N= 81). Als Kontrollgruppe dienten 20 StudentInnen (vgl. Dirksen, in diesem Band). Die Jugendlichen wurden bei Aufnahme und Entlassung aus der entsprechenden Einrichtung untersucht. Jeder Proband stellte jedesmal drei Versionen seiner derzeit relevanten sozialen Situation dar: "Vor der Aufnahme", "Jetzt" und "Idealbild". Die Zielsetzung dieser eigentlich methodologischen Studie war eine Sondierung der Aussagemöglichkeiten des *Familienbretts* im Hinblick auf klinische und psychotherapeutische Fragestellungen. Hierfür löste sich Kowerk von der Forderung ab, die Aufstellungen durch nachträgliche Kommentare erklären zu lassen und entwickelte eine eigene Methode der Kategorienbildung. Bei jeder Aufstellung wurde ein umfangreiches standardisiertes Protokoll auf der Basis der operationalisierten Merkmale "Figurenzahl", "Distanz", "Subsysteme", "Blickrichtung" und "Gesamtsystem" erstellt. Zur Erfassung der interessierenden Merkmale wurde die Figur des aufstellenden Jugendlichen als Bezugsfigur definiert. Dies erlaubte z.B. bezüglich der "Blickrichtung" folgende Möglichkeiten zu bestimmen: Blick hin oder weg von der Bezugsfigur, vorbei an der Bezugsfigur oder parallel zu deren Blickrichtung. Die Distanzdimensionen und die Subsystemermittlung bezogen sich ebenfalls auf die Bezugsfigur. Die Kodierung des Gesamtsystems ("Gestalt") zeigte, daß diese eine weitaus größere Komplexität aufwies als die in den früheren Studien beachteten geometrischen Anordnungen. Die Auswertung der Aufstellungen erfolgte in sukzessiven Schritten nach einem komplexen Schema. Die Auswerterobjektivität dieser Zuordnungen wurde mittels Interrater-Reliabilitäten abgesichert. Zur konkurrenten Validierung wurden standardisierte Interviews und der FACES (s. oben) eingesetzt. Ein Vergleich der drei Gruppen unter Verwendung dieser Variablen zeigte u.a., daß 91% der Pbn Veränderungen ihrer Beziehungssysteme von 1. zum 2. Zeitpunkt vornahmen. Zudem wurden Ähnlichkeiten in den Aufstellungen von Psychiatriepatient/innen und inhaftierten Jugendlichen festgestellt sowie diskrete Unterschiede zwischen psychotischen und neurotischen Patient/innen.

- *Anthropologische Feldstudie.* Kurt Ludewig (1989) verwendete das *Familienbrett* bei einer orientierenden, unsystematischen Beobachtung bei vier Familien aus dem Mapuche-Stamm in Südchile. Die Familien belegten ein Spektrum, das sich von traditioneller bis zu "chilenisierter" Lebensweise erstreckt. Bei einem durchaus abenteuerlichen Ausflug in die ärmliche Welt dieser verstreut lebenden Familien wurden sie aufgefordert, ihre Situation zu drei Zeitpunkten aufzustellen: "Jetzt", "Vor ca. 2 Jahren" und "In etwa 2 Jahren" sowie ein "Idealbild" und eine "Schreckensvision". Auf die Darstellung von Bildern aus der Vergangenheit wurde schnell verzichtet, zumal die Mapuche eine prinzipiell gegenwartsorientierte Sichtweise haben. Auf Zukunftsbilder mußte ebenfalls verzichtet werden, da es nach ihrem Glauben den Menschen nicht zustehe, die Zukunft vorauszusagen. Interessanterweise benutzen alle Familien das FB unter Einbeziehung der Himmelsrichtungen. Sie stellten ihre Familien mit Blick zum Osten auf, denn diese sei die gute Seite, aus der die Sonne hervorkomme. Die Schreckensvisionen enthielten verstreute, verbindungslose Anordnungen, in denen allein die Beziehung zwischen der Mutter und dem jüngsten Kind nicht auseinandergerissen wurde. Ein weiterer interessanter Aspekt war, daß diese Familien auf eine Weise aufstellten, die um so ähnlicher mit der europäischen war, je näher sie der chilenischen oder westlichen Mentalität waren.

Diskussion

Bei aller Differenz in den methodischen Ansätzen und untersuchten Fragestellungen ließ sich anhand der erörterten Studien zeigen, daß Individuen und Familien im wesentlichen das *Familienbrett* als Mittel akzeptierten, um ihre Familienbeziehungen darzustellen. Das Verfahren schien sich zu eignen, um Biographien und Familiengeschichten zu (re)konstruieren. Durch die geringe Strukturiertheit des Materials war es auch möglich, die Anweisung und die Durchführung flexibel zu handhaben und auf unterschiedliche Fragestellungen anzupassen. Das Verfahren ließ somit eine insgesamt akzeptable "Brauchbarkeit" erkennen. Bezüglich seiner "Nützlichkeit" zeigte sich, daß diese je nach angestrebtem Ziel durchaus differentiell zu betrachten ist. Im Rahmen von Einzeluntersuchungen schien es auszureichen, die Probanden nach der Bedeutung zu befragen, die sie den einzelnen Merkmalen des FB zugeordnet hatten. Bei Untersuchungen, die Stichprobenvergleiche zum Ziel hatten, erschien es hingegen sinnvoller, standardisierte Auswertungsmodi zu erarbeiten. Mit Blick auf einen "Zugewinn" im Vergleich mit anderen Vorgehensweisen schien das *Familienbrett* in leicht handhabbarer Weise und in erstaunlicher Kürze Aspekte des Zusammenlebens von Familien hervorzurufen, die für alle Beteiligten einschließlich der Aufstellenden eindrucksvoll waren und nicht ohne weiteres durch verbale Befragungen und klinische Interviews aufgetreten wären. Das *Familienbrett* schafft Tatsachen, die den Charakter von Realitäten gewinnen und zu nachträglichen Auseinandersetzungen anregen. Schließlich war festzustellen, daß der Anwendungs-bereich dieses Verfahrens nicht einmal durch gewichtige kulturelle Unterschiede wie zwischen Europäern und Mapuche-Indianern begrenzt war.

Ausblicke

Begriffen als *Kommunikationsmittel* ist das *Familienbrett* nicht nur ein Instrument für die Dokumentation, Diagnostik und Forschung, sondern es ist auch in vielfältigen Bereichen der Praxis anwendbar. Seit seiner Entstehung ist es zum Einsatz in Therapie und Beratung, in Supervision und Organisationsberatung gekommen; davon zeugen viele der weiteren Kapiteln in diesem Band. Die hier erörterten methodischen Zugänge bieten Anregungen, jedoch keine Gebrauchsanweisung für das FB im Sinne eines Tests. Zusammen mit den weiteren Aspekten, die in diesem Band zur Sprache kommen, stecken die Ergebnisse dieser Studien den weiten Rahmen ab, in dem das Brett als *Kommunikationsmittel* sinnvoll zu verwenden ist. Die eigentlichen Gebrauchsregeln müssen hingegen den jeweiligen Kontexten, in denen das FB zur Anwendung kommt, angepaßt werden.

Mit dem Brett liegt ein Ausdrucksmittel, gewissermaßen eine "Sprache" vor, die wie jede Sprache selbstreferentiell ist und so immer nur auf sich selbst verweisen kann. Das Anliegen der referierten Arbeiten war, zur "Übersetzung" dieser Sprache in die verbale Sprache der Wissenschaft und der Praxis beizutragen. Dabei sollte ein bildhaftes, ganzheitliches Kommunizieren auf dokumentierbare und nachvollziehbare Weise verfügbar werden. Trotz der gegebenen Einschränkungen - zweidimensionaler Raum, Mehrdeutigkeit der Merkmale und Merkmalskombinationen usw. - hat sich gezeigt, daß kaum ein Proband das FB als Ausdrucksmittel grundsätzlich abgelehnt hat, nur eben diejenigen, die sich auf dieses "Spiel" nicht einlassen wollten. Einzelne Familien teilten uns zudem mit, daß sie sich noch lange nach der Untersuchung mit ihren Lösungen beschäftigt hätten. An den Brettanordnungen sehen wir ein neu geschaffenes, nicht beliebig ausradierbares Faktum, das eine günstige Basis für ihre nachträgliche Besprechung und für etwaige Interventionen bietet.

Im Sinne einer traditionellen Diagnostik zur "objektiven", wahrheitsgemäßen "Klassifikation" dürfte das *Familienbrett* wenig brauchbar sein (für eine alternative Auslegung vgl. Baumgärtel in diesem Band). Denn dieses Verfahren ist entwickelt worden, um die Komplexität sozialer Strukturen und Prozesse einfach und global abzubilden. Die Anordnungen stellen spontan entstandene Konstrukte dar und beinhalten so einen Versuch, die Pbn zur Erzeugung subjektiver Konstrukte über die Struktur eines sozialen Systems anzuregen und diese dann mit Hilfe des FB zu materialisieren. Dieses Ziel ist erreicht, wenn die Beteiligten angeben können, eine für sie stimmige Momentaufnahme des Systems festgehalten zu haben. Im Sinne einer systemischen Prozeßdiagnostik (vgl. Keeney 1979) bietet die Beobachtung und Dokumentation des Aufstellungsprozesses Anhaltspunkte für die Einschätzung des koevolvierenden Prozesses von Untersucher und Untersuchten.

Die referierten Untersuchungen werten wir hier als Beitrag zu einer empirischen Forschung auf systemischer Basis. Die verschiedenen Vorgehensweisen erlauben es, intersubjektiv nachvollziehbare Vergleiche von FB-Aufstellungen durchzuführen, ohne das Material des Familienbretts einzuschränken oder den Aufstellenden eine im voraus erwünschte Handhabung des Materials aufzuzwingen. Eine normierende Anweisung hätte zwar die Vergleichbarkeit der Aufstellungen erhöht, der Preis dafür wäre aber eine uneinschätzbar starke Verfremdung der zu untersuchenden Phänomene. Angesichts der uns immer neu beeindruckenden heuristischen Möglichkeiten des Familienbretts als "Kommunikationsmittel" in und mit sozialen Systemen halten wir es für angemessener, die damit gewonnenen "weichen" Daten mit Hilfe einer "weichen" qualitativen Methodologie zu behandeln, als sie einer künstlich quantifizierenden, "harten" Methodologie zu opfern.

Die Einbeziehung der zeitlichen Perspektive in die Durchführung ermöglichte es, biographische und systemgeschichtliche Ereignisse zu (re)konstruieren, sie also in der Gegenwart neu zu konstruieren und so einer Korrektur zugänglich zu machen. Dies werten wir aus psychotherapeutischer Sicht als besonders nützlich. Denn Menschen, die unter behandlungsbedürftigen Problemen leiden, neigen dazu, Gegenwärtiges als "natürliche" und zwangsläufige Folge vergangener Ereignisse zu verstehen. Gegen diese Neigung bietet das *Familienbrett* eine spielerische Möglichkeit, mit ihrer "Geschichte" differenzierend umzugehen und so einen neu konstruierenden Zugang zu den eigenen Erinnerungen zu schaffen. Dadurch kann Geschichte zu einer Variablen werden und sich aus dem Status einer reifizierten Konstante befreien.

Für Therapie und Beratung ergeben sich mit dem *Familienbrett* vielfältige Anwendungsmöglichkeiten, zumal mit dessen Hilfe averbal und prozeßorientiert kommuniziert werden kann. In diesem Sinne deutet sich hiermit ein Weg an, der "alten" Forderung Andolfis (1982) und anderer nachzukommen, die im Sichtbarwerden von Beziehungen den ersten Schritt zu ihrer Veränderung sehen. Im Hinblick auf die von Klaus Grawe (1994) ausgearbeiteten Wirkprinzipien der Psychotherapie - Problembewältigung, Klärungsarbeit, Aktualisierung und Ressourcenaktivierung - bietet das FB verschiedene Möglichkeiten ihrer Verwirklichung. Patienten können ihre Sicht der Problemkonstellation auf das Brett darstellen und dann Wege der Bewältigung durch Ressourcenaktivierung simulieren. Durch Aufstellung der Problemlage ist auch eine Aktualisierung zu erwarten, die je nach Ausmaß der Identifikation der Aufstellenden mit den Figuren durchaus intensive reale Erfahrungen hervorrufen kann. Schließlich bieten die Brettanordnungen im Hinblick auf Klärungsprozesse vielfältige Anstöße.

Obwohl das Familienbrett als ein globales "Breitbandverfahren" konzipiert ist, das Mitglieder sozialer Systeme bei ihren Interaktionen unter nur wenigen vorgegebenen Bedingungen beobachten läßt, erwies sich dessen Anwendung auch bei der Untersuchung spezieller systemischer Fragestellungen als durchaus sinnvoll. Als wenig strukturiertes Kommunikationsmittel läßt das *Familienbrett* sehr verschiedene Anwendungsmöglichkeiten mit und ohne Modifizierung des Standardmaterials zu.

Anmerkungen

1. Gründerpersönlichkeiten systemischer Denkweise sind u.a. Humberto Maturana (1982; Maturana u. Varela 1987), Heinz von Foerster (1985) und Ernst von Glasersfeld (1987). Für eine umfassende Einführung in diese Thematik sei hier auf Schmidt (1987) und Schiepek

(1991) verwiesen. Im psychotherapeutischen Bereich ist systemisches Denken ganz besonders von Paul Dell (1986), Harry Goolishian (Goolishian u. Anderson 1990, 1997), Bradford Keeney (1987a, b), Steve de Shazer (1989a, b) und Michael White (1995) umgesetzt worden. Wesentliche Vorarbeiten hatten Mara Selvini Palazzoli et al. (1978) und Paul Watzlawick et al. (1969, 1974) geleistet.

2. An der Arbeitsgruppe an der Abteilung für Kinder- und Jugendpsychiatrie des Universitäts-Krankenhauses Hamburg-Eppendorf waren von 1978 bis 1987 folgende Kolleginnen und Kollegen beteiligt: Gabriele Jacobskötter, Raili Ludewig, Karin Pflieger, Harald van den Berg, Martin Bökmann, Mauritius Lohmer und Ulrich Wilken. Weitere Beiträge zur empirischen Erkundung des Familienbretts erbrachten im unmittelbaren Umkreis dieser Gruppe Hans Kowerk, Sabine Reichelt-Nauseef und Rainer Thomasius.

3. Der "Blickpunkt" (BP) ergibt sich durch vorwärtsgerichtete Verlängerung der Blickrichtung der Figuren. Trifft der BP auf eine andere Figur, wird dies als "Bezogenheit auf..." gedeutet. Der "Schwerpunkt" wird mathematisch aus den Koordinaten der einzelnen Figuren auf dem Brett mit Hilfe der Formeln errechnet: $X_{SP} = \sum_i x_j/n$ und $Y_{SP} = \sum_i y_j/n$, wobei: x und y = Koordinaten der einzelnen Figuren, X_{SP} und Y_{SP} = Koordinaten des Schwerpunkts und n= Anzahl der Figuren.

Eine systemtheoretische Operationalisierung des Familienbretts

Martin Bökmann

Einführung

Der folgende Beitrag stellt den Versuch dar, das Familienbrett als Forschungsinstrument im Rahmen einer wissenschaftlichen Theorie zu begründen, die dem Anspruch des systemischen Denkens gerecht wird. Aus meiner Sicht hat Luhmann (1980, 1981, 1984, 1990, 1997) den am weitesten ausgearbeiteten Entwurf einer selbstreferentiell gebauten Systemtheorie für den Bereich sozialer Phänomene vorgelegt. Daher erscheint er geeignet, das Familienbrett als wissenschaftliches Forschungsinstrument zu begründen. Die Kenntnis der Luhmannschen Theorie sozialer Systeme ist zum Verständnis der Operationalisierung hilfreich. Deshalb werden einzelne zentrale Theorieelemente erläutert, um die daraus entwickelten Kategorien zum methodischen Einsatz des Familienbretts verständlich zu machen (vgl. Bökmann, 1987). Luhmann orientierte sich bei der Entwicklung seiner Theorie sozialer Systeme an autopoietischen Theorien der Biologie und an kybernetischen Überlegungen. Diese Theorien schreiben Systemen die Fähigkeit zu, ihre Bestandteile selbst zu produzieren und zu reproduzieren. Sichtweisen, die dort entwickelt wurden, abstrahierte er zu einer allgemeinen Systemtheorie und spezifizierte diese für die Sozialwissenschaften.

Relevante Theorieelemente und deren Operationalisierung

Die Luhmannsche Theoriekonzeption geht mit Bateson (1982:118f) vom Differenzbegriff als Leitgedanken zur Steuerung der wissenschaftlichen Informationsgewinnung aus: Ein System identifiziert sich selbst und grenzt sich gegen nicht Zugehöriges ab. Dieses sich selbst identifizierende System beobachtet andere Systeme und unterscheidet sie von der Umwelt. Luhmann benutzt den Differenzbegriff, weil er sich im Vergleich zu anderen Theorieentwürfen einen Zugewinn an Information verspricht. Die Differenz von System und Umwelt sieht Luhmann als Einheit, um deutlich zu machen, daß weder das System noch die Umwelt unabhängig voneinander analysiert werden können. Bei der Betrachtung der Bauelemente der Systeme, die ihnen die spezifischen Charakteristika geben, unterscheidet Luhmann Elemente und Relationen, die er ebenso als Einheit konzipiert. Relationen und Elemente beeinflussen sich gegenseitig und sind nicht unabhängig voneinander zu denken.

Die Differenz von System und Umwelt sowie die Differenz von Element und Relation sind zwei verschieden Sichtweisen, Systeme zu analysieren. Bildlich gesehen, steht bei der Betrachtung von System und Umwelt das Haus mit seinen Räumen in Bezug auf die Umwelt im Vordergrund, während die Unterscheidung von Element und Relation die Anordnung der Steine, Balken und Nägel zueinander hervorhebt. Als weiteres Moment bezieht Luhmann den Zeitaspekt in den Systembegriff ein. Um das Familienbrett als systemwissenschaftliches Forschungsinstrument zu begründen, mußte die Operationalisierung diese drei wesentlichen Theoriebausteine berücksichtigen.

Die Differenz von System und Umwelt

Wie wird nun die Theorie der Differenz von System und Umwelt durch das Familienbrett erfaßt? Durch die Bezeichnung "Familienbrett" und durch das Ansprechen der Probanden als "Familie" wird der Probandengruppe nahegelegt, sich zu überlegen, wer zu ihrer "Familie" (in erweitertem Sinne: zum relevanten Sozialsystem) gehört. Der Untersucher legt keinen Familienbegriff fest. Was den einen oder anderen Probanden als Familienmitglied auszeichnet, definieren die Familienmitglieder nach ihren Kriterien selbst. Kurz: Als Familienmitglieder können daher alle Kommunikationsträger (z.B. Mutter, Arzt, Säuglinge, Haustiere) angesehen werden, deren Handlungen und Kommunikationen das Sozialsystem reproduzieren. Beobachter können nicht entscheiden, welche Handlungen das jeweilige Sozialsystem Familie wirklich reproduziert. Aufgestellte Figuren stellen "Familienmitglieder" dar. Sie werden gezählt und als Variable "Anzahl der Figuren" erfaßt.

Die Vorgabe eines Brettes gibt den Rahmen an, innerhalb dessen sich die Familienmitglieder als Figuren aufbauen. Das Brett hat zum Rand eine Linie, wodurch das quadratische Feld innerhalb der Linie als System festgelegt werden kann, das Außenfeld als Umwelt. Relationen zwischen Brettfiguren und Umwelt können so dargestellt werden. Manche Probanden definieren das ganze Brett als "Systemraum", für sie beginnt dann die Umwelt außerhalb des Brettrandes. Relationen nach außen können dann mittels der aufgestellten Blickrichtungen der Figuren erfaßt werden.

Die Differenz von Element und Relation

Wie System und Umwelt als Differenz zusammen gehören, eine Einheit bilden, so umfaßt der Elementbegriff das einzelne Element in seiner Beziehung zu einem anderen Element oder mehreren Elementen. Während Elemente gezählt werden können und Quantitäten aufzeigen, erzeugen Relationen Qualitäten (Luhmann, 1997:137). Überträgt man diese Überlegungen auf das Familienbrett, so werden als Elemente die Figuren definiert, die mit anderen Figuren relationiert werden. Die jeweilige Figur konstituiert sich aus den verschiedenen Aspekten, die die Probanden damit verbinden. Während des Aufbauprozesses werden verschiedene Beziehungsqualitäten bezüglich jeder Figur gleich einem schwebenden Verfahren ausgelotet bis die endgültige Position gefunden wird. Die Festlegung der Position umfaßt die aktuellen Erwartungen in Form von Wünschen, Hoffnungen und Erfahrungen der Probanden zueinander. Da die

Probanden mit dem dargestellten Beziehungsbild natürlich noch ganz andere Aspekte verbinden als es dem forschenden Beobachter zu erfassen möglich ist, wird hier Information erheblich reduziert.

Die Abstände der Holzfiguren ergeben die Variable "Entfernung" mit den Ausprägungen "nah" und "fern". Die Entfernungen aller Figurenabstände werden in Zentimetern gemessen, addiert und durch die Anzahl der Relationen dividiert, so daß eine Durchschnittsentfernung entsteht. Die Entfernungen, die kürzer als der Durchschnitt liegen, werden als "nah" klassifiziert und die darüberliegenden als "entfernt". Die Holzfiguren haben ein schematisiertes Gesicht, so daß sie "blicken" können. Daraus resultiert die Variable "Blickrichtung". Zwei Figuren können nun sich gegenseitig anschauen, drei und mehr Figuren können ihren Blick im Sinne einer gedachten Linie in einem gemeinsamen Blickpunkt kreuzen lassen. Einzelne oder mehrere Figuren können aber auch nach außen über den Rand des Familienbrettes schauen. Dies deutet auf Interessen und Beziehungen außerhalb der aufgebauten Figuren. Diese Variable hat daher die Ausprägungen "gemeinsamer Blickpunkt" und "Einzelblick".

Die Teilnehmer sozialer Systeme definieren nicht nur selbst, welche Personen und welche Kommunikationen und Handlungen zu ihrem System gehören, sondern sie handeln untereinander auch aus, welche Bedeutungen für sie die Ausprägungen "nah" und "entfernt" sowie "gemeinsamer Blickpunkt" und "Einzelblick" haben. In der Praxis zeigte sich, daß sie sich sehr schnell über die Bedeutungen einigen konnten. Faßt man die Forschungserfahrung zusammen, so lassen sich zwei Bedeutungskonstruktionen typisieren: Durch "Entfernung" drücken die Familienmitglieder häufig Verbundenheit, Zusammengehörigkeit aus. Die Ausprägung "Nähe" wird in der Regel gewählt, wenn die Probanden Zugewandtheit, Unterstützung und Liebe ausdrücken, die Ausprägung "Distanz" wird gewählt, wenn das Interesse um die andere Person insgesamt gering ist oder abgenommen hat. Hier werden z.B. Ablösungsprozesse Jugendlicher aufgezeigt, geringere Intensität der Beziehung bei Partnern oder verminderte Kontakthäufigkeit ausgedrückt.

Die Variable "Blickrichtung" deutet häufig positives Interesse und Sympathie an. Die Ausprägung "Nähe" erfährt hier eine Verfeinerung. Sich nahe stehende Ehepartner können ihr besonderes Interesse so zum Ausdruck bringen. Bei Desinteresse und Ablehnung wird die "Blickrichtung" der Figuren typischerweise so aufgebaut, daß sie sich nicht anschauen. Die Variable "Blickrichtung" ermöglicht, Kontakte und Relationen über die Grenze des Familienbrettes auszudrücken.

Systemkomplexität und Musterbildung

Je mehr Elemente ein System enthält, desto komplexer wird das System. Mit der Anzahl der Elemente steigt auch die Anzahl der Relationen. Jede aufgestellte Figur kann prinzipiell mit jeder eine Relation bilden. Zwei Figuren bilden eine Relation, drei Figuren bilden drei Relationen, vier Figuren bilden sechs Relationen, fünf Figuren bilden schon zehn Relationen usw. Aber nur drei Figuren können den gleichen Abstand zueinander halten, so daß das Aufstellen von vier und mehr Figuren zwangsläufig Entscheidungen bzgl. der Entfernungen erfordert. Dadurch entstehen bestimmte Muster realisierter Relationen. Diese können mit dem Familienbrett ebenfalls nachgezeichnet werden. Unter Einbeziehung der Systemkomplexität und Musterbildung erhält die Variable "Entfernung" zu den Ausprägungen "nah" und "fern" die Ausprägungen "Einzelfigur" und "Gruppenbildung/Subsystembildung". Dieses Auswertungsverfahren läßt sich bei den meisten Aufstellungen anwenden. Da manchmal einzelne Figuren nicht eindeutig zu einer Gruppe oder als allein stehend klassifiziert werden können, müssen die verbalen Kommentierungen der Probanden zu Rate gezogen werden, um die Zuordnung vornehmen zu können.

Die Probanden erzeugen auf diese Art eine bestimmte Aufstellung ihres sozialen Systems, welches als ein Muster erscheint. Verschiedene Aufstellungen können nun verglichen werden. Befragt man die Probanden nun bezüglich eines bestimmten Ereignisses, so stellen sie vielleicht einmal zwei Subgruppen und eine Einzelfigur auf, in Bezug auf ein anderes Ereignis vielleicht nur drei Figuren im Kreis. Natürlich können jetzt auch verschiedene Probandengruppen bzgl. eines bestimmten Ereignisses (z.B. Kind im Krankenhaus) ihre Aufstellungen vornehmen. Die Aufstellungen zeigen nun gleiche oder verschieden Muster, die sich gut vergleichen lassen. Da verschiedene Aufstellungen gleichwahrscheinlich sind, entsteht die Frage, welche Aufstellungen realisiert, welche verworfen werden. Das Familienbrett kann diese Muster mit einfachen Mitteln gut erfassen.

Zeit und System

Die Einführung der Zeit in die Systemtheorie erfordert eine Präzisierung des Element- und des Musterbegriffs. Wird der Zeitaspekt auf die Elemente bezogen, so erhalten sie eine Zeitdauer und erscheinen als Ereignisse. Ereignisse können im Entstehen schon wieder vergehen. Will das System weiter existieren, muß es ständig neue Elemente/ Ereignisse produzieren. Das System kann also nicht mehr beliebige Relationierungen zulassen, sondern nur solche, die in der Lage sind, Ereignisse zu produzieren, an die andere Ereignisse anschließen können. Es müssen also zeitstabile Muster hervorgebracht werden. Andererseits schafft die Notwendigkeit zeitlicher Systeme, ständig vergehende Elemente zu reproduzieren, die Möglichkeit, neue passendere Elemente zu erzeugen und erhöht somit die Innovations- und Anpassungsfähigkeit des Systems. Systeme befinden sich nicht automatisch im Gleichgewicht und werden nur vorübergehend von Störungen destabilisiert. Gleichgewicht kann sich trotz aller Unruhe einstellen. Die autopoietische Stabilität wird somit nicht als statische, sondern als dynamische beschrieben (Luhmann 1984: 76ff; 1997:428).

Werden diese Beschreibungen aus der allgemeinen Systemtheorie für soziale Systeme reformuliert, so identifiziert Luhmann Ereignisse mit Kommunikationen und Handlungen. Kommunikationen betonen das schwebende Verfahren des Sich-Verstehens, Handlungen bezeichnen irreversible Festlegungen der Teilnehmer des sozialen Systems. Kommunikationen/Handlungen spezifizieren sich in Bezug auf vorangegange Kommunikationen/Handlungen und werden durch den Zukunftshorizont der Akteure weiter spezifiziert. Muster, die die Auswahl der realisierten Relationen bezeichnen, nennt Luhmann in zeitlichen Systemen Strukturen. In Bezug auf soziale Systeme, die nur zeitlich gedacht werden können, identifiziert er den Strukturbegriff mit dem Erwartungsbegriff, der Begriffe wie Bedürfnis, Trieb, Interesse, Anspruch usw. umfaßt. Die Positionierung der Figuren und die Festlegung ihrer Blickrichtungen auf dem Familienbrett kann nun als Darstellung der gegenseitigen Erwartungen interpretiert werden.

Die Einführung der Zeit in den Systembegriff führt nicht nur zu einer Temporalisierung der Elemente zu Ereignissen, sondern auch zu einer Theorie der Veränderung von Systemen. Luhmann lokalisiert einen Systemwandel nur auf der Ebene von Strukturen, da Ereignisse nicht andauern (Luhmann 1984: 470ff.). Für soziale Systeme heißt das, daß sie sich nur auf der Ebene der Erwartungen ändern können, erst dann können Handlungselemente neu selektiv verkettet werden. Die Begrenzung von Strukturänderung findet sich in der autopoietischen Reproduktion: Werden keine anschlußfähigen Elemente, Ereignisse, Kommunikationen und Handlungen reproduziert, so zerfällt das System.

Strukturwandel ganzer Systeme kann nicht mehr als Anpassung des Systems an die Umwelt oder als Anpassung der Umwelt an das System gesehen werden. Mit der Theorie autopoietischer Systeme steht die Frage im Vordergrund, wie geschlossene Systeme überhaupt Anpassungsnotwendigkeiten aufgrund der System/Umwelt-Differenzen erkennen können. Da das System selbst seine Ereignisse, seine Handlungen und Kommunikationen sowie Strukturen bzw. Erwartungen erzeugt, hat die Umwelt auch keinen direkten Kausalzugriff auf das System.

Wie wirkt sich nun der Zeitaspekt auf die Variablen des Instrumentes Familienbrett aus? Die Ausprägungen der Variablen werden weiter differenziert, so daß Strukturen und Strukturwandel erfaßt werden können. Die einzelnen Variablen erhalten eine Dimension hinsichtlich der "Konstanz" einer bestimmten Aufstellung oder einer "Veränderung" des Aufstellungsmusters. Die Variable "Entfernung" erhält nun zusätzlich zu den Ausprägungen "nah" und "fern" die Ausprägungen "Konstanz", "Zunahme" oder "Abnahme" der Entfernung im Vergleich mit verschiedenen Aufstellungen. Eine Probandengruppe wird z.B. gebeten, die Familie vor, während und nach einem Krankenhausaufenthalt eines Familienmitgliedes darzustellen. Anhand der Aufstellungen kann man erkennen, ob sich die familiäre Struktur durch diese spezifische Situation verändert hat oder nicht. So kann die Familie sich insgesamt näher gekommen sein oder nur einzelne Mitglieder sind sich näher gekommen, während andere Mitglieder weiter entfernt aufgestellt wurden, weil sich ihre Bedeutung verändert hat.

In Bezug auf die Variable "Anzahl der Figuren", läßt sich feststellen, ob im zeitlichen Verlauf die Anzahl "konstant" bleibt, "zunimmt" oder "abnimmt". Eine Zunahme erlaubt mehr Relationierungen der Mitglieder des Systems, was bei Belastungen hilfreich sein kann. Die Differenzierung der Variablen unter Einbeziehung der Zeit erlaubt nun die Operationalisieung des Strukturwandels. Er läßt sich mit dem Familienbrett durch zwei Erhebungsdesigns erfassen:
1. Die Probanden bauen ihre Figuren zu verschiedenen Erhebungszeitpunkten auf, z.B. eine Woche vor Therapiebeginn, während der Therapie, eine Woche nach dem Therapieende und zu einem bestimmten Zeitpunkt nach der Therapie (sechs Monate, zwölf Monate).
2. Die Probanden bauen an einem Erhebungstermin ihre aktuellen Beziehungen auf, ihre vergangenen und zukünftigen Beziehungen. Werden z.B. drei Aufstellungen vorgenommen, so lassen sich drei Strukturtypen unterscheiden:

- *Typ 1:* kein Strukturwandel. Alle Figuren werden in drei verschiedenen Aufstellungen ähnlich oder identisch positioniert. Daraus kann geschlossen werden, daß die Familienmitglieder relativ festgelegte Erwartungen aneinander haben.

- *Typ 2:* situativer Strukturwandel. Diese Familien positionieren ihre Figuren zweimal gleich, einmal anders. Je nachdem zu welchem Zeitpunkt die unterschiedliche Positionierung durchgeführt wird, kann ein Strukturwandel in der Zeit erkannt werden. Diese Familien reagieren auf Ereignisse mit einer Änderung ihrer Erwartungen.

- *Typ 3:* stetiger Strukturwandel. Die Familien positionieren sich in allen Aufstellungen verschieden. Daraus kann geschlossen werden, daß sie keine festgelegten Erwartungen aneinander haben und ihre Beziehungen situativ rearrangieren.

Die Typenbildung des Strukturwandels erlaubt nun einen Vergleich sowohl bzgl. besonderer Systemereignisse als auch zwischen verschiedenen Probandenkollektiven.

Gütekriterien

Wissenschaftliche Gütekriterien zur Objektivierung bestimmter Methoden und Meßinstrumente lassen sich in Bezug auf eine Theorie autopoietischer Systeme umformulieren und erweitern. Validität ist dann gegeben, wenn mittels der Instrumente die Umwelt und die Systeme in der Umwelt so auf dem Bildschirm des Systems Wissenschaft erscheinen, daß durch angebbare Mittel Interaktionen mit ihnen stattfinden können. Reliabilität bezieht sich dann auf die Schärfe der "Bildschirmdarstellung". Ludewig et al. (1983: 239) führten als weitere Kriterien "Brauchbarkeit", "Nützlichkeit" und "Zugewinn" ein. Das Kriterium der Brauchbarkeit soll erfüllt sein, wenn einzelne oder mehrere Personen sich auf der Ebene von Kommunikationen und Handlungen mittels eines Instrumentes verständigen können. "Nützlich" sei ein Instrument dann, wenn es zwischen Probanden und Beobachter übereinstimmende Interpretationen gebe. "Zugewinn" liege dann vor, wenn ein Instrument gegenüber anderen Instrumenten Gewinne bringe. In der Terminologie der autopoietischen Systemtheorie können die Kriterien Brauchbarkeit und Nützlichkeit als "Anschlußfähigkeit" zusammengefaßt werden. Ist das Forschungsinstrument nicht in der Lage, Probanden und Forscher anschlußfähig kommunizieren zu lassen, so ist es weder brauchbar noch nützlich, weil das Sozialsystem Forschung zerbricht. Zugewinn bezeichnet dann, wiederum systemtheoretisch gesprochen, "Differenzbildungsfähigkeit" und "Komplexitätsreduzierungsfähigkeit". Das Familienbrett erfüllt all diese Kriterien. Es ist valide, reliabel, anschlußfähig und in der Lage, neue Differenzen zu kreieren und Komplexität hinsichtlich des gesteckten Forschungsziels zu reduzieren.

Die Operationalisierung am Beispiel

In einer Pilotstudie setzte der Autor diese Operationalisierungskriterien um (Bökmann 1987). Die Beziehungen von zwölf Familien wurden untersucht, in denen eines ihrer Kinder oder Jugendlichen aus somatischer Indikation stationär behandelt wurde. Mit Hilfe des Familienbrettes sollte erfaßt werden, in welcher Weise der Krankenhausaufenthalt die Familienbeziehungen veränderte.

Hierzu einige Ergebnisse: Acht Familien kamen mit einer konstanten Anzahl von als zur Familie gehörig identifizierten Figuren aus. Vier Familien erweiterten ihr System durch weitere Figuren und erhöhten so die Zahl der Relationsmöglichkeiten, wobei sie z.B. auch klinisches Personal miteinbezogen. Während des Krankenhausaufenthalt verteilten sieben Familien ihre Figuren so, daß zwei Untergruppen (Subsysteme) entstanden. Eine Familie richtete ein weiteres Subsystem ein, zwei Familien lösten dagegen ihre Subsysteme auf. Nur eine Familie änderte ihre Aufstellungen nicht. Dies Ergebnis kann so interpretiert werden, daß für spezielle Aufgaben (Weiterführen des Haushaltes bei Abwesenheit der Mutter wegen Betreuung des kranken Kindes) Subsysteme eingerichtet werden, um der Situation adäquater zu begegnen. Zwei Familien reagierten andererseits mit der Aufgabe ihrer Subsysteme. Der Krankenhausaufenthalt hatte offenbar für die Familienmitglieder integrierenden Charakter, rearrangierte aber auch hier die Beziehungen der Familien.

Betrachtete man nur die Subsysteme, die ohne die Patientenfigur aufgebaut wurden, so fiel auf, daß neun der zwölf untersuchten Familien im Vergleich zur Situation vor dem Krankenhausaufenthalt neue Subsysteme bildeten oder vorhandene Subsysteme um weitere Figuren erweiterten. Bei diesen Aufstellungen wurde deutlich, daß ein Teil der Familien ihre Patienten für selbständig genug hielten, allein im Krankenhaus zu bleiben. Ein weiterer Teil der Familien baute die Patientenfigur mit Bezugspersonen des Krankenhauses auf. Sie ließen den Patienten offenbar in kleinen Subsystemen eingebunden im Krankenhaus genesen. Für die meisten Familien ergab sich Zuhause ein Rearrangement der Beziehungen. Dort wurden kleine Subsysteme eingerichtet oder die Anzahl der Mitglieder der Subsysteme und damit die Komplexität erhöht. Aus den Zukunftsaufstellungen wurde deutlich, daß Familien mit kleineren Kindern die Subsystembildung wieder aufgeben wollten, Familien mit Kindern im Ablösealter sahen jedoch zukünftig den Patienten in einem eigenen Subsystem und nicht im Familienkreis.

Hinsichtlich der Frage des Strukturwandels wurde deutlich, daß vier Familien der Studie keine Veränderung ihrer Relationierung vornahmen. Sie wurden dem Typ 1 zugeordnet, der daraufhin deutet, daß die Erwartungen der Mitglieder aneinander relativ konstant sind und daß der Krankenhausaufenthalt ohne Strukturänderung gehandhabt wurde. Sieben Familien konnten dem Typ 2 zuordnet werden, d.h. sie ließen Strukturen erkennen, die sich situativ wandelten. So erwartete eine Familie in der Zukunft eine Änderung ihrer Beziehungsmuster, drei Familien sahen einen vollzogenen Wandel im Vergleich zu früher, drei Familien eine neue Relationierung ihrer Beziehungen nur in der aktuellen Situation des Krankenhausaufenthaltes ihrer Kinder oder Jugendlichen. Eine Familie wurde dem Typ 3 zugeordnet, da sie in allen drei Aufstellungen ein anderes Muster verwandten. Die gegenseitigen Erwartungen erschienen noch relativ offen.

In einem Vergleich dieser Pilotstudie mit einer weiteren Arbeit, in der ein Kind oder Jugendliche/r einer Familie stationär psychiatrisch behandelt wurde (van den Berg, 1984), wurden folgende Unterschiede deutlich: Die Familien, deren Kinder oder Jugendliche aus somatischer Indikation stationär behandelt wurden (kurz: "somatische Familien"), hielten die Figurenzahl in allen Aufstellungen konstanter als die "Psychiatrie"-Familien. Die "Psychiatrie"-Familien tendierten mehr zur Auflösung von Subsystemen während des stationären Aufenthaltes als die Vergleichsgruppe. Gleichzeitig erhöhten sie jedoch die Anzahl der Einzelblicke. Daraus konnte geschlossen werden, daß trotz Zunahme der Nähe eine Tendenz zur Isolierung der Familienmitglieder sich andeutet. Die "somatischen" Familien bildeten während des Krankenhausaufenthaltes mehr Subsysteme, zu denen der Patient nicht gehörte, während die "Psychiatrie"-Familien dieses Aufstellungsmuster für die Zukunft reservierten.

In Bezug auf den Strukturwandel zeigte sich folgender Unterschied: Ein Teil der "Psychiatrie"-Familien definierte seine Beziehungen so, daß zum Zeitpunkt des stationären Aufenthaltes ein Wandel eintrat, der auch in Zukunft anhalten sollte. Dagegen sah ein Teil der "somatischen" Familien einen Wandel ihrer Beziehungsstrukturen eher anläßlich des Krankenhausaufenthaltes.

Zusammenfassung

Das Familienbrett kann als ein Instrument gesehen werden, das sowohl den wissenschaftlichen Gütekriterien als auch den Kriterien einer autopoietischen systemischen Theorie genügt. Es ist in der Lage den Zusammenhang von System und Umwelt anschaulich darzustellen. Es eignet sich, Probanden so kommunizieren zu lassen, daß sie sich als Figuren auf dem Familienbrett in Beziehung setzen. Es kann also die theoretischen Aspekte der Differenz von Element und Relation pragmatisch ausdrücken. Außerdem ist es in der Lage, Systembildung in Abgrenzung zur Umwelt vorzunehmen und Strukturbildung sozialer Systeme nachzuzeichnen. Im zeitlichen Vergleich können Aussagen über Strukturwandel gewonnen werden. Darüber hinaus können Gruppenvergleiche durchgeführt werden. Damit kann das Familienbrett als wissenschaftlich begründetes systemisches Forschungsinstrument gelten. Und last but not least: Es macht Spaß, mit dem Familienbrett zu arbeiten und zu forschen!

Methodologische Probleme handlungsorientierter, systemischer Diagnostik am Beispiel des Familienbretts

Frank Baumgärtel

Vorbemerkung

Wird in der Psychologie von "Diagnostik" gesprochen, hören viele noch das Wort "Test" mit all den Implikationen traditioneller Diagnostik heraus. Dabei sind die positiven Assoziationen: kontrolliert, standardisiert, objektiv, gültig, nachprüfbar. Die negativen Assoziationen gruppieren sich um: autoritär, künstlich, nicht individuell, für den Betroffenen unverständlich. Dahinter stecken mindestens zwei Probleme: das Untersuchungsmodell und das verwendete Meßmodell. Nicht sofort erkennbar ist das Menschenmodell und jenes Problem, das sich aus dem verwendeten Untersuchungsmaterial ergibt. Im Familienbrett finden wir alle bisherigen genannten Fixpunkte der "traditionellen" Diagnostik verletzt. Es wundert daher nicht, wenn nach der 20jährigen Entwicklungsgeschichte dieses Verfahrens die meisten öffentlich zugänglichen Arbeiten dazu sich mehr oder minder ausführlich mit diesen "Abweichungen" beschäftigen und diese für den jeweiligen Zweck zugeschnitten neu eingrenzen oder auch ausgrenzen. Bei einer der ausführlichsten Arbeiten hierzu nimmt diese konstruktive Rechtfertigung immerhin 35% der gesamten Darstellung ein (vgl. Kowerk, 1993).

Ziel dieses Beitrags soll es sein, zusammenfassend die diagnostischen Probleme um das Familienbrett zu systematisieren und Begründungszusammenhänge nach "beiden Seiten" (der traditionellen Diagnostikauffassung vs. der systemischen Diagnostikauffassung) zu liefern, um so zu einer Integration beizutragen. Dieser Beitrag versteht sich gewissermaßen als Plädoyer für eine "Normalisierung" und Einbettung des Familienbretts in den Rahmen psychologischer Techniken. Wenn auch in den von den Herausgebern im Vorwort gesetzten Zielen nicht eine Systematisierung angestrebt wird, sondern (ich wage zu sagen: systemkonform) eine Darstellung zur Anregung der Kommunikation über das Familienbrett, so meine ich doch, daß es an der Zeit ist, das Ressourcen raubende, immerwährende eklektische Begründen zu beenden und ein paar Korsettstäbe einzuziehen. Diesen Begriff wähle ich mit Bedacht, ist es doch die Funktion jener Utensilien, allzu Üppigem eine adäquate Form zu geben. Ob die Folge eine Ohnmacht oder eine Steigerung der Lebensfreude sein wird, hängt viel mit den Erwartungen und der Stringenz der darauf folgenden Handlungen zusammen. Daß eine Befreiung von Stringenz nicht unbedingt eine erhöhte Lebensfreude oder Kreativität zur Folge hat, weisen die gesellschaftlichen Entwicklungen, die in den letzten zwei Jahrzehnten parallel zur Entwicklung des Familienbrettes stattgefunden haben, auf.

Ich werde meine Betrachtung deshalb in drei Richtungen lenken:

- Mensch- und Weltbildperspektive
- Methodologie und Materialperspektive
- Praxeologische Perspektive

Dabei ist es nicht mein Ziel, in die Verästelungen der einzelnen systemischen Realitätsdeutungen zu gehen, sondern Hinweise zu geben, inwieweit die bewährten Modelle psychologischen Diagnostizierens und die im Bereich der Individualdiagnostik gewonnenen Sichtweisen mit den interventionsorientierten Zielen systemischer Sichtweise zu vereinbaren sind. Dabei kann es hier wohl nur zu einer Anregung reichen, zumal das sog. systemische Handeln noch sehr stark im Eklektizistisch-Subjektiven verhaftet ist.

Mensch- und Weltbildperspektive

Ludewig (1987, S. 155) betrachtet die psychologische Diagnostik "als Bestandteil psychotherapeutischer Prozesse". Seine damalige (polemische) Auseinandersetzung mit den im wesentlichen psychometrisch zentrierten prä-peri-postdiagnostischen Ansätzen war aber schon seinerzeit kaum zutreffend, zumal sich die psychologische Diagnostik mittlerweile gründlich gewandelt hatte, sowohl im Hinblick auf die theoretischen Grundlagen (z.B. in den Arbeiten von Plaum, 1992, Westmeyer, 1985, Wottawa,1990) als auch im Hinblick auf eine stärkere Praxisorientierung (Baumann u. Perrez, 1991, Petermann, 1997, Hahlweg et al., 1982). In einem neueren Vortrag (Ludewig, 1998) begründet der Autor seine damalige eingeschränkte Abkehr von der Diagnostik mit der von den realen Gegebenheiten des Menschen oder der Familie weit entfernten psychiatrischen Diagnosemodellen. Aus dieser Sicht ist der damalige Standpunkt Ludewigs sehr begründet, ist doch auch heute die psychologische Persönlichkeitsdiagnostik im klinischen Bereich stark in Gefahr durch die Dominanz von psychiatrischen koartierten Systemen zu verarmen (vgl. meine Thesen zur Lage der Diagnostik: Baumgärtel im Druck).

Die von den "Systemikern" auch heute noch als wesentlich erachtete Unterscheidung zwischen reproduzierender und herstellender Diagnostik war damals neuartig, sie ist jedoch nach wie vor aktuell. Im ersten Manual zum Familienbrett bezeichneten zum Beispiel die Herausgeber dieses Bandes ihr Verfahren als ein "Mittel der diagnostischen Kommunikation" (Ludewig u. Wilken 1983, S. 3). Nicht nur, daß die Autoren sich mit einer diagnostischen "Einschätzung" im Gegensatz zu einer "Einordnung" des Klienten in eine klinische Theorie begnügten, sondern sie ließen damit auch die Hintertür für mögliche Fehler offen und verschoben die Ebenen ein weiteres Mal, indem sie die gestellte Skulptur als "Ergebnis eines Kommunikationsprozesses" betrachteten. Denn so war das Ergebnis wieder etwas Statisches, zu Diagnostizierendes; nur daß nicht die Patientenebene im Vordergrund steht, sondern die Ebene der Interaktion zwischen Patient(en) und Therapeut(en). Dafür jedoch gibt es noch keine Beschreibungsdimensionen - eine Taxonomie interaktioneller Prozesse, noch viel weniger eine Theorie anhand deren man die Umsetzung der Prozesse in "Gebilde"(s.u.) nachvollziehen und bewerten könnte.

Nicht zuletzt die Systemtheorie und auch die Erfahrung zeigen, daß man durch verschiedene Prozesse zu sehr unterschiedlichen Ergebnissen kommen kann, auch beim Festhalten aller Randvariablen (wie z.B. die Beteiligten und deren Biographien). Dies tangiert fundamental das Grundverständnis des Psychologen in seinem Verhältnis zur Gesellschaft (oder bescheidener, zum Auftraggeber). Es stellt sich die Frage, ob er seinen gesellschaftlichen Auftrag, präzise Instrumente der Diagnostik, die der öffentlichen Kontrolle (und damit den Maßstäben der Reproduzierbarkeit) unterliegen, zu entwickeln - ein sehr demokratisches Selbstverständnis - erfüllen soll, oder sich Dank seiner Ausbildung und besonderer Sensibilität selbst als Instrument des Erkennens zu betrachten hat. Letztere Auffassung ist sehr leidenschaftlich vom Senior-Autor des Familienbrettes diskutiert worden (Ludewig, 1987, S. 169). Würde man aber diese Position ernsthaft vertreten, müßte dies zur Konsequenz haben, daß die Probanden darüber aufgeklärt werden müßten, welche Alternativen es zum jeweiligen Diagnostiker/Therapeuten gibt, damit sie ihrem demokratischen Grundrecht der personellen Selbstbestimmung nachkommen könnten. Zur Verteidigung des Autors kann man sagen, daß er sich der Problematik seiner ursprünglichen Radikalität wohl bewußt ist, heute plädiert er eher (vielleicht resigniert ob der Umstände in den medizinisch-psychiatrisch dominierten Kliniken) "für ein Mindestmaß an Möglichkeiten" (Ludewig 1998, S. 7).

Die Frage der individuellen Entscheidungsfreiheit hat in vielen Bereichen unserer Gesellschaft zu sehr grundsätzlichen Diskussionen geführt, die noch anhalten. Ich erinnere mich daran, daß zum Beispiel die Mediation als ein urdemokratisches Vorgehen gefeiert wurde, das endlich die autokratische Recht-"Sprechung" überwinden helfen würde. Dies wurde fortgeführt, bis sich die Realität zu Wort meldete und empirisch demonstrierte, wie wenig demokratisch diese Methode ist, wenn die Randbedingungen (in diesem Falle - und auch für uns nicht ohne Bedeutung - die kommunikative Kompetenz) nicht egalisiert werden. Auch Kowerk (1993, S. 6) meint nicht von ungefähr, daß der Raum, in dem sich Psychotherapie abspielt, ein "Herrschafts-Raum" ist. Insofern könnte es passieren, daß auch ein auf Subjektivität und Intersubjektivität ausgerichtetes Verfahren wie das Familienbrett sich einmal in eine sehr schwierige Situation über das diagnostische Kriterium der "Testfairneß" (APA; 1985; dt. 1998) verwickelt sieht. Nicht von ungefähr spricht Lang (1975, 1978) vom Machtdilemma. Aus meiner Sicht scheint es daher praktikabler zu sein, sich dem Zwilling zuzuwenden, dem Validitätsdilemma. Ich werde dies eher auf der konzeptuellen Ebene als auf jener durch die Entwicklung im Gesundheitswesen sehr technologisch begriffenen Ebene der Qualitätssicherung diskutieren (vgl. auch Baumgärtel, 1998).

In der Anfangsphase der Familientherapie, die einherging mit der Entwicklung systemischen Denkens in der Klinischen Psychologie, wurde als gravierender Unterschied zur "herkömmlichen", damals insbesondere psychoanalytischer Betrachtung, eine Abkehr von kausalen Verknüpfungen im individuellen Bereich genannt. In der systemischen Familienarbeit wurde vielmehr die Interaktion und damit die Vernetzung der Verhaltensweisen verschiedener Interaktionsteilnehmer betrachtet. Streng genommen scheint dies eine Frage der Interpunktion zu sein. Willi (1975, S. 13) hat hier für den individualpsychologischen Anteil an der Kommunikation und daraus resultierendem Verhalten der Kommunikationsteilnehmer eine Lösung mit Hilfe des

Konstrukts "Interaktionspersönlichkeit" oder "gemeinsames Selbst" gefunden. Er trägt damit der personalen Kausalität des Verhaltens Rechnung und berücksichtigt gleichzeitig die anderswertige Bedeutung und gegebenenfalls andersartige Form individuellen Verhaltens im systemischen Bezug. Aus systemischer Sicht wird dieser Unterschied in der Summe der Selbste im gemeinsamen Selbst als "Emergenz" bezeichnet (Willke, 1982, S. 147). Die Akzentsetzung bestimmt hier meines Erachtens die methodische Konsequenz: Wir werden uns angewöhnen müssen, in der Diagnostik von Gruppen, menschlichen Systemen welcher Art auch immer, zu unterscheiden zwischen selbst- bestimmten personalen Anteilen (und damit auch Kausalitäten) und den systemisch-interaktionellen Anteilen (und damit vernetzten, multilabilen Kausalitäten).

Ein weiteres Problem hierbei liegt in der Zeitachse: Individuelle Entwicklungen lassen sich leicht als ursächliche Folgen von Verhalten darstellen. Dies wird nicht nur häufig zur Begründung von Kausalität herangezogen, sondern es zeigt auch, daß die hierzu passenden Untersuchungsmethoden zu wenig komplex sind, um Systeme zu erfassen. Ein Prä-Peri-Post-Design zur Nachbildung von Veränderungen unterliegt jedoch dem philosophischen Problem, die Konstanz des Gegenstandes in der Veränderung zu definieren. In der Arbeit mit Systemen führt aber dieser Ansatz ob der komplexen kausalen Antezedenzbedingungen und der hochkomplexen Interaktionen leicht zu jenem Bild, daß Schiepek (1994) veranlaßt haben mag, systemischem Geschehen mit der Chaostheorie zu Leibe zu rücken.

Fassen wir hier zusammen, können wir sagen, daß es sicher Unterschiede in der Betrachtungsweise und in der Definition der Betrachtungsgegenstände (Mensch/Welt) zwischen der traditionellen und der systemischen Sichtweise gibt, daß diese alleine und zusammen aber kaum den Grund für eine vollständig andere Methodik der Forschung und Diagnostik bieten können. Unterschiede in den Setzungen berechtigen meines Erachtens nicht dazu, die unterschiedliche Evaluation und Praxis mit gesonderten Paradigmen nachweisen zu wollen.

Methodologische - Materialperspektive

Wir wenden uns hier im engeren Sinne dem Familienbrett zu, da es als Prototyp systemischen Arbeitens im diagnostischen und therapeutischen Setting gesehen werden kann. Die Autoren nehmen sich einen sehr kleinen Ausschnitt aus dem diagnostisch-therapeutischen Geschehen heraus und beschränken sich zunächst auf eine sehr enge Zielsetzung und ein bestimmtes Medium (vgl. Ludewig u. Wilken, 1983). Die Autoren wollen in der Therapie, *simultane Prozesse* einer *Gruppe mit einer historischen Beziehungsstruktur nichtsprachlich abbilden.* Dabei beschränken sie sich auf Prozesse, die durch Beziehungsaspekte und nicht durch individuelle Fähigkeiten, gegenwärtige Zustände usw. determiniert sind. Eine sprachliche Transkription lehnen sie ab, da: "simultane Ereignisse und Prozesse bzw. ganzheitliche Strukturen ... allenfalls in einzelne Bestandteile zerlegt und aneinander aufgereiht dargestellt werden (können)" (op.cit. S. 3). Ein solches Vorgehen würde eine Abfolge suggerieren und gegebenenfalls auch eine einseitige Kausalität, so vermuten sie. Darüber hinaus gäbe es keine wissenschaftliche Begründung, in welcher Priorität simultane Prozesse ranggeordnet werden sollten. Das Problem, daß die Sprache - und auch das Denken - möglicherweise gar keine Instrumente zur Verfügung stellen, systemisches Geschehen auszudrücken, ist zwar in sprachwissenschaftlicher Hinsicht hinlänglich bekannt, es mußte hier jedoch erst durch die Empirie nachvollzogen werden. Daher ist es wohl zu verstehen, daß die Autoren auf einen Aspekt der Kommunikationstheorie zurückgreifen mußten, der mit dem Konzept des "Gebildes" bezeichnet wird (vgl. Bühler, 1934, hierzu ausführlicher Baumgärtel, 1997). Gebilde sind hiernach verdichtete, charakteristische Symbole für Erlebnisinhalte sowie Formen und Ergebnisse ihrer Verarbeitung. Heute wird dafür eher der zur selben Zeit entstandene Begriff des "Schema" verwendet (vgl. Bartlett, 1932). Dabei ist es zunächst beliebig, ob es sich um individuelle oder intersubjektive Schemata handelt. In den Persönlichkeitstheorien werden zuvorderst die individuellen Wurzeln der Schemata betrachtet (in der Kognitionspsychologie sogar im strengen Sinne des experimentellen Wahrnehmungsfehlers), jedoch finden wir in der Sozialpsychologie im symbolischen Interaktionismus die ersten Ansätze zu kollektiven Schemata.

Im Sinne Kriebels (1992) läßt sich das Familienbrett als Gestaltungs- oder Entfaltungstest betrachten. Kriebel beschreibt diese Verfahren so: "Entfaltungstests sind geeignet, dem offenen Verhalten vorangehende Prozesse in bezug auf weniger bewußte Impulsregungen/Aktivierungen und Impulshemmungen/Abwehr zu erfassen. Die Frage nach der Relevanz dieser Verhaltensstichprobe für das offene Verhalten bzw. die Handlungsebene berührt die Frage nach der *Validität der Entfaltungstests*" (S. 259). Diese Autorin folgert aus einer sehr ausführlichen theoretischen Analyse der vorliegenden Ergebnisse, daß auf diesem Gebiet die Analyse der Perzeptgenese an Stelle einer Projektionstheorie merkbare Fortschritte erbracht hat. Die Perzeptgenese selbst läßt sich jedoch im Familienbrett nicht abbilden, sondern nur das Resultat in Form eines Gebildes. Es ist also im Hinblick auf die Validität von Familienbrett-Aufstellungen zunächst zu prüfen, inwieweit das Material, die Instruktion und die Aufstellung der angestrebten Isomorphieforderung zu der individuellen Perzeptgenese beim Probanden gerecht werden. Hierzu könnte sich der Ansatz Wiedemanns (1985) als sinnvoll erweisen, der in seiner richtungsweisenden Arbeit zur Begründung von "Deutungsmustern" drei Ausgangsaspekte isoliert: 1) Das Thema: der Bezug zu den realen Ereignissen, 2) die Motivation: die Tendenz, diese realen Ereignisse abzubilden und 3) die Interpretation: der Theoriebezug zur Bewertung der Muster.

Beim Familienbrett haben bereits die Vorarbeiten gezeigt (Pflieger, 1980, Jacobskötter, 1982, Wilken, 1982), daß dieses Vorgehen für die Untersuchung von Individuen ausreichend nachgewiesen ist, sowohl in der Theorie wie in der Validität der zur Auswertung herangezogenen Subgebilde (vgl. Ludewig, in diesem Band; auch Baumgärtel, 1987, 1993). Die Autoren des Familienbretts gehen aber einen Schritt weiter, indem sie das Interaktionsparadigma in die diagnostische Situation einführen. Sie wollen die relevante Gruppe während der Entstehung des gemeinsamen Gebildes erfassen, indem sie die Familienmitglieder auffordern, gemeinsam ihre "Beziehungen zueinander" aufzustellen. Hier kommen wir ohne die Kommunikationstheorie als Modell für die Herstellung eines Gebildes nicht aus. Problematisch ist es aber, daß es die verschiedensten Vertreter der psychologischen Kommunikationstheorie es unterlassen haben, die Validität von Facetten der Kommunikation zu untersuchen und sich lieber auf die Deutung der Resultate beschränkt haben (dies gilt sowohl für den Bereich der Sozialpsychologie, wie für die klinischen Vertreter). Die Autoren des Familienbrettes bleiben konsequent auf diesem Weg, indem sie nur sehr rudimentäre "Deutungsmuster" beschreiben. Dabei leugnen sie die Bedeutung der Prädiagnostik zugunsten einer Peridiagnostik, die sie in klassischer, bereits aus der Psychoanalyse bekannten Manier als mit der therapeutischen Intervention verwoben und damit nicht voneinander isolierbar auffassen. Aus meiner Sicht sind dadurch über lange Zeit wertvolle Erkenntnisse zum Testinstrument blockiert worden, denn erst bei nachfolgenden Arbeiten sind übergeordnete Gesichtspunkte der Deutung gefunden worden (s. unten). Systemische Analysen der ablaufenden Kommunikation während des Herstellungsprozesses eines Gebildes, die in meiner Arbeitsgruppe mit verschiedenen Evokationstests durchgeführt wurden, haben gezeigt, daß es möglich und aussichtsreich ist, eine Erhöhung der Validität dieser Verfahren zu erreichen (vgl. z.B. Koch, 1990, Baumgärtel 1993). Wiedemann (1985) benutzt hierzu den ethnomethodologisch geprägten Begriff der "Indexikalität" nach Garfinkel (1973). Dieser Begriff bezeichnet den Vorgang des Bedeutungswandels eines Symbols oder eines Verhaltens im Zusammenhang mit wechselnden Kontexten. Aus meiner Sicht könnte dies ein gangbarer Weg sein, um die u.a. von Ludewig (1998) geforderten Maßstäbe für die Beurteilung der "Lebensart" der Patienten zu erforschen; nur daraus können Entscheidungen für oder gegen eine neue Lebensart (allein oder in einem neuen System) abgeleitet werden.

Die Fixierung auf eine Veränderung nach "Verstörung" durch den Therapeuten, wie es von vielen Anwendern des Familienbrettes bevorzugt wird, berücksichtigt nicht die von mir im ersten Teil angeführten gesellschaftspolitischen und machtpsychologischen Aspekte. Die Bedeutung der Instruktion aus dem therapeutischen Subsystem heraus wird nicht analysiert, sondern es werden nur ihre Resultate beurteilt. Hier schleicht sich eine Kausalität ein, die, selbst wenn ihre Bedeutung noch nicht hinreichend untersucht worden ist, allenfalls im Hinblick auf die therapeutische Aufgabe durchaus berechtigt erscheint. Nebenbei sei hier angemerkt, daß die Ansichten von Ludewig (1987) und Kowerk (1993, S. 37 ff) in dieser Frage extrem auseinandergehen.

Zusammenfassend läßt sich feststellen, daß es für die Analyse der individuellen Familienskulpturen auf dem Familienbrett hinreichend gesicherte Erkenntnisse gibt, die sehr gut zur Therapieplanung und Therapiekontrolle verwendet werden können. Hingegen gibt es im Hinblick auf die systematische Analyse der Attributionsprozesse und der Begriffsbildung sowie auf die Analyse der Kommunikationsvariablen zur Herstellung der gemeinsamen Skulptur noch Defizite. Dies bedeutet aber auch, daß es so gut wie keine systematischen Anhaltspunkte gibt, die für die Phänomenologie der Indikation (Wann sollte wie verstört werden?) und für die Resultate therapeutischer "Verstörung" ("Was wird bei wem bewirkt?") heranzuziehen wären. Somit erweist sich die besondere Stärke des Familienbrettes, nämlich reale und symbolische Evokationen zu bewirken, zugleich als seine deutlichste Schwäche. Denn durch Beschränkung auf rein phänomenologische Beschreibungen ohne den Versuch einer Taxonomie therapeutischen Handelns und ohne den Versuch eine Taxonomie erreichbarer Ziele zu erstellen, verbleibt das Familienbrett im Bereich des Eklektizismus. Dies leitet über zu den praxeologischen Perspektiven.

Die praxeologische Perspektive

In diesem Teil beschränke ich mich darauf, einige mögliche Perspektiven anhand einzelner Forschungsansätze zu erläutern, die für die weitere Erprobung und Anwendung des Familienbrettes sinnvoll erscheinen. Dabei greife ich zunächst auf einen Ansatz von Jüttemann (1985) zurück, der einen rekursiven Erkenntnisprozeß der "induktiven Diagnostik" erläutert (s. Abb. 1).

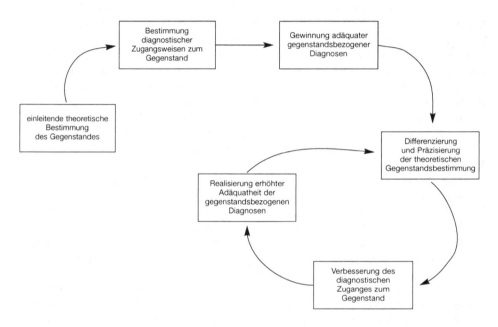

Abbildung 1. Rekursives Modell induktiver Diagnostik als Grundlage wissenschaftlicher psychologischer Forschungsstrategie (in Anlehnung an Jüttemann, 1985, S. 51)

Jüttemann baut sein Schema im Hinblick auf eine *Forschungsstrategie* auf und unterscheidet diese von einer *Praxisdiagnostik*, die nicht auf die Entdeckung von Zusammenhängen ausgerichtet ist, sondern auf die "Zuschreibung" von Eigenschaften im Sinne des Wiedererkennens bereits bestehender Wissensbestände über Zusammenhänge. Dies ist meines Erachtens nachdenkenswert, zumal die systemische Diagnostik in Gestalt vieler ihrer Vertreter den zweiten Schritt vor dem ersten geht: Es werden herstellend-hermeneutisch Systeminterpretationen zwischen Diagnostiker/Therapeut und Klienten verfaßt, obgleich die Forschungsergebnisse hierzu bisher wenig Handfestes zutage gefördert haben. So mußte sich der Autor des "FAST" (Gehring, 1990) bei einer wissenschaftlichen Diskussion von einem Vertreter der Verhaltenstherapie die Frage gefallen lassen, ob denn bei seinem Verfahren schon irgendeine Spezifität für Verhaltensstörung festgestellt worden sei.

In den ersten Arbeiten zum Familienbrett sind zunächst viele Einzelmerkmale des Materials (Form-Größe der Klötze), des Brettes (zentral-peripher) und der gesetzten

Skulpturen (Form, Subsysteme) untersucht worden. Die empirische Anwendung des Familienbrettes hat ermutigende Hinweise gegeben, daß die ursprünglich erhofften Ziele der Autoren, "Zeichen" mit diagnostischer Bedeutung (Validität) im klassischen testtheoretischen Modell zu finden, gar nicht so hoffnungslos unerreichbar oder falsch waren, wie ihre spätere resignative Abkehr vom Normativen nahelegt (vgl. Ludewig u. Wilken 1983, auch Ludewig in diesem Band).

Empirische Ansätze in der Arbeit mit Skulpturverfahren sind vielfach kritisiert worden. So kritisiert z.B. Kowerk an dem quantitativen Ansatz von Kvaebeck et al. (vgl. Cromwell et al. 1981) und Gehring (1990): "Beide Verfahren kommen damit in einen unlösbaren, methodologischen Begründungskonflikt hinein, indem sie versuchen, eine qualitative, projektive Methode als quantitativen Test zu konzipieren." (1993, S. 18). Allerdings kann Kowerk diese Auffassung in keiner Weise begründen. Er verweist lediglich auf die Vieldeutigkeit der physikalischen Distanz zwischen den aufgestellten Figuren als quantitatives Maß und wertet dies als "Messung ohne Inhalt". Daß dies an der Sache vorbeigeht, konnte ich 1987 zeigen. Als möglichen Fehler erkannte ich die kritiklose, d.h. den Ausgangsintentionen entgegenstehende, Übernahme der Vorstellung, daß Einzelzeichen ohne Berücksichtigung des Kontextes und möglicher kommunikativer (selbstreferentieller) Prozesse eine hinreichend normative Bedeutung haben könnten (vgl. Baumgärtel 1987).

Meine damalige komplexe Reevaluierung der Daten aus den ersten Arbeiten zum Familienbrett zeigte die Perspektive auf, die zu einer größeren Validität führt. Hier wird die rein physikalische Bedeutung der Distanz durch den Blickwinkel moderiert sowie durch Entfernung, Größe und Form der Figuren berücksichtigt. Als qualitativ besonderes Merkmal erwies sich die Konstellation, die auftritt, wenn sich mindestens ein Paar in der Familie den Rücken zukehrt (s. Abb. 2). Aber auch hinsichtlich der vielfach kritisierten Übernahme des Einzelmerkmals "physikalische Distanz" konnte Düsterloh (1989) zeigen, daß eine simple z-Standardisierung der Paardistanzen ausreiche, um die interfamiliäre Validität von diesem Index deutlich zu verbessern. Auf die Bedeutung der Kombination von Einzelmerkmalen weisen auch Autoren wie Arnold et al. (1987), Gehring et al. (1989) und Reichelt-Nauseef (1991) hin. Noch zu wenig beachtet wird, daß nicht eine beliebige Kombination von Einzelanzeichen im Sinne multipler regressiver oder kanonischer Zusammenhänge oder in Form der HYPAG-Strategie von Wottawa (1983) die erhoffte Verbesserung der Validität bringt, sondern nur eine nach den Regeln der Gestaltbildung (oder Schemaanalyse) ausgewählte Kombination. Nicht umsonst gilt als allgemeiner Grundsatz der Psychologie, daß das Ganze mehr als die Summe seiner Teile sei. Ein instruktives Bindeglied hierzu - die Ethnologie liefert die Grundlage (vgl. Hall, 1976) - findet man in meinem Artikel von 1993. Darin konnte ich zeigen, daß die Distanz als Störungsindex erst an Bedeutung gewinnt, wenn der Blickwinkel mitberücksichtigt wird. Dies stimmt mit Erkenntnissen der Kommunikationspsychologie überein, wonach Fixation und Ignorieren des Blickes als wesentliche Marker für die Bedeutungsanalyse anderer Zeichen betrachtet werden.

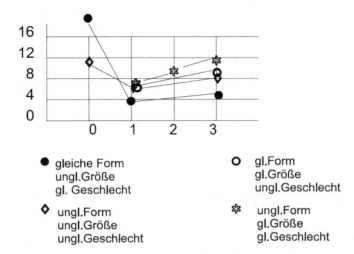

Abbildung 2. Ergebnisse bei der Betrachtung von Distanzen zwischen Paaren (in cm.) in Abhängigkeit von der Blickrichtung: 0 = mindestens ein Paar in der Familie dreht sich den Rücken zu; 1 = Paar erfaßt sich im Blickwinkel und gleichzeitig den Familienmittelpunkt; 2 = Paar erfaßt sich in einem Blickwinkel von 40°; 3 = Paar blickt sich direkt an unter Berücksichtigung der Charakteristiken der gesetzten Figuren des Paares.

Kommen wir noch zu den Variablen, die es gestatten sollen, Systemgesichtspunkte in ihrer Bedeutung zu erfassen. Während Schiepek (1994) Dynamik, Organisation und Komplexität als Kategorien für systemische Beschreibung verwendet, greife ich auf die grundlegenderen Konzepte von Rapoport (1989) zurück (Baumgärtel, 1983). Dieser unterscheidet Struktur, Funktion und Evolution. Beim Familienbrett erscheinen mir die Strukturvariablen hinreichend erforscht. Gleiches gilt auch für die deskriptive Bedeutung funktionaler Zusammenhänge. Dabei sollte aber m.E. beachtet werden, daß die weitere Evaluation dieser beiden Aspekte (Struktur und Funktion) jenen Fehler vermeidet, der in der Vergangenheit von verschiedenen Forschern und Anwendern begangen wurde und zu einer derartigen Vielzahl von Variablen und Systemgestalten führte, daß die Kommunizierbarkeit ihrer Bedeutungen kaum noch möglich schien. Ich habe im Zusammenhang mit der Diskussion des Gebildeaspektes und seiner Bedeutung bei der Interaktionsanalyse (Baumgärtel, 1997), eine dimensionale Ordnung der Gebildeaspekte für die Interaktion und Systemdiagnostik vorgeschlagen und deren Anwendbarkeit am Beispiel der "Verstrickung der psychosomatischen Familie" nach Minuchin (1977) aufgezeigt. Darin sehe ich einen Weg, die Ergebnisse systemischer Forschung vergleichbar zu machen und deren praktische Anwendung zu erleichtern (s. Abb. 3).

Systemebene	Hierarchie		Dynamik	
Exosystem	steil		fließend hoch	
System				
	Dichte		**Direktheit**	
Subsystem(e)	gering weit	hoch eng	indirekt	direkt
Dyade(n)				
			gering starr	
Individuum	egalitär			

Abbildung 3. Dimensionale Ordnung der Gebildeaspekte zur Interaktions- und Systemdiagnose (Baumgärtel, 1997, S. 53)

Noch fast völlig unerforscht ist hingegen der dritte Aspekt, nämlich die evolutionären Variablen - und dies ist angesichts der Möglichkeiten, die die Autoren des Familienbretts bereits im ersten Manual in Aussicht stellen, geradezu erschütternd. Diese als Kernstück jeder Therapie zu betrachtenden Aspekte wurden bisher bei einzelnen Arbeiten zum Familienbrett allenfalls als Prä-Post-Differenz berücksichtigt (vgl. Kowerk, 1991, 1993, Reichelt-Nauseef, 1991). Als Ursache für diese Unterlassung vermute ich zwei Probleme: Zum einen handelt es sich um die bereits angesprochene sprachliche Schwierigkeit bei der Formulierung systemischer Aspekte *ohne Rekurs* auf Kausalitäten oder Sequenzen. Das zweite Problem scheint mir auf die hier im 1. Teil erwähnte Orientierung der Autoren, die einer Verweigerung gegenüber normativen Aspekten gleicht, zurückzugehen. Wohl infolge dieser Einstellung ist bisher wenig über eine Taxonomie von (wünschenswerten und unerwünschten) Veränderungen in der Therapie geforscht worden. Mir scheint, daß sich noch ein schwaches Echo des Zeitgeistes der 70-er Jahre abzeichnet, wenn Ludewig in diesem Buch als Argumente gegen solche Taxonomien (er beschreibt sie einschränkend als "klassifizierende" Diagnostik) zum einen das *Freiheitsargument* gebraucht (im Gewande des *Einfrierens* interaktioneller Komplexität), zum anderen das *Emanzipationsargument* (hier im Gewande das von den Feministen geborgten Argumentes des "Familialismus" - eine Koartierung, die seinerzeit fachlich schon eher belächelt wurde, da sie allgemeine sozialpsychologische Phänomene der Gruppendynamik lediglich für einen Spezialfall, die Familie, leugnete). Daß der Autor hier ambivalent ist, zeigt sich in dem oben genannten Vortrag aus dem Jahr 1998, indem er sich mutig zu einem persönlichen Expertentum bekennt, den Schritt zu einem personenunabhängigen Expertensystem aber nicht geht. Zur Frage der Individualentwicklung hat die Entwicklungspsychologie schon eine ganze Reihe von gesetzesartigen Aussagen hinreichend erforscht. Ich gebe Ludewig recht, wenn er dies für die Entwicklung der Gruppen als zu sehr strukturell und rollentheoretisch eingeengt empfindet. Andererseits muß angemerkt werden, daß auch lange Zeit eingewendet wurde, daß die intime und komplexe Situation der frühen Mutter-Kind-Beziehung sich allenfalls qualitativ-phänomenologisch beschreiben ließe, bis die Forschungen von Grossman u.a. das Gegenteil mit Erfolg bewiesen.

Daß die Grundlagenwissenschaft Psychologie (sowohl in ihren allgemeinpsychologischen wie differential- und sozialpsychologischen Grundlagen) ebenfalls noch weitgehend in dieser Richtung abstinent war, ist allenfalls eine Begründung und keine zureichende Entschuldigung. Es ist nicht neu, daß die Anwendungsforschung häufig Impulse für die Grundlagenforschung setzen kann. Ich stimme deshalb auch nur teilweise der Aussage Jüttemanns zu, wenn er fordert: "Ideographische Psychologie ist somit von nomothetischer Psychologie... *grundlegend* zu unterscheiden. Vor allem ist aber die Feststellung wichtig, daß die ideographische Psychologie erst sinnvoll betrieben werden kann, wenn die nomothetische Psychologie einen bestimmten Entwicklungsstand erreicht hat... Eine leistungsfähige ideographische Psychologie (kann es) *nicht* geben... solange die hier benötigten Beschreibungskategorien, Interpretationsmodelle, Erklärungsansätze usw. nicht von seiten einer (nomothetischen) allgemeinen Psychologie erarbeitet und bereitgestellt worden sind (1985, S. 58)". Thomae ergänzt diesen Standpunkt, indem er sagt: "In der Phase der Informationsgewinnung ist qualitative Forschung vor allem durch das Bemühen um Erfassung der kritischen Variablen in Alltagssituationen gekennzeichnet. Die rein qualitative Verarbeitung von derart gewonnener Information stellt keine Alternative zur quantitativen dar, sondern eine Phase in der Auswertung, die durch quantitative Analysen abgelöst werden muß" (1985, S. 105).

Abschließend möchte ich daher noch einmal bekräftigen, daß wir nicht zuletzt wegen der dringenden Forderungen nach Qualitätssicherung im Gesundheitswesen gar nicht darum herumkommen werden, unsere Praxis deutlicher im Sinne normativer Konstrukte zu betonen. Nicht verwechseln sollten wir dies aber mit einer legislativen Normierung. Da hat sich in unserer Gesellschaft nun zum Glück ihrer Bürger deutlich verändert. Und ich bin selbst nicht böse darüber, wissen wir doch, daß auch ein mündiger, selbstbestimmter Mensch der Information bedarf. An uns ist es, ihm diese in adäquater Weise zur Verfügung zu stellen, und zwar wohl eher im Sinne der von Ludewig angesprochenen "Expertise"-Lieferung, nicht aber im Sinne der Lang'schen "Expertenmacht".

II

EINSATZ IN DER FORSCHUNG

Das Familienbrett als Prozeßvariable bei stationär-psychosomatischer Therapie - eine systemorientierte Verlaufsuntersuchung

Günther Bergmann und Sabine Klotz-Nicolas †[1]

Die Überlebenseinheit - sei es in der Ethik oder in der Evolution - ist nicht der Organismus oder die Gattung, sondern das umfassendste System oder die größte Macht, innerhalb der das Geschöpf lebt. „Zerstört das Lebewesen seine Umgebung, so zerstört er sich selbst" (Bateson, 1972). Dieser Satz Gregory Batesons soll hinleiten auf die Familientherapie und -theorie, wie wir sie u.a. aus der systemischen Perspektive kennengelernt haben. Es braucht an dieser Stelle nicht im einzelnen auf die Entwicklungen der Systemtheorie und ihrer Notwendigkeiten für die verschiedenen Indikationsbereiche eingegangen zu werden. Es sei hier darauf hingewiesen, daß die Erfahrung aus der Familien- und Systemtheorie bereits seit den Siebziger Jahren für die Heidelberger Arbeitsgruppe an der Medizinischen Klinik der Universität Heidelberg, und hier insbesondere der Sektion Klinische Psychosomatik mit einer eigenen 14-Betten-Station, Anlaß waren, familienorientiertes Arbeiten als zentralem Bestandteil der stationären psychosomatischen Therapie aufzufassen. Dementsprechend wurde das früher klassisch individuelle psychoanalytische Setting erweitert durch ein familienorientiertes, welches an anderer Stelle beschrieben wurde (vgl. Bergmann et al. 1986, Kröger et al. 1986). In Adaptation an die stationären Bedingungen geht es nur teilweise um die Familientherapie mit tatsächlicher Anwesenheit der Familien, welche entsprechend den Kapazitäten natürlich auch praktiziert wird, sondern vielmehr um ein familienorientiertes Arbeiten auch in der Einzeltherapie. Stammbaumarbeit, Familienskulptur, familienorientierte Einzelgespräche und nicht zuletzt auch die Arbeit mit dem Familienbrett stellen einen wesentlichen Bestandteil dar.

Wir gewannen den Eindruck, daß durch das Familienbrett vielleicht eine Chance bestehen würde, die vermuteten Veränderungen, wie sie sich in den „Köpfen" (Erlebnisse, Eindrücke, Phantasien, Wahrnehmungen, Gefühle) der Patienten abbildeten, sich auch in der Darstellung auf dem Familienbrett reproduzieren ließen. Wir haben daher in einer bestimmten Entwicklungsphase das Familienbrett für eine Verlaufsuntersuchung eingesetzt. Ergänzt durch ein Interview und mit weiteren „objektivierenden" Fragebögen wurde eine Kurzzeitkatamnese durchgeführt mit den

---

[1] Grundlage für die vorliegende Arbeit stellt die Dissertation von Frau Sabine Klotz-Nicolas dar. Die Autorin hatte mit großem persönlichen Einsatz diese Studie durchgeführt und sie im Jahre 1991 als Dissertation veröffentlicht. Die vorliegende, überarbeitete Fassung ist dieser hochengagierten, aber plötzlich und zu früh verstorbenen Ärztin und Mutter gewidmet.

Untersuchungszeitpunkten "am Anfang der stationären Aufnahme", "Ende des stationären Aufenthaltes" sowie "3-5 Monate nach Entlassung".

Methodik

Bei der Gesamtuntersuchung ging es um die Frage, ob es in einem Vergleich zwischen den Zeitpunkten "Beginn des stationären Aufenthaltes" (t1) und "Ende des stationären Aufenthaltes" (t2) sowie "3-5 Monate nach Entlassung" (t3) positive Veränderungen in verschiedenen Bereichen nachgewiesen werden konnten. Dies bezog sich auf die Bereiche mit dem individuellen Leitsymptom, den körperlichen Beschwerden, dem Leidensdruck, der Lebensqualität, beruflich-sozialer Situation, Arztbesuche und Medikamenteneinnahme. Im wesentlichen wurden diese Informationen durch ein halbstrukturiertes Interview gewonnen. Die Beschwerden selber wurden durch den Gießener Beschwerdebogen erfaßt. Für den familiären Bereich wurden Teile des semistrukturierten Interviews hinzugezogen, außerdem erfolgte eine Darstellung der Dimension von Kohäsion und Anpassungsfähigkeit, entsprechend dem FFB-R nach Olson et al. (1979). Die Familienstruktur selber wurde durch das Familienbrett dargestellt: Art bzw. Anzahl der aufgestellten Figuren und/oder strukturelle Parameter einhergehend mit einer inhaltlichen Aussage und deren Bedeutsamkeit wurden aus der Sicht der Patienten festgehalten.

Im folgenden wird aus dieser Gesamtuntersuchung nur der Teil hervorgehoben, der sich auf die Arbeit mit dem Familienbrett bezieht. Auf das Familienbrett im einzelnen in seiner Entwicklung und Theorie sowie den möglichen Anwendungsbereichen soll an dieser Stelle nicht eingegangen werden, es ist hier an anderer Stelle dokumentiert (vgl. Ludewig in diesem Band). Das Originalbrett lag bei der Untersuchung vor, für die inhaltliche Zieldarstellung waren die von Ludewig vorgeschlagenen kommunikationstheoretisch begründeten Bewertungskriterien von Brauchbarkeit, Nützlichkeit und Zugewinn besonders bedeutend.

Auswertung

Zum Zeitpunkt der Untersuchung existierte zur Auswertung der Brettaufstellungen keine definierte Methode. Es lag jeweils am Untersucher, zum Kontext passende Auswertungskriterien zu beschreiben. Eine Hauptschwierigkeit bestand darin, averbale und prozeßhafte, komplexe Kommunikationsmuster in ihrer Komplexität zu reduzieren, um sie verbal mitteilbar zu machen. Lohmer (1983) wies in seiner Arbeit mit dem Familienbrett darauf hin, daß der durch die Brettaufstellung vermittelte Informationsgehalt auf vier verschiedenen Ebenen beschrieben werden kann. Er stützte sich dabei auf die Informationstheorie. Entsprechend der quantitativen, der strukturellen, der inhaltlichen Seite und der Bewertungsseite einer Information können die Brettaufstellungen analog unter vier verschiedenen Aspekten betrachtet werden:

- *Metrischer Aspekt*. Auf dieser Ebene wird bestimmt, wieviele Figuren auf dem Brett stehen, welche Figuren ausgewählt worden sind, welche Entfernungen zwischen den einzelnen Figuren festzustellen sind, etc.
- *Struktureller Aspekt*. Auf dieser Ebene wird die räumliche Struktur der Aufstellung bestimmt, z.B. wie die einzelnen Figuren zueinander stehen, welche Positionen die Figuren im Rahmen der Aufstellung haben, etc.
- *Semantischer Aspekt*. Auf dieser Ebene wird die Bedeutung beschrieben, die eine Familie oder ein Einzelner einer Aufstellung zuweist. So kann z.B. eine Aufstellung das Zusammengehörigkeitsgefühl einer Familie ausdrücken, die Ablösesituation eines Familienmitgliedes beschreiben etc. Auf dieser Ebene wird der Inhalt einer Aufstellung mitgeteilt.
- *Pragmatischer Aspekt*. Auf dieser Ebene wird die Bewertung des Inhalts einer Aufstellung beschrieben, z.B. ob die Darstellung einer Ablösesituation für die Familie problematisch ist, oder wie wesentlich für die Familie die Darstellung ihres Zusammengehörigkeitsgefühls ist (vgl. Lohmer, 1983).

Der Hinweis Lohmers auf die Mitteilbarkeit einer Brettaufstellung aus vier verschiedenen Perspektiven wurde von der Untersucherin aufgegriffen und auf die Beschreibung des Vergleiches von zwei Brettaufstellungen angewandt. Die ersten beiden Aspekte sind vom Untersucher und Aufsteller objektiv in absoluter Übereinstimmung beschreibbar. Die dritte und vierte Ebene werden beschritten, wenn Aufsteller und Untersucher im Nachgespräch über die inhaltliche Aussage des Dargestellten (meta)kommunizieren. Eine objektive Veränderung auf einer der beiden ersten Informationsebenen wurde dann als relevant betrachtet, wenn sie vom Patienten gleichzeitig auf den beiden letzten Ebenen beschreibbar war. Diese Definition von relevanter Veränderung der Familienstruktur auf dem Familienbrett ist durchaus nicht unproblematisch, erwies sich jedoch bei der Aufgabe, komplexe Informationsmuster in übersichtlicher, kommunizierbarer Weise zu reduzieren und strukturieren, als sinnvolle Maßnahme.

Durchführung der Untersuchung

Die Stichprobe

In die Untersuchung wurden ursprünglich alle Patienten einbezogen, die im Zeitraum vom 1.10.84 - 15.3.85 neu stationär auf die Station *von Weizsäcker* aufgenommen wurden und an dem vollen Therapieprogramm teilgenommen haben (n = 33). Bei 11 Patienten (38 %) wurden neben der systemorientierten, stationären Einzel- und Gruppentherapie Familiengespräche durchgeführt. Es erfolgte eine chronologische Kennzeichnung der Patienten durch Ziffern (Nr. 1-33). Wie bereits beschrieben, fand die Untersuchung zu drei Zeitpunkten statt: bei stationärer Aufnahme (t_1), bei Entlassung (t_2) und 3-5 Monate nach Entlassung (t_3). Die Durchführung der Untersuchung zu den drei beschriebenen Zeitpunkten gelang bei 29 von 33 Patienten.

Die Untersuchungsergebnisse dieser 29 Patienten werden im Kapitel „Ergebnisse" ausführlich beschrieben. Drei Patienten konnten nur zu den Zeitpunkten t_1 und t_2 untersucht werden, ein Patient ausschließlich zum Zeitpunkt t_1.

Stichprobenbeschreibung

Altersverteilung und Geschlechtsverteilung. Das Durchschnittsalter der untersuchten Patienten lag bei 31,9 Jahren (min. 17 Jahre, max. 55 Jahre; 72% weiblich, 28% männlich).

Familienkonstellation. Zunächst eine Erläuterung der im folgenden benutzten Begriffe: Unter "Ursprungsfamilie" wird das familiäre Gefüge, in dem der untersuchte Patient die Rolle des Kindes bzw. Jugendlichen einnimmt, verstanden. Mit "Kernfamilie" ist das familiäre Gefüge gemeint, in dem der Patient die Rolle eines Elternteils inne hat. Von "Restursprungs- bzw. Restkernfamilie" wird gesprochen, wenn die entsprechende Familie zum Zeitpunkt der Untersuchung nicht mehr vollständig ist (nach Tod eines Elternteils bzw. Scheidung der Eltern bzw. Auszug der Geschwister, etc.). Tabelle 1 gibt Auskunft über die unterschiedliche Familienkonstellation der Patienten zu den drei Untersuchungszeitpunkten.

Tabelle 1: Differenzierung der Familienkonstellation zu den drei Meßzeitpunkten

Familienkonstellation	t_1		t_2		t_3	
	n	%	n	%	n	%
vollständige Ursprungs- bzw. Restursprungsfamilie	11	38	11	38	7	24
vollständige Kern- bzw. Restkernfamilie	10	34	10	34	10	34
vollständige Kern- bzw. Restkernfamilie + Mitglied der Ursprungsfamilie	4	14	4	14	4	14
allein lebend	4	14	4	14	8	28

Anmerkung. Vier Patienten, die zu den Untersuchungszeitpunkten t_1 und t_2 in die Ursprungsfamilie eingebunden waren, hatten sich zum Untersuchungszeitpunkt t_3 von der Ursprungsfamilie abgelöst und lebten allein.

Schul- bzw. berufliche Ausbildung. Den größten Anteil bildet die Gruppe mit abgeschlossener Berufsausbildung auf der Basis des Volksschulabschlusses bzw. der Mittleren Reife mit 55 %. Den kleinsten Anteil macht die Gruppe mit abgeschlossener oder nicht abgeschlossener Berufsausbildung auf der Basis des Abiturs aus (7 %).

Diagnosen. Die Einweisungsdiagnosen waren Eßstörungen (N = 10) sowie M. Crohn/Colitis, Angst- und Konversionsneurosen. Die Dauer des zur Einweisung führenden Symptoms reichte bei mehr als ⅓ der Patienten auf mindestens vier Jahre.

Bewertungskriterien des Familienbrettes: Brauchbarkeit und Nützlichkeit

Zur Brauchbarkeit. Die Brettaufstellung wurde bei 29 Patienten auf das Gütekriterium der Brauchbarkeit hin überprüft. 28 von ihnen konnten zum Zeitpunkt t_1, t_2 und t_3 mit dem Instrument Familienbrett eine befriedigende Analogie ihrer Familienbeziehung darstellen; die Untersucherin (Beobachterin) konnte in allen Fällen die Aufstellung lesen bzw. decodieren. Bei 1 Patienten war das Kriterium der Brauchbarkeit nicht sicher erfüllt, zumal die Aufstellungen weder für Patient noch für Untersucherin sicher kommunikativ verwertbar waren.

Zur Nützlichkeit. Das Familienbrett erwies sich bei 23 Patienten (79 %) zum Zeitpunkt t_1, t_2 und t_3 als nützlich, zumal eine übereinstimmende Interpretation der Aufstellung zwischen Patient und Untersucher möglich war. Bei 1 Patienten war das Kriterium der Nützlichkeit zu keinem Untersuchungszeitpunkt erfüllt. Bei 5 Patienten (17 %) kam es nur zum Zeitpunkt t_1 zu einer übereinstimmenden Interpretation der Aufstellung zwischen Patienten und Untersucher. Zum Zeitpunkt t_2 oder t_3 war eine Übereinstimmung nicht oder nur teilweise möglich.

Ergebnisse

Interpretation der Brettmerkmale

- *Form*. In dem Interview, das sich an die Aufstellung des Familienbrettes anschloß, wurden die Patienten gebeten, die Bedeutung der Form der Holzfiguren (rund/eckig) zu erläutern. Es wurden die Interpretationsmöglichkeiten Geschlecht, Charaktereigenschaft und "ohne Bedeutung" gewählt. Für 9 Patienten (31 %) bedeutete die Form das Geschlecht der dargestellten Person (rund = weiblich; eckig = männlich) zu t_1, t_2 und t_3. 9 Patienten (31 %) sahen in dem Brettmerkmal Form eine Charaktereigenschaft der betreffenden Person zu t_1, t_2 und t_3 (z.B. rund = weich, gemütvoll, angepaßt, wenig durchsetzungsfähig; eckig = hart, rational, eigenbrötlerisch, durchsetzungsfähig etc.). Für 1 Patienten (3 %) bedeutete zu t_1 die Form eine Charaktereigenschaft, zu t_2 und t_3 das Geschlecht der betreffenden Person. 7 Patienten (24 %) schrieben dem Merkmal Form zu t_1, t_2 und t_3 keine Bedeutung zu. 2 Patienten (7 %) gaben zu t_1 keine Deutung des Merkmals Form, verstanden zu t_2 und t_3 darunter jedoch das Geschlecht. 1 Patient (3 %) interpretierte zu t_1 das Merkmal Form nicht, zu t_2 und t_3 als Charaktereigenschaft.

- *Größe*. Zu den 3 Untersuchungszeitpunkten wurden die Patienten nach der Aufstellung des Familienbrettes gebeten, zu erläutern, welche Bedeutung die Größe der Holzfiguren für sie habe. Folgende Bedeutungsmöglichkeiten wurden genannt: Hierarchie, Generationsunterschied, Charaktereigenschaft, Wichtigkeit und "ohne Bedeutung". 25 Patienten (86 %) behielten eine zu t_1 gewählte Bedeutungszuweisung zu t_2 und t_3 bei. Diese Patientengruppe setzt sich aus folgenden Untergruppen zusammen:

- 4 Patienten drückten mit dem Merkmal Größe die Hierarchie unter den betreffenden, durch die Holzfiguren symbolisierten Personen aus,
- 7 Patienten den Generationsunterschied zwischen Eltern und Kindern bzw. Erwachsenen und Kindern,
- 7 Patienten eine Charaktereigenschaft,
- 3 Patienten die Wichtigkeit der dargestellten Person,
- 4 Patienten interpretierten das Merkmal Größe nicht.

Dabei entschlossen sich 4 Patienten (14 %) zu t_1 für eine bestimmte Interpretationsmöglichkeit, aber zu t_2 und t_3 für eine andere.

- *Entfernung*. Die Interpretation des Brettmerkmals Entfernung erfolgte nahezu einheitlich: 26 Pat. (90 %) interpretierten das Brettmerkmal Entfernung als Ausdruck der gefühlsmäßigen Nähe bzw. Distanz zwischen den Figuren bzw. den durch diese symbolisierten Personen zu t_1, t_2 und t_3. (Zu dieser Gruppe wurden auch folgende Interpretationsmöglichkeiten gezählt: Intensität der Beziehung, Ausmaß des Sich-Hingezogenfühlens, Zuneigung zwischen den betreffenden Personen, Qualität des Kontaktes.) Ein Patient interpretierte das Brettmerkmal Entfernung als Ausdruck des Sich-Sorgens zu t_1, t_2 und t_3. Ein Patient interpretierte das Merkmal Entfernung nicht zu t_1, t_2 und t_3. Während 28 Patienten zu t_1, t_2 und t_3 dieselben Angaben bezüglich des Merkmals Entfernung machten, gab 1 Patient zu den drei Zeitpunkten unterschiedliche Deutungen an.

- *Blickrichtung*. Dem Brettmerkmal Blickrichtung wurden im wesentlichen die Deutungen affektive Nähe bzw. Distanz und "ohne Bedeutung" zugewiesen. 23 Patienten (80 %) wählten zu t_1 eine Bedeutungszuweisung, die sie zu t_2 und t_3 beibehielten. Die Gruppe teilt sich in folgende Untergruppen auf: 15 Patienten meinten mit dem Brettmerkmal Blickrichtung gefühlsmäßige Nähe bzw. Distanz zwischen den betreffenden Personen (zu dieser Kategorie zählen auch folgende Interpretationen: Intensität der Beziehung, Qualität des Kontaktes, Zu- bzw. Abwendung). 5 Patienten gaben keine Bedeutung an. 2 Patienten wollten die Zusammengehörigkeit der durch die Figuren symbolisierten Personen darstellen. Ein Patient gab die Interpretation: Interesse zwischen zwei Personen. 6 Patienten entschieden sich zu den drei Untersuchungszeitpunkten für unterschiedliche Interpretationsmöglichkeiten.

- *Fläche (Innen-/Außenfeld)*. Nur 2 Patienten (7 %) wiesen dem Innen- bzw. Außenfeld des Brettes eine besondere Bedeutung zu. 1 Patient sah in dem Außenfeld symbolisch "das Leben in einer anderen Welt". Für 1 Patienten symbolisierte das Außenfeld "ein Leben in alten, festgefahrenen Bahnen"; das Innenfeld ein "neues Leben".

- *Übereinstimmung*. Die Veränderung der familiären Situation wurde im Hinblick auf t_1 / t_2 und t_1 / t_3 jeweils durch eine ergänzende Selbstbeurteilung der Patienten und der Untersucherin evaluiert, wobei sich eine gute Übereinstimmung ergab von $r = 0.81$. Diese wurden auch vorgenommen für die körperliche-psychische Situation insgesamt, dann aber unter Ergänzung von Haupt- und Co-Therapeut mit einem Rangkorrelations-Koeffizienten zwischen $r = 0.71$ und 0.61 bzw. 0.54. Diese Einschätzung und

Übereinstimmung einer Veränderung mußte sich dann auch nachvollziehbar in der Veränderung der Brettdarstellung wiederfinden. Auf dieser Grundlage konnten die folgenden Veränderungen der Strukturmerkmale des Familienbrettes erarbeitet werden.

Tabelle 2: Veränderungen der Strukturmerkmale beim Vergleich t_1 / t_2 und t_1 / t_3
wobei + = *Veränderung*

Pat-Nr.	Form		Größe		Blickrichtung		Entfernung	
	t_1/t_2	t_1/t_3	t_1/t_2	t_1/t_3	t_1/t_2	t_1/t_3	t_1/t_2	t_1/t_3
1		./.		./.	+	./.		./.
3	+	+	+	+	+	+	+	+
4				+	+	+	+	+
5	+	+	+	+	+	+	+	+
6	+	+	+	+	+	+	+	+
7	+	+	+	+	+	+	+	+
8		+			+	+	+	
9	+	+	+	+	+	+	+	+
11	+	+			+	+	+	+
12					+	+	+	+
13					+	+		
14		+		+	+	+	+	+
15	+	+	+	+	+	+	+	+
16						+		+
17		./.		./.		./.	+	./.
18								+
19	+	+			+	+	+	+
20				+	+	+	+	+
22	+	+	+	+	+	+	+	+
23					+	+	+	+
24	+		+		+	+	+	+
25	+	+	+	+	+	+	+	+
26						+		+
27					+	+	+	+
29	+	+					+	
30	+		+	+	+	+	+	+
31	+	+	+	+	+	+	+	+
32				+		+		+
33		+		+	+	+	+	

Anmerkung. Bei 25 Patienten (86 %) war es beim Vergleich der Brettdarstellungen von t_1 und t_2 zu Veränderungen eines oder mehrerer Strukturmerkmale (Form, Größe, Blickrichtung, Entfernung) gekommen. 4 Patienten (14 %) lieferten zum Zeitpunkt t_2 hochgradig ähnliche Brettaufstellungen wie zum Zeitpunkt t_1. 27 Patienten (93 %) hatten beim Vergleich der Brettaufstellungen zu t_1 und t_3 ein oder mehrere der o.g. Strukturmerkmale verändert. 2 Patienten (7 %) fertigten eine „leere" Brettaufstellung zu t_3.

Tabelle 3: Übersicht über Veränderungen bzgl. der unterschiedlichen Informationsebenen des Familienbrettes, Vergleich t_1 / t_2 und t_1 / t_3

Pat-Nr.	Anzahl / Art der Figuren		Struktur-merkmale		Inhaltliche Aussage		Bedeutsamkeit der Aussage	
	t_1 / t_2	t_1 / t_3	t_1 / t_2	t_1 / t_3	t_1 / t_2	t_1 / t_3	t_1 / t_2	t_1 / t_3
1	+	+	+		+			
3			+	+	+	+	+	+
4			+	+	+	+	+	+
5			+	+	+	+	+	+
6	+	+	+	+	+	+	+	+
7			+	+	+	+	+	+
8			+	+				
9			+	+	+	+	+	+
11			+	+	+	+	+	+
12	+	+	+	+	+	+	+	+
13			+	+				
14	+	+	+	+	+	+	+	+
15	+		+	+		+	+	+
16					+	+		
17	+	+						
18			+		+			
19			+	+	+			+
20			+	+	+	+	+	+
22			+	+	+	+	+	+
23			+	+	+	+	+	+
24			+	+	+	+	+	+
25			+	+	+	+	+	+
26			+		+		+	
27			+	+	+	+	+	+
29			+	+	+			
30			+	+	+	+	+	+
31	+	+	+	+	+	+	+	+
32			+		+			
33		+	+	+	+	+	+	+

Anmerkung. Überblick über die Veränderung der Familienbrettaufstellungen bezüglich der unterschiedlichen Informationsebenen (Anzahl und Art der Figuren, Strukturmerkmale, inhaltliche Aussage, Bedeutsamkeit der inhaltlichen Aussage) zwischen t_1 / t_2 und t_1 / t_3 bei den einzelnen Patienten.

Im Vergleich t_1 / t_2 wurden bei 19 Patienten (66 %) Veränderungen auf 3 oder 4 Informationsebenen (einschließlich Ebenen inhaltliche Aussage und Bedeutsamkeit der inhaltlichen Aussage) registriert, d.h. aus der Sicht des identifizierten Patienten war es zu einer relevanten Veränderung der Familienstruktur gekommen. Diese relevanten Veränderungen der Familienstruktur wurden von allen Patienten insgesamt positiv beurteilt (s. Tab. 3).

Im Vergleich t_1 / t_3 wurden bei 21 Patienten (72 %) Veränderungen auf 3 oder 4 Informationsebenen (einschließlich Ebenen inhaltliche Aussage und Bedeutsamkeit der inhaltlichen Aussage) registriert, d.h. aus der Sicht des identifizierten Patienten war es zu einer relevanten Veränderung der Familienstruktur gekommen. Die relevante Veränderung der Familienstruktur wurde von 20 Patienten als positiv und von 1 Patientin (Nr. 19) als negativ beurteilt.

Fallbeispiele

Die vorliegende Informationsfülle erfordert aus Gründen der Übersichtlichkeit eine Komprimierung. Eine ausführlichere Beschreibung der vom Patienten als wesentlich erachteten Punkte findet sich in Klotz (1991). Hier werden zur Veranschaulichung drei Einzelfälle anhand der Beschreibung einzelner Familienbrettaufstellungen jeweils nach folgender Gliederung exemplarisch dargestellt:
a) Veränderung von Art und Anzahl der Figuren oder struktureller Merkmale
b) Inhaltliche Aussage (aus der Sicht der Patienten)
c) Bedeutsamkeit der inhaltlichen Aussage (aus der Sicht der Patienten)
d) Besonderheiten
e) Interpretation der Untersucherin
f) Ergebnisse bzgl. Gesamtveränderung in der Selbstbeurteilung GBB und FFB-R im Vergleich t_1 / t_3, wobei:
+ = positive Veränderung, 0 = keine Veränderung, - = negative Veränderung.

Fallbeispiel 1. Pat.-Nr. 3, weiblich, 18 Jahre, Anorexia nervosa

a) Veränderung von Art und Anzahl der Figuren oder struktureller Merkmale. Der Abstand zwischen T3 (Patient) und T2 (Schwester) wird kleiner, der Abstand zwischen T3 und SV (Stiefvater) größer. M rückt vom Innenfeld ins Außenfeld.
b) Inhaltliche Aussage. Der Kontakt zwischen T3 und T2 intensiviert sich. Die Patientin (T3) löst sich von M und distanziert sich von SV
c) Bedeutsamkeit der inhaltlichen Aussage. Zum Zeitpunkt t_3 ist die Patientin aus dem Elternhaus ausgezogen und wohnt allein in einer eigenen Wohnung in demselben Dorf, in dem die Schwester (T2) lebt. Sie sucht verstärkt Beziehungen zu Gleichaltrigen. Die Einbeziehung in häusliche Konflikte zwischen Mutter und Stiefvater, in denen die Patientin eine Beschützerrolle gegenüber der Mutter inne hatte, weist sie von sich. Kontakte zum Elternhaus werden in der Frequenz und Intensität reduziert.
d) Besonderheiten. Zu t_3 wird die Brettaufstellung gezeichnet.

Fallbeispiel 1: T3 = Patientin, 3. älteste Tochter; T1/T2 = Schwester;
S1-4 = Söhne; M = Mutter; SV = Stiefvater

Zeitpunkt t_1 Zeitpunkt t_2

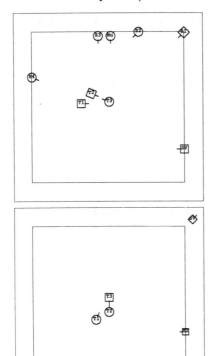
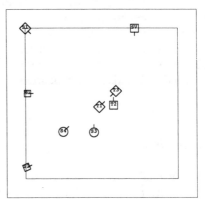

Zeitpunkt t_3

e) Interpretation der Untersucherin. Nach dem frühen Tod des leiblichen Vaters, dem die Patientin sehr nahestand, erwartet sie von der Mutter besondere Nähe und Zuwendung. Die Mutter kann diesen Bedürfnissen kaum nachkommen, verstrickt in eine konfliktbeladene Beziehung mit dem neuen Partner. Diesen beschreibt die Patientin als "bösen" Stiefvater. Er habe sich ihr gegenüber abweisend und kalt gezeigt, woraufhin sie sehr eifersüchtig geworden sei. Je weniger Nähe zwischen Patientin und ihrer Mutter bzw. dem Stiefvater möglich ist, umso stärker kreisen ihre Phantasien um die Symbiose mit der Mutter und die Ausstoßung des Stiefvaters. Eine frühe Loslösung vom Elternhaus scheint ihr in dieser schwachen, isolierten Position aus eigener Kraft nicht möglich. Zwischen t_1 und t_3 ist ein Prozeß in Gang gekommen, welcher die Individuation der Patientin förderte. Im Rahmen dieses Entwicklungsprozesses zieht die Patientin aus dem Elternhaus aus in eine eigene Wohnung in dasselbe Dorf, in dem die Schwester wohnt. Die bereits zuvor bestehende Allianz zwischen den Schwestern wird gestärkt und erlaubt ihr, ihre Erwartungen an Mutter und Stiefvater zurückzunehmen und sich auf andere Lebensbereiche zu konzentrieren, z.B. Beruf und gleichaltrige Freunde. Der Prozeß der Abwendung von Mutter und Stiefvater und intensiver Zuwendung zur Schwester zeigt sich in den Brettaufstellungen recht plastisch.

f) Selbstbeurteilung. Insgesamt wurde in der Selbstbeurteilung eine Gesamtveränderung bestätigt, im Gießener Beschwerdebogen zeigte sich keine Veränderung, im FFB-R zeigte sich eine Veränderung. Die Untersuchungen basieren auf einer frühen Version des FACES 2. Unter Berücksichtigung des Olson-Modells war von einer erfolgreichen Therapie ausgegangen, wenn klinische Familien eine zentripetale Bewegung erfahren (vgl. Olson et al. 1979). In der vorliegenden Untersuchung (n = 29) kam es bei 59 % der Patienten zu einer entsprechenden zentripetalen Bewegung, wobei meistens kein ganzer Kategoriensprung, sondern lediglich eine Bewegung innerhalb einer Kategorie stattfand.

Fallbeispiel 2. Pat.-Nr. 6, weiblich, 20 Jahre, Depressive Entwicklung

a) Veränderung von Art und Anzahl der Figuren oder struktureller Merkmale. Zu t_1 ist die Patientin (T2) eckig, zu t_2 und t_3 rund. Zu t_1 werden M, V und GM in runde und eckige Figuren "gesplittet". Zu t_2 sind Kinder rund, Eltern eckig, zu t_3 alle Figuren rund. Zu t_1 ist die Patientin (T2) klein, zu t_2 und t_3 groß. Zur Gestalt: zu t_1 symbolisiert sie gegenüberstehende "Fronten", zu t_2 zwei entferntere Lager und zu t_3 einen Halbkreis.
b) Inhaltliche Aussage. Positive Charaktereigenschaften werden durch das Merkmal rund versinnbildlicht, negative durch das Merkmal eckig. Zu t_1 erlebt die Patientin Mutter, Vater und Großmutter gespalten mit "guten" und "schlechten" Charaktereigenschaften, wobei sie die positiven Wesenszüge der beteiligten Personen in den Vordergrund rückt. Die Größe der Figuren steht für das Selbstbewußtsein; im Verlauf "wächst" T2; die Gestalt zu t_1 soll die verhärteten Fronten in der Familie darstellen. "Nichts geht mehr". Zu t_2 haben sich zwei Lager gebildet, das der "Jungen" und das der "Alten". Zu t_3 sind alle Figuren in einem Halbkreis angeordnet; eine Verständigung zwischen den einzelnen Familienmitgliedern ist möglich geworden. Man stellt sich strittigen Themen, bezieht klare Positionen und entwickelt Verständnis füreinander. Die Patientin beschreibt das Familienleben als offener und harmonischer.
c) Bedeutsamkeit der inhaltlichen Aussage. Nach einer 2-jährigen Phase des zu Hause Herumsitzens, entscheidet sich die Patientin dazu, ihre berufliche Situation in die Hand zu nehmen. Sie organisiert einen Praktikumsplatz als Beschäftigungstherapeutin. Zu t_3 arbeitet sie bereits. Die Eltern finden neue, gemeinsame, verbindende Bereiche seit die Sorge um die Tochter weniger im Vordergrund steht.
d) Besonderheiten. "Splitting" (Verdoppelung) der darzustellenden Personen.
e) Interpretation der Untersucherin. Die Patientin kommt aus einer eng bindenden Lehrerfamilie. Ihre Mutter habe sich selbst von der eigenen Mutter nie "abgenabelt", so daß sie die Loslösung der eigenen Tochter wohl nicht ohne weiteres zulassen kann. Die Patientin hat das Gefühl, von der Mutter gebraucht zu werden zur Stärkung derer Position gegenüber Vater und Großmutter. Die Bindung zum Vater drückt sich in sehr häufigen, gemeinsamen Unternehmungen zwischen Vater und Tochter aus. Die Patientin war lange der Meinung, daß die Eltern als Bezugspersonen genügen und

vermied somit den Kontakt zu Gleichaltrigen. Sie boykottierte auch konsequent ihr berufliches Fortkommen, welches ja die Möglichkeit des Auszugs von zu Hause zwangsläufig mit sich gebracht hätte. Sich als "Bindeglied" zwischen den Eltern fühlend, unterhält sie als "Sorgenlieferantin" eine negative Gegenseitigkeit zwischen Mutter und Vater. Während des therapeutischen Prozesses wird die Entbindungsarbeit in Angriff genommen. Die "verhärteten Fronten" lösen sich auf, es entstehen vorübergehend zwei Lager, das der Eltern und das der Kinder. Dazwischen verläuft die imaginäre, sich besser herauskristallisierende Generationsgrenze. In diesem neuen Rahmen kann sich die anstehende Nachreifung von T2, verbunden mit der Ablösung vollziehen. Zu t_3 teilt T2 der Familie die Gestalt des Halbkreises zu; offener Austausch zwischen allen Beteiligten ist eher möglich, und wird auch häufiger praktiziert.

f) Selbstbeurteilung.   Gesamtveränderung   GBB   FFB-R

Gesamtveränderung	GBB	FFB-R
+	+	+

Fallbeispiel 2. T2 = Patientin, T1 = Schwester, Va/Mu = Vater/Mutter, GM = Großmutter

Zeitpunkt t_1 Zeitpunkt t_2

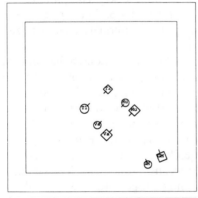

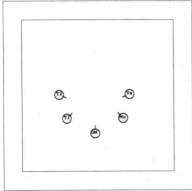

Zeitpunkt t_3

Fallbeispiel 3. Pat.-Nr. 7, männlich, 24 J., Depressive Entwicklung bei spätpubertärer Reifungsstörung

a) Veränderung von Art und Anzahl der Figuren oder struktureller Merkmale. Form: Zu t_1 kommt ihr keine Bedeutung zu, zu t_2 und t_3 versinnbildlicht sie das Geschlecht. Größe: Zu t_1 drückt sie Hierarchie aus, zu t_2 und t_3 den Generationsunterschied. Entfernung: Die Distanz zwischen S3 (Patient) und Eltern wird größer, M und V rücken näher zueinander; S2 verläßt seine Außenseiterposition und steht zunächst in der Familie (t_2) und dann innerhalb der Subsystems Kinder (t_3). Blickrichtung: S3 blickt im Verlauf nach außen, weg von der Familie. Gestalt: S3 gelangt von der Position zwischen M und V in eine unabhängige Stellung; es bilden sich die Lager der beiden Subsysteme; S2 wird zu t_2 und t_3 eine Position auf dem Brett gewährt, während er zu t_1 unter dem Brett liegt, mit dem Gesicht nach unten.
b) Inhaltliche Aussage. Zu t_1 ist der Patient (S2) in den elterlichen Konflikt eingebunden, wobei er die Mutter stützt ("Ich bin der 'Springer' zwischen den Eltern"). Zu dem Bruder (S3) bestehen nur feindlich gefärbte Kontakte. Der Patient ist davon überzeugt, daß eine Loslösung seinerseits von der Mutter nicht verkraftet würde; er selbst fürchtet Isolation und Einsamkeit ohne die Eltern. Zu t_2 findet die Auseinandersetzung um den Ablösungsprozeß statt. In die Thematik werden die Brüder des Patienten (S1 und S3) einbezogen. Zu t_3 ist der Ablösungsprozeß voll im Gange, die Brüder stehen in einer gewissen Entfernung zu den Eltern. M und V tragen ihre Auseinandersetzungen nicht mehr über S2 aus.
c) Bedeutsamkeit der inhaltlichen Aussage. Der Patient zieht aus dem Elternhaus aus; er organisiert seine berufliche Perspektive, indem er einen Studienplatz findet und das Studium beginnt. Gleichzeitig findet er einen "Job", der es ihm erlaubt, seinen Lebensunterhalt z.T. selbst zu bestreiten. Er intensiviert bestehende Beziehungen zu Freunden und erlebt die Veränderungen als sehr positiv und befriedigend.
d) Besonderheiten. Eine Figur wird in liegender Stellung, mit dem Gesicht nach unten auf dem Brett positioniert.
e) Interpretation der Untersucherin. Der Patient bezeichnet sich als "Springer" zwischen den Eltern. Er vermittelt zwischen Mutter und Vater, wobei er sich selbst als besseren Vater erlebt. Er kümmert sich um die Mutter, während der Vater "egoistisch nur seinen eigenen Interessen nachgeht". Ohne ihn kann die Mutter nicht sein und umgekehrt. Das übergreifende Bündnis zwischen S3 und M gegen V liegt auf der Hand. Auch S2 wird eifersüchtig als feindliche Figur erlebt. Während des Therapieverlaufes nimmt der Patient die Entbindungsarbeit in Angriff, wobei er von den Eltern unterstützt wird. Er stellt sich altersadäquaten Aufgaben und kümmert sich entschlossen und effektiv um seinen beruflichen Werdegang. Er findet seine ihm gebührende Position an der Seite der Brüder innerhalb des Subsystems der Kinder.
f) Selbstbeurteilung.

Gesamtveränderung	GBB	FFB-R
+	+	+

Fallbeispiel 3. S3 = Patient, jüngster Sohn, S1-2 = Brüder, Mu = Mutter, Va = Vater
(S2 liegt bei t_1 unterhalb des Bretts, bei t_3 auf der Brettfläche).

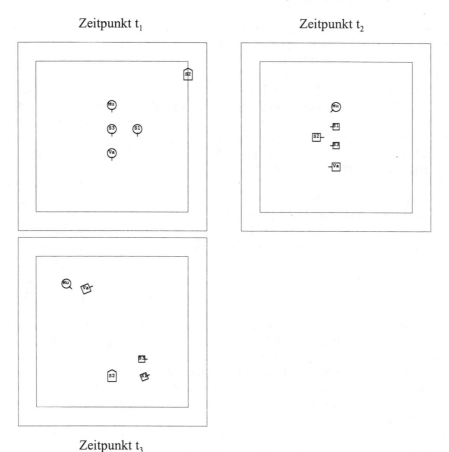

Zeitpunkt t_1 — Zeitpunkt t_2 — Zeitpunkt t_3

Diskussion

Das methodische Vorgehen: Individuumszentrierter vs. systemischer Ansatz

Zunächst mag es widersprüchlich erscheinen, daß in ein und demselben Untersuchungsansatz Elemente aus dem individuumzentrierten Bereich und aus dem systemischen Bereich gleichwertig eingesetzt werden. Zum einen erklärt sich dies aus der Geschichte der Station *von Weizsäcker*, in deren Rahmen die Untersuchung eingebettet ist. Diese Station entwickelte sich in ihren Anfängen eng verwoben mit der psychoanalytischen Tradition. Fast in organischer Art und Weise fand dann eine Erweiterung der Perspektive statt durch die Integration systemischer Elemente, wie dies von Bergmann et al. (1986) beschrieben wurde. Eine Verlaufsuntersuchung muß in diesem Kontext beiden Sichtweisen Rechnung tragen.

Cierpka (1988) fordert eine Synthese zwischen dem psychodynamischen Befund und der Strukturdiagnose: "Das gegenseitige Abschotten von Psychoanalyse und Systemtheorie kann dazu führen, daß in Familientheorie und -therapie womöglich ähnliche Fehler gemacht werden, wie sie in der nahezu seit 100 Jahren bestehenden Psychoanalyse gemacht wurden". Stierlin et al. (1980) weisen darauf hin, daß sich beide Konzepte grundsätzlich zwar stark unterscheiden, jedoch in den Therapiezielen (Individuation, Strukturveränderung, seelische Reifung, Arbeits- und Liebesfähigkeit, Übernahme von Verantwortung für bislang abgewehrte und abgespaltene Motive und Charakterzüge) Ähnlichkeiten aufweisen. Vielmehr herrscht eine heftige Kontroverse darüber, ob sich die Forschung in der systemischen Familientherapie traditioneller Forschungsmethoden bedienen sollte oder ob neue methodische Ansätze entwickelt werden müßten.

Bei unseren Verlaufsuntersuchungen mußte eine Auswahl der verwendeten Instrumente getroffen werden. Diese orientierte sich an folgenden Kriterien:
- Das theoretische Konzept sollte der Systemsicht verbunden sein.
- Das Meßinstrument sollte für den Einsatz bei Familien und bei Einzelnen geeignet sein.
- Es sollte sich als Hilfsmittel zur Beschreibung von Veränderungen im familiären System über einen bestimmten Zeitraum hinweg eignen.
- Es sollte ökonomisch im Zeitaufwand und einfach in der Anwendung sein.

Ohne Stellung in der Kontroverse zwischen traditionellen Forschungsmethoden und neuen methodischen Ansätzen zu beziehen, fiel die Wahl zum Zeitpunkt der Untersuchung auf ein Instrument, welches klassischen psychologischen Tests ähnelt, den Familienfragebogen nach Olson und auf ein zweites Instrument, das Familienbrett nach Ludewig, für welches, eingebettet in einen systemisch begründeten, theoretischen Rahmen, neue Beurteilungskriterien (Brauchbarkeit, Nützlichkeit, Zugewinn) vorgeschlagen wurden. Beide hier ausgewählten Instrumente erfüllen die oben beschriebenen Forderungen.

Das Familienbrett als Prozeßvariable

Im Zeitraum vom 1.10.1984 - 15.3.1985 wurden 33 Patienten mit psychosomatisch-internistischen Krankheitsbildern stationär auf der Station *von Weizsäcker* behandelt und nahmen an dem vollen Therapieprogramm teil. 29 Patienten waren zu einer Untersuchung bei stationärer Aufnahme (Zeitpunkt t_1), bei Entlassung (Zeitpunkt t_2) und 3-5 Monate nach Entlassung (Zeitpunkt t_3) bzgl. Fragen der Befindlichkeit, des Therapieverlaufs und familiärer Aspekte bereit. Die Nachuntersuchungsquote lag bei 88 %. Bei 4 von 33 Patienten gelang die Untersuchung nur zu einem oder zwei der genannten Zeitpunkte.

Zwischen den Zeitpunkten t_1 und t_2 bzw. t_1 und t_3 zeigten sich folgende Ergebnisse:

- Eine positive oder sehr positive Entwicklung zeigte sich bei mehr als 50% aller Patienten bei fast allen untersuchten Merkmalen im Vergleich t_1 / t_2 und t_1 / t_3. Die stärkste Verbesserungsquote (bei 69-80 % der Patienten) wurde im Vergleich t_1 / t_3 bei den Merkmalen individuelles Leitsymptom, Leidensdruck und Lebensqualität verzeichnet.
- Die geringste Verbesserungsquote (bei 50-60 % der Patienten) war bei den Merkmalen beruflich-soziale Situation, Medikamenteneinnahme und Arztbesuche im Vergleich t_1 / t_3 festzuhalten, erfaßt durch das psychosomatisch-tiefenpsychologische Interview. Betrachtet man das im Merkmal *Gesamtveränderung* zusammengefaßte Ergebnis des psychosomatisch-tiefenpsychologischen Interviews neben den Merkmalen Beschwerdedruck im GBB, Familienstruktur auf dem Familienbrett und Kohäsion bzw. Anpassungsfähigkeit im FFB-R, so weisen 69 % der Patienten zwischen t_1 und t_3 gleichzeitig positive Veränderungen auf drei der vier genannten Merkmale auf. Das heißt, Veränderungen aus dem individuellen Bereich (Gesamtveränderung, GBB) gehen häufig mit Veränderungen aus dem systemischen Bereich (Familienbrett, FFB-R) einher.
- Ein Schwerpunkt der Untersuchung lag auf dem Einsatz des Familienbrettes als Hilfsmittel zur Beschreibung der Familienstruktur und deren Veränderung im Verlauf des therapeutischen Prozesses. Das Familienbrett zeigte bei den Patienten gute Akzeptanz und im Zusammenhang mit der Untersuchung konnte das in ihm liegende inhärente kreative Potential dokumentiert werden. Bei der Beschreibung von Familienstrukturen wurden komplexe Informationsmuster auf das wesentliche reduziert und mitteilbar gemacht.
- Das kommentierte Familienbrett als analoge Kommunikationsform scheint digitalen Kommunikationsformen im Hinblick auf den qualitativen und quantitativen Informationsgewinn bzgl. familiärer Muster überlegen zu sein. Die genannten Eigenschaften und der Vorteil der Zeitökonomie lassen an den Einsatz im Rahmen der psychotherapeutischen Prozeßforschung denken.
- Die Erfassung und Beschreibung von Veränderungen der Familienstruktur erforderte die Gliederung des mitgeteilten Informationsgehaltes mit Hilfe unterschiedlicher Informationsebenen. *Veränderung* wurde dabei nicht als objektive, sondern als *subjektive, vom Patienten als relevant erachtete Größe* verstanden. In diesem Sinne kam es zu einer Veränderung der Familienstruktur bei 69 % der Patienten.

Das Familienbrett wurde, soweit uns bekannt, erstmalig in einer Verlaufsbeobachtung systematisch eingesetzt. Bei den bisher durchgeführten Untersuchungen arbeiteten klinisch unauffällige oder auffällige Einzelne bzw. Familien mit dem Familienbrett zu einem einzigen Zeitpunkt. In dem von uns gewählten Untersuchungsrahmen erwies sich das Familienbrett als wertvolles Hilfsmittel, um schnell mit dem identifizierten Patienten und seinem familiären System in einen lebendigen, plastischen Kontakt zu gelangen. Dieser Effekt zeigte sich im allgemeinen zu den drei Untersuchungszeitpunkten gleichermaßen oder zu t_2 und t_3 verstärkt. Dies wurde bereits in den bisher durchgeführten Untersuchungen (Ludewig et al. 1983) beschrieben. Zahlreiche Patienten fragten bereits zu Beginn der Nachuntersuchungen, ob das Familienbrett wieder aufgestellt würde und gaben an, ihr "Familienbild" bereits "im Kopf" zu haben. Bei den wenigen Patienten, die negativ auf das Familienbrett reagierten, verstärkte sich diese negative Tendenz eher während des Untersuchungszeitraumes.

Die Untersucherin gewann insgesamt den Eindruck, mit Hilfe des Familienbrettes und dem kurzen kommentierenden Interview relevantere Informationen über familiäre Muster zu erhalten als durch das halbstandardisierte, psychosomatisch-tiefenpsychologische Interview, welches in Form digitaler Kommunikation u.a. Informationen über familiäre Muster zu gewinnen suchte. Wahrscheinlich werden durch den analogen Kommunikationsmodus Widerstände spielerisch relativ schnell umgangen. Im Hinblick auf die Zeitökonomie ist dies ein bedeutsamer Punkt.

Die Patienten verwendeten in dieser Untersuchung das vorliegende Material zum Teil in einer Art und Weise, welche bisher nicht beschrieben wurde: Um Haßgefühle gegen den Bruder auszudrücken, legte ein Patient die den Bruder symbolisierende Figur unter das Brett mit dem Gesicht nach unten; zwei Patientinnen mit phobischer Symptomatik ordneten grundsätzlich alle Figuren nicht stehend, sondern liegend auf dem Brett an; einige Patienten "klebten" die Figuren aneinander, wenn es um den Ausdruck symbiotischer Verhältnisse ging. Diese Variationen an Brettaufstellungen zeigen eindrucksvoll das dem Familienbrett inhärente kreative Potential.

Der Vorteil der Zeitökonomie läßt daran denken, das Familienbrett in klinischen Bereichen einzusetzen, wo wenig Zeit zur Verfügung steht, um psychosoziale bzw. familiäre Daten zu erfassen, deren Kenntnis jedoch die Therapie erleichtern bzw. effektiver gestalten kann, z.B. in der Onkologie oder Geriatrie. Wie Ludewig et al. (1983) stellen auch wir fest, daß das Familienbrett nur dann den beschriebenen Nutzen erbringt, wenn es nicht unkommentiert im Raum stehen bleibt bzw. die Interpretation dem Untersucher überlassen wird.

Auf die Möglichkeit, den Informationsgehalt der Brettaufstellungen aus vier Perspektiven zu beschreiben, hatte Lohmer (1983) hingewiesen. Seine Anregung wurde in dieser Untersuchung aufgenommen und weiterentwickelt. Die systematische Beleuchtung der Brettaufstellungen aus den im folgenden diskutierten vier Perspektiven erlaubte die Reduktion der mitgeteilten familiären Muster auf das für den Patienten bzw. die Familie wesentliche.

- Die erste Perspektive erfaßt den *metrischen Aspekt* der Information, d.h. die Anzahl und Art der Figuren, welche der Patient zunächst anhand jeder einzelnen Brettaufstellung und dann im Vergleich beschreiben sollte. Auf dieser Ebene waren nur relativ wenige Veränderungen zu verzeichnen, von denen eine recht eindrucksvoll auf die Untersucherin nachwirkte: Ein Patient, der aus einer sich in Auflösung befindenden Familie stammt, stellte im Verlauf des Untersuchungszeitraumes sukzessive weniger, zuletzt gar keine Figuren auf das Brett mit dem Kommentar: "Ich habe niemanden aufzustellen". Das leere "Familienbild" zeigte in sehr berührender Art und Weise die Not des Patienten.
- Unter dem *strukturellen Aspekt* wurden die Strukturmerkmale des Familienbretts betrachtet, d.h. Größe und Form der Figuren, die Blickrichtung zueinander und die Entfernung voneinander. Veränderungen zwischen t_1 / t_2 und t_1 / t_3 sollten beim Brettvergleich festgehalten und beschrieben werden. 86 - 93 % der Patienten hatten im Verlauf eines dieser Merkmale verändert.
- Unter dem *semantischen Aspekt* beschrieben die Patienten die inhaltliche Bedeutung der einzelnen Strukturmerkmale zu t_1, t_2 und t_3 jeweils neu. Erstaunlicherweise

wurden für die Brettmerkmale Entfernung, Blickrichtung und Größe in 80-90 % der Fälle eine zu t_1 gewählte Bedeutungszuweisung zu t_2 und t_3 beibehalten. Dies bestätigt die Ausführungen Ludewigs et al. (1983), daß die Familienbilder als nicht zufällige Konstrukte auf die Patienten/Familien zurückwirken und die Brettkonstellationen intentional in Analogie zu den familiären Beziehungsmustern entworfen werden. Die Brettmerkmale Entfernung und Blickrichtung wurden überwiegend bedeutungsgleich als Ausdruck von sozialer Distanz verwendet (vgl. Pflieger, 1980). Variierende Bedeutungen wurden den Brettmerkmalen Form und Größe zugewiesen, was die Wichtigkeit unterstreicht, die Bedeutungszuweisung der Brettmerkmale bzw. deren Wandel zu erfragen. Allein der Bedeutungswandel eines Brettmerkmals bei Gleichbleiben der absoluten Variable kann Hinweise auf Veränderungen im familiären Beziehungsmuster geben.

Dazu ein Beispiel: Ein Patient hatte zwischen zwei Zeitpunkten die Blickrichtung zwischen zwei Figuren nicht verändert. Zu t_1 bedeutete die Blickrichtung jedoch "aufeinander lauern", später "eine positive Beziehung miteinander haben". In einem anderen Fall meinte die unveränderte Blickrichtung zunächst "eine Erwartungshaltung" dann, "die Sorge umeinander". In beiden Fällen wird durch die zugewandte Blickrichtung symbolisierte Nähe beschrieben, zunächst negativ, dann positiv konnotiert.

Der semantische Aspekt erfaßte neben der inhaltlichen Bedeutung der einzelnen Strukturmerkmale auch die Bedeutung der Veränderung der absoluten Variable. 86-93% der Patienten hatten die Variable einer dieser Merkmale verändert mit oder ohne Bedeutungsgebung. So wählte ein Patient für dieselbe Person zu t_1 eine große und zu t_2 eine kleine Figur, was deren geringer werdende Macht ausdrücken sollte. Die Größenänderung hätte aber auch rein zufällig sein können. Der Patient bzw. die Familie gibt in der Befragung den Kontext an, trennt Zufälliges und Nicht-zufälliges, Wichtiges und Unwichtiges.

• Diese Bewertung des Inhalts einer Aufstellung erfolgt auf der vierten Informationsebene, nämlich unter dem *pragmatischen Aspekt*. So kann einer relativ unscheinbaren formalen und inhaltlichen Veränderung eine große Relevanz für die Familiensituation zugemessen werden. Auffällige, formale und entsprechende inhaltliche Veränderungen sind für andere Patienten/Familien, was die familiäre Gesamtsituation angeht, nicht relevant. Die Besprechung der Brettaufstellungen unter dem pragmatischen Aspekt nimmt also eine besonders wichtige Stellung ein. Als relevante Veränderung der Familienstruktur betrachteten wir in dieser Arbeit Veränderungen auf einer der beiden ersten Ebenen (Art und Anzahl der aufgestellten Figuren oder strukturelle Merkmale), einhergehend mit Veränderungen auf beiden zuletzt beschriebenen Ebenen (inhaltliche Aussage und deren Relevanz). Mit dieser Betrachtungsweise verbindet sich keinesfalls der Anspruch auf Objektivität, d.h. daß das Dargestellte mit "der" Wirklichkeit übereinstimmt. Aus unserer Sicht geschah dies besonders unter Zuhilfenahme des Familienbrettes erfolgreich.

Schlußfolgerungen

1. Nach stationärer, kombiniert individueller und systemisch familienorientierter

Psychotherapie wies ein befriedigender Prozentsatz der Patienten eine Verbesserung der körperlichen, psychischen, familiären und sozialen Situation auf.

2. Veränderungen in den "Familienbildern" (= Objektrepräsentanzen) gingen häufig mit einer positiven Entwicklung des Beschwerdebildes einher.

3. Das Familienbrett eignete sich als Hilfsmittel zur vernünftigen Reduktion der Vielfalt des familiären Prozesses und dessen Veränderung auf eine für die Patienten/Innen mitteilbare Beschreibungsform.

4. Das Familienbrett als neuer methodischer Ansatz erschien im Vergleich zu traditionellen Forschungsmethoden bei der Bearbeitung systemischer Fragestellungen vielversprechend.

Alkohol und Familie -
Erkundungen mit dem Familienbrett

Birgit Knuschke und Sabine Reichelt-Nauseef

Früher galt das Forschungsinteresse der Alkoholtherapie ausschließlich den Ursachen und Behandlungsformen der alkoholkranken Mitglieder in unserer Gesellschaft. Vornehmlich in den 80er Jahren wurden neue Konzepte entwickelt und hinzugefügt, als man erkannte, daß eine große Anzahl der AlkoholikerInnen in familiären Zusammenhängen leben. Besonders durch das Konzept der "Co-Abhängigkeit" entstand die Sichtweise, daß Alkoholismus als eine Familienkrankheit zu betrachten sei: "Das Suchtsystem betrifft alle Personen in der Familie. Nicht nur der einzelne - am Anfang die süchtige Person - ist krank, sondern das System Familie selbst" (vgl. U. Lambrou, 1990:19). Folgerichtig wurde die Einbeziehung der Familie in Diagnose, Therapie und Prävention allein schon deshalb bedeutend, weil Alkoholismus sich im Familienrahmen zu einem recht hohen Prozentsatz reproduziert sowie Kinder und Jugendliche in ihrer Entwicklung stark beeinflussen kann (vgl. Arenz-Greiving, 1993, 1994).

Das Familienbrett im Arbeitsfeld Sucht

Die Anwendung des Familienbrettes in der Praxis der Suchtberatung und -behandlung hat in den vergangenen Jahren zunehmend an Bedeutung gewonnen. Der Einsatz gewährt einen Einblick in die Beziehungsstrukturen einer Familie, in der ein Mitglied Suchtmittel "gebraucht". Durch die Anwendung des Familienbrettes wird nicht die Pathologie einer Alkoholismusfamilie verstärkt oder dysfunktionale Verhaltensmuster konzipiert, sondern insbesondere die Frage nach der Funktion des Symptoms in der Familie in den Vordergrund gerückt. Dem Alkoholismus wird ein "Sinn", eine "Logik" oder ein Lösungsversuch unterstellt. Der Anwender vermittelt somit der Familie, daß etwas "Sinnvolles", wenn auch nichts "Wünschenswertes" geschieht. Diese Sichtweise entlastet von gegenseitigen Schuldfragen. Die Methode erleichtert (Sucht-)Familien, schwer zugängliche Einstellungen, Erlebnisse oder Gefühle auszudrücken und fördert eine gute Kooperation zwischen Helfer/in und den Familien. Beobachten läßt sich z.B. oftmals eine sogenannte "sowohl-als-auch-Funktion" in den Familien, die es ermöglicht, zwei unterschiedliche Beziehungskonstellationen abwechselnd leben zu lassen. Je mehr Beschreibungen von und mit der Familie möglich sind, desto mehr Unterschiede werden von allen Beteiligten wahrgenommen. Die Arbeit mit dem Familienbrett lädt die Familienmitglieder, die ganze Familie oder das Problemsystem (alle mit diesem

Problem beschäftigten Personen) zu einem Austausch der Sichtweisen über die Familienstrukturen ein und bietet für den Praktiker eine Möglichkeit, in relativer kurzer Zeit zu diagnostisch und therapeutisch relevanten Inhalten zu kommen. Dabei ist nicht der therapeutische Hintergrund des Anwenders ausschlaggebend, sondern eher der Referenzpunkt des "Beobachters" (vgl. Erbach & Richelshagen,1989). Insgesamt bietet das Familienbrett die Möglichkeit, einen Einblick in die Beziehungsstrukturen einer Suchtfamilie zu erlangen, wobei jede Familie ihre unverwechselbare Struktur hat. Auch für einmalige Gespräche, die sich nach Matakas (1984) als effektiv darstellten, bietet das Vorgehen mit dem Familienbrett eine ausgezeichnete Möglichkeit.

Herausstellen läßt sich z.B. bei Alkoholabusus die Frage nach den Unterschieden der Interaktionsstrukturen in der Familie in nüchternen und intoxizierten Zeiten, also die Phasen mit und ohne Alkohol. Die Verwendung des Familienbrettes muß jedoch nicht auf das Symptom Alkoholismus beschränkt bleiben, sondern bietet darüber hinaus vielfältige Einsatzmöglichkeiten bei Familien, in denen ein Mitglied andere Suchtmittel, wie z.B. Medikamente oder illegale Drogen konsumiert. Bei Familien, in denen ein eßgestörtes Verhalten, insbesondere Anorexie oder Bulimie auftritt, ergeben sich oft bestimmte Beziehungskonstellationen und Interaktionsmuster (vgl. Weber u. Stierlin,1989), die sich mit dem Familienbrett erkunden lassen. Insbesondere in kleinen Betrieben mit einer überschaubaren Anzahl von Mitarbeiter/innen können (familien-) ähnliche Strukturen auftreten (vgl. Knuschke, 1993), die für die betriebliche Suchtberatung von Bedeutung sein können, so daß die Anwendung des Familienbrettes zu diagnostischen/beraterischen Zwecken nutzbringend sein kann.

Studie über Alkohol und Familie

In der Forschung mit "Suchtfamilien" kann der Einsatz des Familienbrettes die Perspektive der/s Forschenden dergestalt erweitern, daß die "subjektive Logik" oder die Bedeutung des Symptoms in den Mittelpunkt gerückt wird. Hierunter verstehen wir die Funktion, die dem Suchtmittelgebrauch nachträglich von allen (Familien-)Mitgliedern beigemessen wird. Wir möchten hier auf den "Einfluß von Alkoholismus auf die Familienstruktur und deren Veränderung aus der Sicht ihrer Mitglieder" eingehen, der in einer Studie von Sabine Reichelt-Nauseef erkundet und festgehalten wurde. Diese Untersuchung wurde im Rahmen des Forschungsprojektes "Alkoholismus und Familie" unter der Gesamtleitung von Thomas von Villiez (1991) erstellt und veröffentlicht.

Wir wollen insbesondere die *positiven adaptiven Konsequenzen*, das heißt die interaktionellen Verhaltensweisen, die im zeitlichen Zusammenhang mit der Intoxikation auftraten und von den Familienmitgliedern als funktional oder positiv bewertet wurden, herausstellen (vgl. Davis, Berenson & Steinglass, 1974). Des weiteren wollen wir die *Funktion des Alkoholismus* und die damit verbundene *subjektive Logik* im familiären Kontext aufzeigen. Simultan beschreiben wir die Vorgehensweise und einzelnen Fragestellungen. Wir hoffen damit den Leser auf die vielfältigen Anwendungsmöglichkeiten neugierig zu machen.

Für diese Studie wurden 20 vollständige Familien mit einem alkoholabhängigen Familienmitglied, welches sich in therapeutischer und/oder medizinischer Behandlung

befand, untersucht. Eine zweite Untersuchung erfolgte 6-12 Monate nach dem Klinikaufenthalt des Alkoholikers. Mit Hilfe des Familienbrettes und einem sich jeweils anschließenden halbstandardisierten Interview stellten die Mitglieder ihre individuelle und konsensuelle Sichtweise über familiäre *Interaktionsstrukturen und Funktionsweisen in der Zeit mit und ohne Alkoholkonsum* dar. Das anschließende Interview verdeutlichte dabei die Beschreibungen der Familien und deren Erklärungen, die sich aus den Aufstellungen der Figuren ergaben. Die zentralen Leitfragen, die das Interesse der Forscherin begleiteten, lauteten folgendermaßen (vgl. Reichelt-Nauseef, 1991:18):
- Welchen Unterschied stellen Familienmitglieder aus Alkoholismusfamilien bezüglich interaktioneller Verhaltensweisen aller Familienmitglieder und anderer signifikanter Personen während der intoxizierten und der nüchternen Zustände des Alkoholikers/der Alkoholikerin dar?
- Wie beschreiben und erklären sie die Unterschiede?
- Welche "positiven adaptiven Konsequenzen" beschreibt die Familie?
- Welche mögliche Funktion wird dem Alkoholismus von den Familienmitgliedern zugeschrieben?
- Zu welchen konstruktiven Beschreibungen kann ein Kliniker angesichts der Informationen der Familie kommen?
- Wie beschreiben die Familienmitglieder ihre Familienstrukturen während der Abstinenz und im Hinblick auf Zukunftswünsche?
- Welche Gemeinsamkeiten lassen sich im Hinblick auf alle 20 Familien beschreiben?

Die erste Untersuchung: Zeiten mit und ohne Alkohol

Die Familienmitglieder wurden stets gebeten, sich auf eine gemeinsame Version zu einigen. Bereits diese Aufforderung bewirkte eine Metakommunikation der Familienmitglieder untereinander. Die Figuren wurden um eine kleine Flasche Alkohol (Portionsflasche) als Symbol für den Alkoholkonsum erweitert. Wichtige Bezugspersonen und die erweiterte Familie, wie Großeltern, konnten mit aufgestellt werden. Der erste Teil der Aufgabe lautete, die Figuren und die Flasche auf dem Brett so anzuordnen, wie die einzelnen Familienmitglieder in den *Zeiten mit Alkohol <mA>* zueinander standen. Im zweiten Teil stellten die Familien die Figuren und die Flasche zu den Zeiten auf, in denen kein Alkohol - *Zeiten ohne Alkohol <oA>* - im Spiel war. Bei den Interviews wurden allen Familien die gleichen Fragen gestellt, und zwar, ob die Familie eine bestimmte Situation gestellt oder ein durchgängiges Muster erstellt hatte, was das Feld innerhalb und außerhalb der Linie für die Familie und was die Entfernung und Nähe der Figuren, Größe, Form und Blickrichtung beinhaltete. Ferner wurde die Bedeutung der Wahl von gleichen/ungleichen Figuren für verschiedene Familienmitglieder erfragt, und ob die Nähe/Distanz auch eine seelische/körperliche Nähe ausdrückte. Wichtig erschien noch die Frage nach der Rollenverteilung in der Familie, z.B. wer die elterlichen Entscheidungen traf, und wie die Verantwortung den Kindern gegenüber gehandhabt wurde (vgl. Reichelt-Nauseef, 1991:141). Im Anschluß stellte die Forscherin Fragen nach dem Unterschied im Vergleich beider Aufstellungen. Ein besonderes Interesse galt dabei den positiven adaptiven Konsequenzen während der

Zeiten mit Alkohol: "Sie haben jetzt hauptsächlich beschrieben, was in den nüchternen Zeiten besser in der Familie lief. ... Was würden Sie denn sagen, lief hier (mit Alkohol) besser als hier (ohne Alkohol)?" (a.a.O.)

Wir möchten betonen, daß unsere Fragestellung nicht das Leiden der Familienmitglieder mindern oder übergehen sollte. Die Fragestellung sollte vielmehr ermutigen, Beschreibungen oder Diagnosen von und mit der Familie zu entwerfen, die nicht einen Schuldigen festschreiben, sondern es ermöglichen, wechselseitige Beziehungsgestaltungen zu konstruieren. Dadurch können neue Hypothesen entstehen, die möglicherweise zu neuen Sichtweisen führen und Anlaß zu einem insgesamt breiterem Spektrum an Hilfsmöglichkeiten geben.

Die zweite Untersuchung: die Aufstellung "Heute" und "Zukunft"

Alle zuvor befragten Familien wurden ca. 6-12 Monate (nach dem Klinikaufenthalt des alkoholkranken Mitgliedes) aufgesucht und erneut interviewt. Die Aufstellung der Figuren auf dem Familienbrett und das Interview umschloß folgende Fragestellungen: Den "heutigen" Umgang mit dem Thema Alkohol, die Unterschiede zu den vorangegangenen Aufstellungen und die Frage, ob es eine *Integration der positiven adaptiven Konsequenzen* gab. Die Familien erhielten hierzu folgende Instruktionen: die Figuren gemäß der *"Heute-Situation"* und anschließend die Figuren in *"Zukunft"* (3 oder 5 Jahren später) zueinander zu stellen. Die zentralen Fragen in dem anschließenden Interview lauteten:
- "Würden Sie sagen, das eine oder andere ist mehr oder weniger geworden *[Anmerkung: die positiven adaptiven Konsequenzen]*, konnten Sie es ins heutige Leben ohne Alkohol integrieren?
- Was davon machen Sie heute auch noch?
- Was konnten Sie einbauen - was möchten sie ausbauen?"

Eine weitere Frage bezog sich auf eine mögliche Beschreibung der Familie über die *Funktion des Alkoholismus in der Familie*: "Wenn Sie zurückschauen auf die Zeit mit Alkohol und die Zeit ohne Alkohol, wovor hat der Alkohol Ihre Familie bewahrt?" Für den Fall, daß der/die AlkoholikerIn rückfällig geworden war, wurde die Familie um weitere Aufstellungen gebeten: a) für die erste Zeit der Abstinenz, b) eine "Heute-Darstellung" (Zeiten mit und ohne Alkohol) und c) eine Zukunftsaufstellung.

Die vier Aufstellungen einer Familie als Beispiel

Zur Veranschaulichung sollen an dieser Stelle die Familienbrettaufstellungen und Aussagen einer Familie in verkürzter Form dargestellt werden (vgl. Reichelt-Nauseef, 1991:168-177).

Die Familienbrettaufstellungen der ersten Untersuchung

Zu a) Wenn es zu Hause Bier gibt, kommen die Männer (V und SS1, S2, S2) oft zusammen, trinken und diskutieren miteinander. Der Vater wird als Kumpel gesehen. Mutter und Tochter ziehen sich von der "Männerrunde" zurück und bilden eine eigene Subgruppe. Die Mutter erzählt ihrer Tochter oft von Problemen. Die Familie beschreibt insgesamt traditionelle Rollenmuster.

Zu b) Die eng verbundene Männerrunde ist gesprengt, SS1-S3 gehen eigenen Interessen nach, ziehen sich zurück, während V, M und T enger zusammenrücken

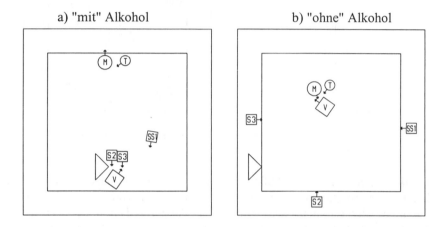

a) "mit" Alkohol   b) "ohne" Alkohol

Legende: Vater (V) = alkoholabhängiges Mitglied (Alkohol=Dreieck/TA), Mutter (M), Sohn 1 (SS1) = unehelicher Sohn/Stiefsohn, 2 Söhne (S2 und S3), Tochter (T) und Katze (K).

Die Familienbrettaufstellungen der zweiten Untersuchung

Zum Kontext: Die Familie wird 10 Monate später zu Hause aufgesucht. Der V lebt abstinent. SS1 und S3 wohnen (wieder) zu Hause, S2 und T haben eine eigene Wohnung, sind aber oft im Elternhaus.

Zu a): Die Familie stellt einen engen Familienzusammenhalt dar, wo "...einer für alle da ist". Auf eine zunächst größere Entfernung eines Sohnes reagieren insbesondere die Eltern emotional, so daß eine Korrektur vorgenommen wird. Auf die Frage der Interviewerin, ob eine Integration der "positiven adaptiven Konsequenzen" gelungen sei, antwortet die Familie erstaunt, daß der Familienzusammenhalt nun ohne Alkohol gelingen würde. Alle Familienmitglieder vertreten einen stärkeren Zusammenhalt.

Zu b): Die Söhne stellen zunächst die gleiche Konstellation auf ("Heute"). Die Eltern verändern mit dem Einverständnis der Kinder die Figurenaufstellungen, stellen eine größere Distanz her und fügen bei allen Kindern (fiktive) PartnerInnen sowie Kinder hinzu. Die Eltern stehen in der Mitte. Bei der Frage nach den positiven adaptiven Konsequenzen ("Wovor hat der Alkohol Sie bewahrt?") antwortet der Vater, daß durch den Alkohol ein sorgenfreieres Leben möglich war und er weniger streng mit seinen Söhnen gewesen sei. Dies habe zum Zusammenhalt der Familie beigetragen.

a) "Heute"   b) "Zukunft"

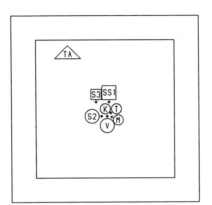 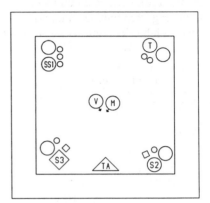

Interpretation. Anhand der vier Aufstellungen der Familie läßt sich im nächsten Schritt u.a. folgendes interpretieren: Die Familie stellt einen engen Verband dar; die Ablösung und Trennung der (erwachsenen) Kinder ist schwierig. Durch den Wechsel mit Alkohol/ohne Alkohol wird eine Balance hergestellt. Der Vater hat in den Zeiten mit Alkohol weniger eine erzieherische Haltung (Kumpel), es existiert eine gesellige Männerrunde, was die Söhne länger ans Haus bindet. Mutter und Tochter als zweite Subgruppe kommen miteinander ins Gespräch, die Tochter wird als erwachsene Gesprächspartnerin wahr- und angenommen, denn sie erhält Bedeutung und Aufmerksamkeit. Es existieren in der Familie traditionelle geschlechtsspezifische Muster. Zur Männlichkeit gehört trinken, diskutieren und streiten.

Unter dem Aspekt des Familienzusammenhaltes zeigt sich, daß es eine Konstellation ohne die andere nicht geben kann. Ohne Alkohol stehen die Eltern enger zusammen, die Söhne werden selbständiger, mit Alkohol ist das Ehepaar getrennt, aber der Vater mit den Söhnen eng zusammen. Dies kann als eine "sowohl-als-auch-Funktion" bezeichnet werden. Der Alkohol wird überflüssig, als die Söhne ausziehen. Der Vater begibt sich in Behandlung, was wiederum den Zusammenhalt fördert. In der Zeit der Abstinenz (Heute) ist eine Integration der Muster gelungen, die Subgruppen haben sich aufgelöst, die Loslösung der Kinder ist allerdings weiterhin ungeklärt. Der Familienzusammenhalt setzt sich zum Erstaunen aller Mitglieder weiter fort. In der Zukunft wird zwar eine Ablösung angestrebt (was eher von den Eltern dargestellt wird), aber wie dies umgesetzt werden könnte, scheint noch unklar zu sein. Hier wäre eine Beratung der Familie zur Erleichterung der Ablösung sicherlich hilfreich.

Gemeinsamkeiten zwischen den Familien

Im folgenden Abschnitt wollen wir einen Quervergleich zwischen den 20 Familien herstellen, wobei die Individualität einer Familie stets gewahrt bleiben soll. Die Aussagen der Familie erscheinen aufgrund der geführten Interviews und Darstellungen der Familien als "begründet" und in ihren Schlußfolgerungen logisch und konstruktiv, stehen jedoch nicht für die alleinige "Wahrheit". Schwerpunktmäßig werden hier die beiden ersten Aufstellungen (mA) und (oA) angeführt.

"Nähe-Distanz-Struktur" und "Anzahl aufgestellter Personen"

Bei allen 20 Familien lassen sich im Vergleich der beiden Aufstellungen mA/oA Nähe-Distanz-Veränderungen zwischen den Familienmitgliedern oder Subsysteme feststellen. Von fast allen Familien werden für die Zeiten mA/oA unterschiedliche Subsystembildungen dargestellt. In 19 Familien kommt es in den intoxizierten Zeiten zu einer Distanzierung zwischen den Eltern, d.h. andere Familienmitglieder stehen dem jeweiligen Elternteil näher. Diese verbindet sich häufig mit einer größeren Nähe zwischen dem nicht-alkoholabhängigen Elternteil und mindestens einem Kind. Diese "intergenerationalen Allianzen", die Verbindung von mindestens zwei Familienmitgliedern, die unterschiedlichen Generationen angehören, werden aber auch vom/von der AlkoholikerIn mit einem Kind eingegangen. In den nüchternen Zeiten dagegen ist eine Distanzierung zwischen den Eltern nur bei 11 Familien zu beobachten. Die Anzahl der unterschiedlichen Subsystem-Zusammensetzungen ist während beider Zeiten vielfältig. Die gebildeten Subsysteme sind dabei in den Zeiten mA räumlich stärker getrennt als in den Zeiten oA.

In beiden Aufstellungen mA/oA werden in den meisten Familien die gleiche Anzahl von Personen aufgestellt, nur jeweils in anderen Konstellationen. 14 Familien stellen für die Zeiten *mA/oA* neben den Personen der Kernfamilie weitere wichtige Bezugspersonen auf. Zumeist handelt es sich um Mitglieder der Herkunftsfamilie. Bezüglich der Art der Nähe und Distanz dieser Personen zur Kernfamilie lassen sich wieder viele verschiedene Formen beschreiben.

Vergleich der mA-, oA- und Heute-Aufstellungen

In den meisten Familien beinhaltet die Lösung eine Integration aller Beteiligten. Es werden aber auch Trennungen z.B. von Mitgliedern der Herkunftsfamilie dargestellt. Bei den "Heute-Aufstellungen" können intergenerationale Allianzen nur noch bei 3 Familien interpretiert werden. (Bei diesen Familien handelt es sich um ein rückfälliges oder um ein sogenanntes "kontrolliert trinkendes" Familienmitglied.) In 11 Familien stehen die Kinder in der Heute-Aufstellung integriert im Familienkreis und lassen keine Loslösungstendenzen erkennen. Neben einer Vielzahl von Subsystembildungen finden sich hier mehr Kreisaufstellungen ohne Untergruppenbildungen. Bei den Zukunftsaufstellungen zeigt sich folgendes: bei 17 Familien finden sich halbkreis- oder kreisförmige Anordnungen. Die Art der Subsystembildung ist wieder breit gestreut. In 10 Familien wird die Loslösung der Kindergeneration (altersentsprechend) dargestellt.

Folgende *Grundmuster* lassen sich durch den Vergleich kennzeichnen: Unterschiede hinsichtlich der Nähe-Distanz-Konstellationen in Zeiten mA/oA, Distanzierungen in der Kernfamilie verbunden mit intergenerationalen Allianzen und die Notwendigkeit der Neustrukturierung der Familie in der postalkoholischen Zeit. Nicht nur der/die AlkoholikerIn verändert sich in den Zeiten mA in seinen Beziehungen zu anderen, die Beziehungen zwischen den restlichen Familienmitgliedern gestalten sich ebenfalls neu. Verbindungen intensivieren sich, erhalten eine andere Qualität, Hierarchien werden "auf den Kopf gestellt", Verbindungen gehen auseinander oder neue Verknüpfungen entstehen (vgl. Bentrup: 1990).

Positive adaptive Konsequenzen

Im folgenden geben wir einige Unterschiede wieder, was die Familienmitglieder im Unterschied zu den nüchternen Zeiten in den intoxizierten Zeiten als *"positiv anders"* erlebt haben:
- Nähe-Distanz-Veränderungen; eine größere Distanz oder Nähe zu Einzelnen, der Zusammenhalt zwischen Familienmitgliedern ist größer, es ergeben sich mehr Möglichkeiten zu Auseinandersetzungen.
- Veränderte Rollenverteilung und Dominanzverhältnisse; Verselbständigung der Angehörigen, wachsende Stärke und zunehmendes Selbstbewußtsein der Partner und Kinder, Rollentausch und veränderte Dominanzverhältnisse; mehr Selbstverwirklichung für den Ehepartner und Entlastung des Alkoholikers von Ansprüchen/ Erwartungen.
- System-Umweltveränderungen; verstärkter Kontakt oder weniger Kontakt des Alkoholikers zur Herkunftsfamilie oder anderen Bezugspersonen; Kontakt der Partnerin zu Verwandten oder Annäherung zweier Angehöriger, die vorher keinen Kontakt hatten, stärkere Orientierung der Angehörigen außerhalb der Familie.
- Verselbständigung von EhepartnerInnen und Kindern; Rollenveränderung zwischen den Ehepartnern und vermehrter Übernahme von Entscheidungen bei nichtalkoholabhängiger Partner/innen (vgl. Rennert, 1989). Hier ist gemeint praktisches Handeln und Alltagsbewältigung, wie z.B. finanzielle Regelungen sowie in emotionaler Hinsicht wachsende Unabhängigkeit. Für die Kinder äußert sich die Selbständigkeit zumeist in früher Selbstversorgung und Eigenverantwortung, praktischem Alltagsbezug bzw. Verrichten von praktischen Tätigkeiten.

"Funktionen" des Alkoholismus: "Wovor hat der Alkohol Sie bewahrt?"

- Zusammenhalt/Zusammengehörigkeit; ein stärker familienorientiertes Leben; grösserer Zusammenhalt der Familienmitglieder, mehr Beschäftigung der Ehefrau mit den Kinder, Aufwertung des Ehelebens, Verlängerung des gemeinsamen Lebens mit den jugendlichen Söhnen.

- Beiträge zur Lösung des Konfliktes zwischen Autonomie und Bindung; mehr Abgrenzung gegenüber Eltern, Kinder werden selbständig oder "bewähren" sich, Unabhängigkeit und unkonventionelle Lebensführung.
- Verbesserung der Lebensqualität; mehr Toleranz und Verständnis für andere Menschen, größere Akzeptanz der Eigenheiten des Partners, bewußteres Leben, verbesserte Lebensqualität, verstärkte Reflektion über Beziehungen.
- "Familienideologie" des Zusammenhaltes; engerer familiärer Zusammenhalt in der "Heute-Aufstellung". Großenteils wird geäußert, daß der Zusammenhalt angesichts der Zeiten mA entstand, bzw. daß das gemeinsame Überstehen dieser Zeit sie enger zusammengebracht hätte.

Interpretation der "subjektiven Logik"

Bei einer Großzahl der Familien besteht der primäre Aspekt darin, daß eine Koexistenz von Kern- und Herkunftsfamilie trotz eigentlichem Unvereinbarkeitscharakter im Wechsel der Zeiten mA/oA möglich ist. Die Loyalität des Alkoholikers konnte jeweils in den Zeiten mA oder oA sowohl seinen Eltern als auch seiner Familie gegenüber ausgedrückt werden. Die Loyalität, bzw. der Konflikt kann als Gefühl der Verpflichtung oder der Dankbarkeit, als Angst vor Konflikten oder einer möglicherweise endgültigen Trennung, als Unvermögen, Grenzen zu setzen oder einfach als Zuneigung oder Sehnsucht nach Geborgenheit verstanden werden. In einigen Familien zeigt sich eine Art Unvereinbarkeitscharakter; zum Beispiel lehnen die Eltern des Alkoholikers die Schwiegertochter ab.

In 11 Familien liegt die "subjektive Logik" des Alkoholismus in der Kernfamilie begründet. In 5 Familien besteht die "subjektive Logik" in der Ermöglichung einer Koexistenz zweier Lebensstile bzw. Beziehungsphilosophien, vertreten durch die Ehepartner. Bei den Familien besteht zwischen den Ehepartnern ein "symbiotisches Verhältnis", daß in den Zeiten mA zugunsten anderer Subsystembildungen (z.B. mit den Kindern oder auch mit außerfamiliären Personen) aufgelöst wird.

Auffällig ist bei 19 Familien, in denen Mikrozyklen (von Tag zu Tag) beschrieben wurden, ein gemeinsames Grundmuster: im Zusammenhang mit Alkoholkonsum können unterschiedliche Beziehungen, Beziehungskonstellationen oder Aktivitäten alternierend gelebt werden. Diese unterschiedlichen Familienstrukturen und/oder Einzelbedürfnisse würden sich entsprechend der Vorannahmen oder Erfahrungen der Familie eigentlich ausschließen, d.h. im Konfliktfall müßte eine "Seite" aufgegeben werden oder Kompromisse ausgehandelt werden, wenn keine Integration möglich ist. Eine Konfliktlösung findet nicht in Form einer "entweder-oder-Haltung" statt, sondern wird mit "sowohl-als-auch" gelöst. Welche Möglichkeiten daraus entstehen, geht bereits aus der Darstellung der Interpretation der "subjektiven Logik" hervor. Die "sowohl-als-auch-Funktion" wurde von keiner Familie selbst beschrieben, sehr wohl aber ihre Elemente oder Teile, die der/die Untersuchende/r recht schnell zusammenstellen, und anhand der Konflikte und Lösungsversuche mit den Familien besprechen kann.

Die Integration der positiven adaptiven Konsequenzen

Die Frage der Integration ist nicht gleichzusetzen mit der subjektiven Bewertung der Familien, eine Lösung gefunden zu haben. Eine Familie fand für sich eine Lösung, die eine Trennung von der Herkunftsfamilie des Vaters vorsah, also eine Desintegration. Bei 9 Familien läßt sich eine Integration feststellen, bei 4 Familien muß diese verneint werden. Stimmt die Hypothese, daß neue Formen der Familienstruktur langfristig ihren Platz im Leben der Familie finden müssen, wenn die Familie symptomfrei zusammenleben will, dann müßten diese Ergebnisse Hinweise darauf sein, in welchen Familien noch Änderungen anstehen, z.B. auch in Form von Trennungen. Dies ist sehr bedeutend für eine wirksame Rückfallprophylaxe (vgl. Körkel, 1992). In dieser Studie trifft die Notwendigkeit von Veränderungen auf drei von vier Familien zu, in denen das alkoholkranke Mitglied nicht abstinent lebt.

Die wichtigsten Ergebnisse im Überblick

• Bei 19 Familien ist der Alkoholismus so sehr Bestandteil ihres Lebens geworden, daß alle Familienmitglieder nicht nur unmittelbar betroffen, sondern auch aktiv gestaltend an Lösungen mitwirken, die allerdings lange Zeit nicht zur Beendigung des exzessiven Alkoholkonsums führen.

• Der kontextuelle Rahmen wird bei 14 der 20 Familien durch weitere signifikante Bezugspersonen gebildet. Meist handelt es sich dabei um die Mitglieder der Herkunftsfamilien.

• Hinsichtlich der Familienstrukturen und der "subjektiven Logik" des Alkoholismus beweisen die 20 Familien vielfältige, "individuelle" Gestaltungsmöglichkeiten. Trotz einiger Ähnlichkeiten stellen sie eine heterogene Gruppe dar. Alle Familien beschreiben zwei unterschiedliche, als stabil erlebte Beziehungskonstellationen für die Zeiten, in denen der Alkoholiker intoxiziert bzw. nüchtern ist.

• Die jeweils zustandsbedingten Veränderungen gestalten sich bei jeder Familie unterschiedlich. Die Vorhersage einer bestimmten Beziehungskonstellation erscheint nicht möglich. Die Veränderungen der verschiedenen Subsysteme und/oder der gesamten Kernfamilie und/oder im Hinblick auf die Herkunftsfamilien können jedoch anhand des Familienbrettes beschrieben und beobachtet werden.

• Unterschiedliche Beziehungskonstellationen werden von allen Familien anhand des "Nähe und Distanz" Kriteriums dargestellt. In 19 Familien geht mit den intoxizierten Zeiten eine Distanzierung der Elternteile einher. Auch zwischen den nicht-süchtigen Familienangehörigen der Kernfamilien und Mitgliedern der Herkunftsfamilien verändern sich die Beziehungen.

Problems eine Veränderung der Familienstruktur notwendig wird. Die "trockenen Familien" finden zu einer Neuorganisation ihrer Familienstruktur. Die Lösung sieht in den meisten Fällen eine Integration der beteiligten Personen vor, jedoch auch Desintegration (Trennung).
• Die meisten der von den Familien genannten positiven adaptiven Konsequenzen können den Kategorien "Nähe-Distanz-Veränderungen", "veränderte Rollenverteilung und Dominanzverhältnisse" und "System-Umweltveränderungen" (Kontakt zu anderen Personen außerhalb der Kernfamilie) zugeordnet werden. Besonders häufig wird die "Verselbständigung" der Familienangehörigen genannt. Die Kinder lernen früh, selbständig zu werden.
• Die Antworten der Familien auf die Frage nach der Funktion des Alkoholismus in ihren Familien werden folgenden Kategorien zugeordnet: verstärkter Familienzusammenhalt, Beiträge zur Lösung des Konfliktes zwischen Loyalität und Loslösung, Beiträge zur Lösung des Konfliktes zwischen Autonomie und Bindung und Verbesserung der Lebensqualität.
• Darüber hinaus lassen sich folgende Ergebnisse festhalten: Bei 11 Familien handelt es sich um einen grundlegenden Konflikt innerhalb der Kernfamilie, bei 9 Familien zwischen der Kern- und der Herkunftsfamilie. Beim Konflikt innerhalb der Kernfamilie existieren zum Einen simultan existierende Autonomie- und Bindungswünsche auf Seiten der Eltern und der jugendlichen Kinder und zum Anderen unterschiedliche Lebensstile oder Beziehungsphilosophien der Partner. Bei dem Konflikt zwischen Kern- und Herkunftsfamilie handelt es sich um Loyalitätskonflikte des Alkoholikers (und/oder anderer Familienmitglieder).
• Die von den Familien praktizierten "zweitbesten" Lösungen in Verbindung mit exzessivem Alkoholkonsum sehen bei subjektiv erlebter Unvereinbarkeit der beiden Konfliktseiten eine Ko-Existenz beider vor, die zwar nicht simultan, so doch aber in einem zeitlich verschobenen Rhythmus gelebt werden können. Dieses Lösungsmuster, eine "sowohl-als-auch-Lösung" zu suchen, kann durchgängig bei allen Familien beschrieben werden.

Zusammenfassung: das Familienbrett im Suchtbereich

Abschließend fassen wir die vielfältigen Verwendungsmöglichkeiten des Familienbretts im Arbeitsfeld Sucht zusammenfassend dar:
• Alle Mitglieder einer (Sucht-)Familie können an der Aufstellung teilnehmen. Voraussetzung ist bei Kindern allerdings ein Alter, das Reflektion und Abstraktion erlaubt.
• Die Familie zur Beobachtungs- oder Reflektionseinheit zu wählen, ist u.a. deshalb sinnvoll, als es ermöglicht, die Unterscheidung zu treffen, ob das Suchtmittel "organisierendes Bestandteil" des Familienlebens geworden ist oder der "Bewältigung" einer vorübergehenden Krise dient, in welchem Fall die Familie einen anderen Umgang mit der Situation wählt. Die Unterscheidung ist für die Praxis von grundlegender Bedeutung.

- Das Merkmal "Nähe-Distanz" in Beziehungen, das in der Literatur über Alkoholismus und Familien als bedeutsam beschrieben wird, wird vom Familienbrett sehr gut erfaßt und ist dasjenige Merkmal, bei dem sich am ehesten eine Übereinstimmung zwischen Darstellung und Interpretation herstellen läßt.
- Es ist nicht notwendig, Verhaltensbeobachtungen in den Zeiten der Intoxikation zu tätigen. Die Familienmitglieder entwickeln ihre Sichtweisen von diesen Zeiten, tauschen sie aus und stellen sie dar. Dies ist häufig in darstellerischer und spielerischer Weise leichter als mittels verbaler Mitteilung.
- Die Mitglieder können sich zu bestimmten Fragen austauschen, was der Klärung dient und Mißverständnissen vorbeugt. Dies kann dazu beitragen, daß sich Sündenbockstrukturen nicht verhärten. Familienmitglieder können sich zu Beobachtern ihres System machen, wodurch auch metakommunikative Prozesse zwischen ihnen und dem/der Interviewerin initiiert werden.
- Die Standardisierung des Materials und die einfache Dokumentation ermöglichen Vergleiche über eine größere Anzahl von (Sucht-)Familien.

Fazit

Unser Beitrag verdeutlicht, wie wichtig die Beteiligung *aller* betroffenen und interessierten Mitglieder einer (Sucht-)Familie ist. Daneben zeigt die hohe Zahl weiterer beteiligter Bezugspersonen die Relevanz auch ihrer Einbeziehung, zumindest "mentaler Art". Die Neustrukturierungen der Familien in den Heute-Aufstellungen zeigen, daß eine Lösung für die Familie sich nicht automatisch wie die Aufstellung oA (oder mA) konzipieren läßt. Es kann also nicht lauten, der/die AlkoholikerIn müsse nur aufhören zu trinken und "alles wäre in Ordnung". Hier ist neue individuelle dauerhafte Lösung zu suchen. Dafür sollte ein möglichst breites Behandlungsangebot vorgehalten werden, wobei das Kriterium der Nützlichkeit im Vordergrund stehen sollte (vgl. Berg u. Miller, 1993). Das Familienbrett kann bei der möglichen Lösung ein wichtiges Hilfsinstrument sein.

Ablösungsprozesse bei Adoleszenten - ein systemischer Forschungsansatz

Thomas Dirksen

Einleitung

Der vorliegende Beitrag ist Teil einer Forschungsarbeit, in der die Methode des Familienbretts zur Erkundung systemischer Aspekte in psychotherapeutischen Behandlungsprozessen eingesetzt wurde (vgl. Kowerk, 1993). Das Familienbrett wurde bei der Befragung von Adoleszenten aus unterschiedlichen Kontexten (Jugendpsychiatrie, Jugendvollzugsanstalt, Studienanfänger) im Hinblick auf systemische Perspektiven des familiären Ablösungsprozesses eingesetzt. Der hier verwendete Begriff "systemisch" steht für eine Sichtweise, die menschliches Denken und Handeln in ihrem Zusammenhang zueinander als Bestandteile jeweils intrapsychischer und sozialer Systeme betrachtet (vgl. z.B. Ludewig, 1992). Im Hinblick auf Familien als soziale Systeme meint "systemisch" die Auseinandersetzung mit dem Beziehungsgefüge zwischen den einzelnen Familienmitgliedern, aber auch mit dem sozialen Verband Familie in seiner Gesamtheit.

Bei Adoleszenten spielt der Ablösungsprozeß von ihren Herkunftsfamilien bekanntlich eine zentrale Rolle beim Aufbau von Eigenständigkeit und Identität. Häufig vollzieht sich dieser Prozeß im zeitlichen Zusammenhang mit einer räumlichen Trennung, etwa bei der Aufnahme einer Lehre oder eines Studiums. Dieser Prozeß hat in der Regel auch Auswirkungen auf die anderen Familienmitglieder. Der vorliegende Beitrag basiert auf Daten, die im Rahmen der erwähnten, in Hamburg durchgeführten Forschungsarbeit von Hans Kowerk (1993) erhoben wurden. Es handelt sich um die Befragung von Studentinnen und Studenten, die 1991 im ersten Semester waren. Eine Vorbedingung für die Teilnahme an der Befragung war, daß die Befragten zum Zeitpunkt der Erstbefragung nicht älter als 21 Jahre alt sein und nicht länger als zwei Wochen räumlich von ihrer Herkunftsfamilie getrennt gelebt haben sollten. Insgesamt wurden 20 Studentinnen und Studenten (15 weiblich, 5 männlich) im Alter von 18 bis 21 Jahren zu Beginn ihres Studiums und ein halbes Jahr später befragt. Nach Beendigung aller Untersuchungen konnten die Daten von 19 Studentinnen und Studenten verwertet werden.

Die Untersuchungsinstrumente

Bei der Untersuchung Kowerks (1993), der die hier dargestellten Daten entstammen, kamen alle vier im folgenden beschriebene Untersuchungsinstrumente zur Anwendung, bei der zweiten Untersuchung nach einem halben Jahr nur noch die Instrumente 1, 2 und 4:

1. Halbstrukturiertes Interview (HI). Das HI ist ein 1986 von Lewin zur Trennungs- und Ablösungssituation konzipiertes, nicht-strukturiertes Interview, das als Instrument der qualitativen Sozialforschung angewandt wird. Hier wurde es zu Beginn der Untersuchung durchgeführt und diente hauptsächlich der Kontaktaufnahme. Dabei standen Themen wie "Trennungssituationen von der Familie" und "Erleben der familiären Beziehungen unter den Bedingungen des Studiumsbeginns" im Vordergrund. Das Interview wurde gemäß dem Untersuchungsdesign nach einem halben Jahr wiederholt. Aus den transkribierten Interviews wurden die Antworten nach einem inhaltsanalytischen Auswertungsverfahren (Friedrichs, 1973) dokumentiert. Die enthaltenen sechs Fragenkomplexe wurden zu einer Gesamtaussage zusammengefaßt; diese ging dann in die Endauswertung ein.

2. FACES. Bei den Family Adaptability and Cohesion Evaluation Scales (FACES) nach Olson et al. (1983) geht es um subjektive Einschätzungen über die Enge der Familienbindungen. Die hier verwendete Kohäsionsskala sollte als Einstellungsfragebogen die Daten des Interviews und des FB ergänzen und mit deren Aussagen korreliert werden. Ebenso wie das HI und das Familienbrett wurden die FACES zu beiden Zeitpunkten durchgeführt, um mögliche Veränderungen erfassen zu können.

3. FSB. Dieser eigens für diese Untersuchung entwickelte Fragebogen erfaßt die formale Beziehungsstruktur von Familien. Mit Hilfe dieses Verfahrens wurden beim Erstinterview genogrammähnliche Daten zur formalen Familienstruktur bis hin zur Großelterngeneration erhoben. Die Antworten im Fragebogen sollten Auskunft geben über den vom Adoleszenten nicht beeinflußbaren formalen Kontext, in dem er/sie aufgewachsen ist.

4. Das Familienbrett. In unserer Untersuchung wurden den 20 ErstsemesterInnen im Anschluß an das Interview die Figuren des Familienbretts vorgestellt mit der Bitte, mit ihnen ihre persönliche Situation mit allen ihnen wichtigen Beziehungen aufzustellen, und zwar so, wie sie vor Studienbeginn (A1) war. Dabei wurde den ProbandInnen (Pb) erklärt, daß die Figuren enger und weiter auseinander stehen können, genauso, wie man im Leben enger oder weniger eng mit anderen Personen zusammen sein kann. Es wurde zudem darauf hingewiesen, daß die Figuren Gesichter haben und sich anschauen oder voneinander wegsehen können. Nach der Aufstellung A1 baten wir die Pb, die Situation so darzustellen, wie sie im Moment erlebt wird (R1). Schließlich wurden die Pb aufgefordert, die Figuren so aufzustellen, wie sie sich die Situation idealerweise wünschen würden (I1). Ein halbes Jahr später erfolgte eine erneute Befragung. Hierbei wurden die Pb gebeten, den Ausgangszustand aus der Erinnerung für die Zeit vor Studienbeginn (A2), den jetzigen Ist-Zustand (R2) und den Wunschzustand als Zukunftsprojektion (I2) darzustellen.

Die Auswertung der Familienbrett-Aufstellungen erfolgte in Anlehnung an den Operationalisierungsvorschlag von Kowerk (1991, 1993), der auf "quantifizierbaren" Merkmalsveränderungen basiert. Im einzelnen:

- Veränderung der Figurenanzahl: Zu- ober Abnahme familiärer/extrafamiliärer Figuren,
- Blickrichtung: Zu- oder Abwendung,
- Distanz: Annäherung oder Distanzierung der Figuren,
- Veränderung der Subsysteme: z.B. Reduzierung, Vereinzelung oder Vereinheitlichung von Einzelfiguren und Figurengruppen, sowie nach folgenden qualitativ beschreibbaren Veränderungsmöglichkeiten:
    a) Polarisierung: z.B. wird eine schon geringe Distanz noch verkleinert, oder eine Abwendung geht in das Verschwinden einer Figur über,
    b) Strukturveränderungen im Gesamtsystem: mehr/weniger Struktur in der Gesamtsystemkonfiguration.

Ergebnisse

Bei der bereits erwähnten Arbeit von Kowerk (1993) wurde die Verwendbarkeit des Familienbretts als Instrument der semiquantitativen Einzelfallstudie und der Biographieforschung (vgl. Lamnek, 1989) erkundet. Hierbei diente das hierzu ad hoc erstellte Halbstrukturierte Interview zunächst zur Kontaktaufnahme mit den Probandinnen und Probanden. Darüber hinaus wurden bei den Einzelfallanalysen die Aussagen der Probanden im Interview und im FSB über die sozioökonomischen Lage der Familie zur Kennzeichnung der Familien verwendet. Die speziellen Aussagen über die familiäre Beziehungssituation wurden für den qualitativen Vergleich mit den Aufstellungen im Familienbrett herangezogen, insofern auch als einen Schritt zu deren inhaltlichen Validierung verwendet. Zu diesem Zweck wurden vorerst die Familienbrett-Aufstellungen einer qualitativen Inhaltsanalyse mit der Technik der Strukturierung nach Mayring (1988) unterzogen. Auf diese Weise konnten einige Zusammenhänge zwischen familiären und sozioökonomischen Daten und den abgebildeten Familienkonstellationen erfaßt werden, die eine gewisse, nach landläufigen Kenntnissen erwartbare Typik für die jeweils untersuchten Stichproben erkennen ließen (Näheres bei Kowerk 1993). Der FACES wurde wiederum eingesetzt, um Zusammenhänge zwischen der von den Probanden angegebenen Ausprägung des Familienmerkmals "Kohäsion" mit den Merkmalen der Familienbrett-Aufstellungen zu ergründen. Dabei zeigte sich u.a., daß nur 28% der Jugendlichen aus der psychiatrisch behandelten Gruppe (P-Gruppe) und 26% aus der Gruppe der Inhaftierten Jugendlichen (I-Gruppe), aus einer "normalen" Familie stammten. Demgegenüber äußerten 52 bzw. 20% der P-Gruppe jeweils Familien mit wenig Zusammenhalt ("disengaged" bzw. losgelöst, vgl. Minuchin et al. 1975, Olson et al. 1983) bzw. zu enger Verbundenheit ("enmeshed" bzw. verstrickt) zu haben; bei der I-Gruppe war dieses Verhältnis 55 zu 19%. Bei der hier berücksichtigten Gruppe, die in der o.g. Arbeit als Kontrollstichprobe diente, wurden folgende Angabe erhoben: 70% normale, 25% losgelöste und 5% verstrickte Familienstrukturen. Bei dem nun darzustellenden Beispiel wird auf die Arbeit mit dem Familienbrett fokusiert, dabei also auf einen ausführlichen Vergleich mit den Daten der anderen Instrumenten verzichtet - für genauere Angaben verweisen wir auf Kowerk (1993). Dennoch sei hier für das zu erörternden Beispiel vorangestellt, daß die Probandin zu beiden Befragungszeitpunkten den familiären Zusammenhalt im FACES als normal („flexibel verbunden") beschrieb.

Fallbeispiel

Das folgende ausführlich beschriebene Fallbeispiel beschränkt sich darauf, zu zeigen, wie mit dem Familienbrett im Rahmen der erwähnten Untersuchung gearbeitet wurde: Die 19jährige Probandin (Pb) zog mit Beginn des Studiums erstmals aus der elterlichen Wohnung in ein gemietetes Zimmer am etwa 160 km entfernten Studienort. Sie stammt aus einer vollständigen Familie: der 50jährige Vater arbeitet als Beamter, die 51jährige Mutter ist ebenfalls berufstätig. Die zwei 24 und 22 Jahre alten Schwestern (Sozial-Pädagogin bzw. Studentin) wohnen seit Jahren außerhalb der Kernfamilie. Besondere psychosoziale Bedingungen werden nicht angegeben. Die Pb bestreitet ihren Unterhalt unabhängig von den Eltern.

Beschreibung und Interpretation der Familienbrett-Aufstellungen

Eine Bewertung von Veränderungen bei wiederholten Familienbrett-Aufstellungen setzt voraus, daß die Bedeutung bekannt ist, die der Proband einem Einzelbild/einer Veränderung gibt. Bei insgesamt 6 Skulpturdarstellungen über beide Befragungszeitpunkte (A1, R1, I1; A2, R2, I2) ergeben sich rechnerisch 15 Möglichkeiten des Skulpturvergleichs, von denen hier in Anlehnung an Kowerk (1991) sechs Vergleiche dargestellt werden sollen.

Ausgangssituation (A1)

Die Ausgangssituation vor Studienbeginn wird von der Pb so dargestellt, daß sie - vor ihren Eltern stehend - einen engen "Dreier-Verband" mit diesen bildet (s. Abb. 1 oben). Die zwei Schwestern stehen als weitere Subsysteme in großem Abstand voneinander und von dem "Dreier-Verband". Während die Blickrichtung der Eltern-Pb-Gruppe parallel nach vorn gerichtet ist und keinen Blickkontakt zu einer der Schwestern hat, blicken die Schwestern jeweils maximal auseinander und von der 3er-Gruppe weg. Im Interview äußert die Pb, daß ihr der Kontakt zur Familie, besonders zu den Eltern, sehr wichtig sei. Bei den Schwestern sei der Kontakt eher mittelmäßig, und es sei gut, daß man sich im Zweifelsfall aus dem Weg gehen könne.

Skulpturvergleiche

- *Effekt des Studienbeginns (A1-R1).* Der Vergleich zwischen der Darstellung der Ausgangssituation (A1) und dem Realitätsbild bei Studienbeginn (R1) verdeutlicht den Effekt des Auszugs aus der familiären Wohnung auf die Beziehungssituation (s. Abb. 1). In der R1-Skulptur verändert die Pb ihre Position, indem sie sich von den Eltern räumlich distanziert, aber in deren Blickrichtung bleibt. Der ehemalige Dreier-Verband zerfällt, und die Pb bildet ein eigenes Subsystem, d.h. das Gesamtsystem verändert sich durch deutliche Diversifizierung und Distanzierung. Dazu schildert die Pb, daß sie es toll findet, jetzt in der neuen Stadt zu sein, und sich viel freier fühlt, seitdem sie von zu Hause weg ist. Manchmal hat sie das Gefühl, daß die Eltern sie vermissen. Sie beschreibt den Kontakt zu den Eltern für sie gerade jetzt als wichtig, da sie am neuen Wohnort noch nicht viele Bekannte hat.

- *Wunschbild zum Studienbeginn (A1-I1)*. Der Vergleich der Aufstellungen A1 und I1 ermöglicht zu zeigen, welche Veränderungen in der Familienkonstellation sich die Pb durch ihren Studienbeginn am ehesten wünscht (s. Abb 1). Der Unterschied in den Skulpturen besteht in einer mittleren Distanzierung der Pb gegenüber den Eltern. Die Eltern behalten die Blickrichtung zur Pb bei. Die beiden Schwestern ändern ihre Blickrichtung und zeigen deutliche Zuwendung und Annäherung zu der Pb. Innerhalb der Subsysteme besteht der Wunsch nach Umbildung mit deutlicher Vereinzelung und Diversifizierung bei gleichzeitiger Hinwendung der Aufmerksamkeit. Dazu berichtet die Pb, daß sie sich den Kontakt zu den Eltern wünscht, so wie er jetzt ist; bei den Schwestern könnte es hingegen besser sein, von ihnen möchte sie mehr so akzeptiert werden, wie sie ist. Ihr ist die Hoffnung wichtig, daß die Eltern lernen, ohne sie auszukommen und mehr selbst zu machen. In diesem Skulpturvergleich zeigt sich, daß sich die Pb deutlich etwas anderes wünscht, als es ihrer Erinnerung nach der Ausgangssituation entsprach.

- *Vergleich Studienbeginn und Wunschbild (R1-I1, Abb. 4)*. Bei diesem Skulpturvergleich stellt sich dar, inwieweit die durch Aufnahme des Studiums herbeigeführte Situation (räumliche Trennung, neuer Ausbildungsabschnitt, neuer Personenkreis) systemische Veränderungen der Familienkonstellation mit sich brachte, die möglicherweise einem Veränderungswunsch der Pb entsprochen hat, das heißt, inwieweit sich die Pb durch den Studienbeginn an ihre Wunschvorstellung annähern kann. Sie wünscht sich im Vergleich zu R1 eine Verringerung der Distanz aller Figuren zueinander. Die Blickrichtung der Schwestern beginnt, sich möglicherweise in Richtung auf die Pb in I1 zu verändern. Dabei wird im Vergleich zum Realbild ein Wunsch nach Nähe und Zuwendung erkennbar. Auf der Ebene des Gesamtsystems zeigt sich im Wunschbild durch die Anordnung eines Halbkreises und Positionierung der Pb in deren Mitte insgesamt eine strukturiertere Situation.

Unter Einbeziehung der Ergebnisse aus dem Interview wird die Einschätzung bestätigt, daß die Pb zum einen von der Schwestern mehr Akzeptanz als eigenständiges Individuum wünscht und zum anderen das Fortbestehen des guten elterlichen Kontakts. Die gleichzeitig geäußerte Hoffnung, daß die Eltern lernen, ohne sie auszukommen, kontrastiert aber mit der in I1 im Vergleich zu R1 dargestellten Annäherung der Pb an die Eltern und bringt möglicherweise eine ambivalente Einstellung der Pb zum Ausdruck.

Situation A1
Vor Studienbeginn

Pb = Probandin
Va = Vater
Mu = Mutter
S1 = älteste Schwester
S2 = mittlere Schwester

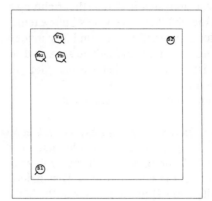

Situation R1
Nach Studienbeginn

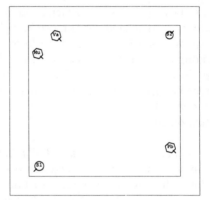

Situation I-1
Idealbild beim Studienbeginn

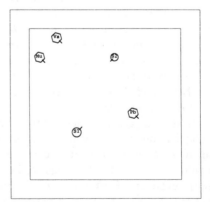

Abbildung 1: FB-Aufstellungen der Familienstruktur zum Zeitpunkt A1 (vor dem Studienbeginn), R1 (nach Studienbeginn) und I1 (Idealbild beim Studienbeginn).

Ablösungsprozesse bei Adoleszenten 97

Situation R-2
Realbild nach 6 Monaten

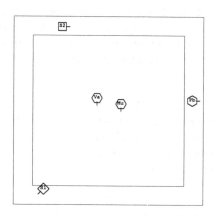

Situation I-2
Idealbild nach 6 Monaten

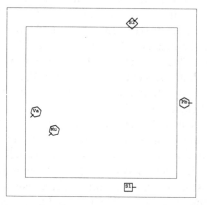

Abbildung 2. FB-Aufstellungen der Familienstruktur nach einem halben Jahr zum Ende des 1. Semesters: R-2 (Realbild) und I-2 (Idealbild).

- *Effekt des "Ersten Semesters" (A1-R2).* Der Vergleich zwischen der Ausgangssituation und dem Realbild bei der zweiten Untersuchung zum Zeitpunkt der Beendigung des ersten Semesters zeigt Verände-rungen im Beziehungsgefüge der Familie (s. Abb. 1 u. 2). Die Pb stellt sich im Vergleich zur A1-Konstruktion in etwa gleich großem Abstand zu den Eltern auf wie ihre Schwestern. Mit diesen, die wie die Pb am Brettrand stehen und nach außen blicken, bildet die Pb ein großes, etwa gleichseitiges Dreieck. In dessen Mitte steht das elterliche Subsystem ohne Blickkontakt zu einer der anderen Figuren. Die Pb stellt damit eine Zunahme der Subsysteme mit Diversifizierung, Zunahme der Distanz und Abwendung der Aufmerksamkeit, insbesondere zwischen ihr und dem elterlichen Subsystem, auf. Neben der Subsystem-Umbildung kommt es zu einer Veränderung des Gesamtsystems bei ähnlichem Strukturniveau wie in der A1-Konstruktion. Im Verlauf des ersten Semesters und der ersten räumlichen Trennung vom Elternhaus hat es nach Darstellung der Pb eine neue Beziehungssituation, einen deutlichen systemischen "Erstsemester-Effekt" im Sinne einer Ablösung gegeben. Dazu berichtet die Pb, daß sie jetzt (R2) mehr Abstand von der Familie habe und selbständiger sei, was sie positiv konnotiert. Die Eltern kommen jetzt besser miteinander aus, weil sie mehr aufeinander angewiesen sind. Der Kontakt zu den Eltern sei ihr immer noch wichtig, das gute private Verhältnis zu den Eltern möchte sie nicht aufgeben. Zu einer Trennung habe die Zeit des Studiums bisher "eigentlich nicht" geführt.

- *Vergleich der Realitätskonstruktionen (A1-R1-R2)*. Dieser Vergleich ermöglicht die Darstellung potentieller Veränderungen in den Realitätskonstruktionen im Verlauf des ersten Semesters (s. Abb. 2). Die Pb stellt eine zunehmende Distanzierung vom elterlichen Subsystem und den Schwestern mit (R2) Abwendung der Aufmerksamkeit bzgl. des elterlichen Subsystems dar.

- *Zufriedenheit mit der Situation am Ende des ersten Semesters (R2-I2)*. Der Vergleich der Realitätskonstruktion zum Zeitpunkt des Semesterendes (R2) mit dem Wunschbild zu diesem Zeitpunkt (I2) läßt Unterschiede und Übereinstimmungen zwischen den Konstruktionen erkennen. Von der Übereinstimmung zwischen den Aufstellungen kann auf die Zufriedenheit der Pb mit der Beziehungssituation zum Zeitpunkt R2 geschlossen werden. Hierbei stellt sie das elterliche Subsystem in großer Distanz zu sich und mit entgegengesetzter Blickrichtung aus der Mitte nach außen. Die Figuren der Schwestern verringern bis auf ein mittleres Maß die Distanz zur Pb bei paralleler Blickrichtung. Es ergibt sich das Bild eines Vierecks oder Kreises mit annähernd gleichem Abstand der Subsysteme untereinander. Bezüglich der Schwestern stellt die Pb in I2 eine tendenzielle Annäherung dar, bezogen auf das elterliche Subsystem eine deutliche Distanzierung. Durch die Subsystem-Umbildung ergibt sich eine Veränderung im Gesamtsystem bei ähnlichem Strukturniveau. Damit entspricht die Realitätskonstruktion nicht ihrem Beziehungswunsch. Sie äußert im Interview, daß sie sich den Kontakt zur Familie so wünscht, wie er zum Zeitpunkt des Semesterendes war.

Zusammenfassung des Fallbeispiels

Das hier gewählte Fallbeispiel zeigt eine "adoleszenztypische" Ablösungssituation. Die Pb hat zu Studienbeginn den Wunsch nach mehr Nähe und Zuwendung aller Familienmitglieder. Durch den Studienbeginn ist eine größere Distanz zu den Eltern ohne Abwendung der Aufmerksamkeit entstanden. Im Verlauf des ersten Semesters ändert sich die Konstruktion der Ausgangssituation nur minimal, in der Realitätskonstruktion gegen Semesterende sieht sich die Pb in gleich großer Distanz zu ihren Schwestern. Ihrer Auffassung nach ist es auch zu einer Abwendung der Aufmerksamkeit des elterlichen Subsystems gekommen. In der Wunschdarstellung zu diesem Zeitpunkt stellt sie das elterliche Subsystem eng zusammen, in größerem Abstand und mit entgegengesetzter Blickrichtung zu ihrer Figur auf; die Schwesterfiguren zeigen hingegen eine tendenzielle Annäherung zur Pb. Dies kann als Wunsch nach noch mehr Autonomie und nach Ablösung vom Elternhaus gesehen werden im Gegensatz zur Wunschdarstellung bei Studienbeginn.

Damit kommen in der Skulptur Inhalte zum Ausdruck, die in den verbalen Äußerungen der Pb so nicht enthalten waren ("Kontakt zur Familie gut so, wie er zur Zeit R2 ist"), und die eine ambivalente Haltung bezüglich ihrer Ablösung vom Elternhaus widerspiegeln können. Sinnvoll könnte hier eine erneute Befragung z.B. ein Jahr später sein, um den Prozeß der Ablösung, in dem sie sich durch Wegzug von zu Hause und Aufnahme einer eigenen Ausbildung mit Aufnahme neuer, extrafamiliärer Kontakte, befindet, weiterhin aus Sicht der Pb verfolgen zu können.

Abschließend ist methodenkritisch anzumerken, daß das hier verwendete Design aufgrund der Beschränkung auf die Darstellung der familiären Beziehungen wenig geeignet war, um die Bedeutung extrafamiliärer Kontakte für den Ablösungsprozeß zu beschreiben. Dies könnte Gegenstand weiterer Untersuchungen sein.

Schluß

Zur Beschreibung systemischer Ablösungsprozesse von der Herkunftsfamilie, wie sie infolge des Auszugs aus dem Elternhaus erfolgen, wurden die quantitativen und qualitativen Auswertungskriterien für das Familienbrett verwendet, die Kowerk (1991) in Anlehnung an frühere Arbeiten zum Familienbrett entwickelt hat (vgl. Ludewig, in diesem Band). Danach werden beschreibbare Dimensionen wie Distanz, Blickrichtung etc. sowie Subsystemveränderungen und Gesamtsystemveränderungen unter Hinzuziehung der verbalen Äußerungen der Pb dargestellt und interpretiert.

In der Studie, auf der dieser Beitrag basiert, wurden die persönlichen Kommentare der Pb zur Skulptur und die Aussagen aus dem Interview genutzt, um die Bedeutungssetzungen, mit denen die Pb die jeweiligen Beziehungsveränderungen bei ihrer "Ablösung" von der Ursprungsfamilie versehen hatten, zu erschließen und nachvollziehbar zu dokumentieren. Mit Hilfe des Familienbretts können systemische Aspekte familiärer und außerfamiliärer Beziehungen mitgeteilt, reflektiert und in den Prozeß der von der Pb erlebten und gestalteten Ablösung rückbezüglich mit einbezogen werden.

Im Rahmen qualitativer Forschungsansätze erscheint daher das Familienbrett als geeignetes Instrument, "authentische Darstellungen" systematisch erfassen und darstellen zu können.

Beim hier erörterten Fallbeispiel wurden die Veränderungen im Familienverband aus der Sicht einer Studentin zum Beginn und zur Beendigung des ersten Semesters erfaßt und miteinander verglichen. Hierbei wurde zugrundegelegt, daß ein Studienbeginn für den Studenten oder die Studentin deutliche Veränderungen in den intra- und extrafamiliären Beziehungen zur Folge, besonders dann, wenn dabei der familiale Kontext verlassen wird.

Die systemischen Aspekte eines solchen Ereignisses sind darin zu erkennen, daß in der Familienentwicklung eine neue Phase der "Reduktion" beginnt ("empty nest" nach Kreppner, 1993) und so ein neuer Anpassungsprozeß sowohl für die Jugendlichen als auch deren Eltern ausgelöst wird. Dies nachvollziehbar zu machen, erfordert eine spezielle Methodik. Eine solche Methodik, die nicht an vorgegebenen Normen (z.B. "idealer Familien"), sondern an der individuellen Erlebens- und Sichtweise der Befragten orientiert ist, kann durch Verwendung des FB sichergestellt werden - und dabei Befragten und Untersuchern sogar Spaß machen.

III

EINSATZ IN DER PRAXIS

Ein Bild statt vieler Worte -
Das Familienbrett in der stationären
Entgiftungsbehandlung und in der Allgemeinpsychiatrie

Heike Schmidt und Sabine Haude

Im Rahmen der stationären Entgiftungsbehandlung alkohol- und drogenabhängiger Patienten haben wir das Familienbrett angeboten, um neben der Wiedererlangung und Stabilisierung der körperlichen Gesundheit eine klare Standortbestimmung im Sinne einer realistischen Einschätzung der eigenen Situation zu erleichtern. Zu einem möglichst frühen Zeitpunkt nach der stationären Aufnahme stellten wir den Patienten das Familienbrett nach Ludewig vor, als Möglichkeit, ein für sie relevantes Beziehungsgefüge ihrer sozialen Situation mit den Aspekten Nähe, Distanz, Blickrichtung und Untergruppen darzustellen. Die Patienten wurden gebeten, unter Einbeziehung der wichtigen Bezugspersonen eine Kindheitssituation, ihre Lebenssituation vor der stationären Aufnahme, eventuelle Änderungen durch die stationäre Aufnahme und eine Wunschkonstellation darzustellen. Gegen Ende des stationären Aufenthaltes wurden die Situation vor der Aufnahme, die Situation vor der Entlassung und erneut die Wunschkonstellation aufgestellt.

Die Patienten selbst waren beim Betrachten ihrer Aufstellung oft erstaunt, wie zuvor nebulös erscheinende Situationen plötzlich klar und "greifbar" wurden. Beim Betrachten ihrer Darstellungen fanden manche Patienten erstmalig einen Zugang zu den ihre Situation betreffenden Gefühlen, so daß es immer wieder gelang, durch die Arbeit mit dem Familienbrett auch zu einer offeneren gemeinsamen Gesprächsgrundlage zu finden. Es bot sich eine Chance zur Relativierung der Erwartungen, die sich häufig an gewisse therapeutische Anregungen knüpften. So zum Beispiel inwieweit Kontakte zu ambulanten Beratungs- und Selbsthilfeangeboten tatsächlich für den Patienten an Bedeutung gewonnen hatten und wie die Situation der Patienten während des stationären Aufenthaltes von ihnen selbst und vom Team erlebt wurde. Auch für die Teammitglieder untereinander bot sich so eine neue andere Kommunikationsebene. Die Darstellungen der Patienten ergaben auch in Teambesprechungen für alle Professionen direkt verständliche Diskussionsgrundlagen und das Geschehen im Team wurde oft in einem anderen Licht gesehen; es wurde weniger über Patienten referiert, zumal sie sozusagen selbst sprechen konnten.

Um einige dieser Aspekte zu verdeutlichen stellen wir Beispiele aus unserer Arbeit mit dem Familienbrett mit den Patienten einer offenen Alkoholentgiftungsstation und einer Station der Allgemeinpsychiatrie vor.

Fallbeispiele aus der Entgiftungsbehandlung

Beispiel 1

Ein 38-jähriger Patient, noch im Haushalt der Mutter lebend, der sich erstmalig in einer stationären Entgiftungsbehandlung befand, stellte die folgenden beiden Konstellationen für seine Kindheit auf:

Kindheit:

1. selbst
2. Vater
3. Opa, gutes Verhältnis
4. Schwester
5. Oma
6. Bruder
7. Mutter, strafend
8. Schwester, älteste

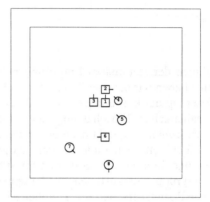

Kindheit nach dem Tod
der Großeltern und des Vaters:

1. selbst
2. Schwester
3. Mutter, die nach dem Tod
   des Vaters näher rückte
4. Vater, gestorben
5. Bruder
6. Schwester, älteste

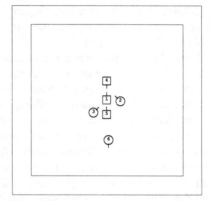

Beim Aufstellen der Situation vor seiner Aufnahme konnte der Patient keinen festen Platz für die Position seiner Mutter bestimmen, sondern erklärte, daß sich Nähe und Distanz ständig zwischen den Positionen 3 und 4 ändern würden. Wenn er nüchtern sei, käme die Mutter ganz nah und wenn er trinken würde könne er sie wegschicken. Für die Situation nach der Aufnahme gelang es ihm direkt den Abstand zur Mutter zu bestimmen.

Ein Bild statt vieler Worte

Vor der Aufnahme:

1. selbst
2. Freundin, bevor sie wußte, daß er abhängig sei; danach habe sie sich nicht mehr gemeldet
3. Mutter, wenn er nüchtern sei
4. Mutter, wenn er intoxiziert sei
5. Schwester, älteste
6. Bruder, näherte sich, nachdem er über die Abhängigkeit informiert war.
7. Schwester

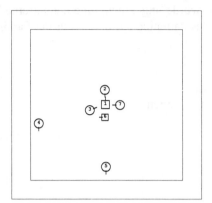

Nach der Aufnahme:

1. selbst
2. Mutter
3. Schwester
4. Schwägerin
5. Schwester, älteste
6. Bruder

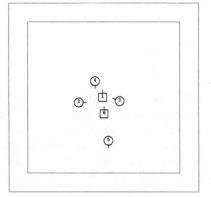

Beim Aufstellen einer Wunschkonstellation äußerte der Patient den Wunsch nach einer Langzeittherapie. Er wisse jedoch nicht, ob es besser sei, Therapie nahe bei der Familie oder weit weg von der Familie zu machen.

Wunschkonstellation:

1. selbst
2. Freundin
3. Schwester
4. Mutter
5. Bruder
6. Schwägerin
7. Schwester, älteste

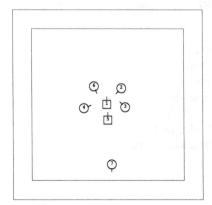

Darauf wurde angeboten, eine heimatferne Therapiesituation durch Verschieben der Figur des Patienten aus dem Kreis der Familie zu simulieren:

1. Selbst
sonst wie oben

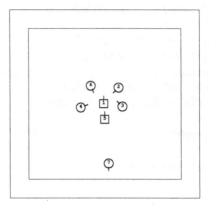

Hierbei äußerte der Patient spontan den Wunsch, sich während einer Therapie mit seiner Familie unter therapeutischer Begleitung auseinanderzusetzen, und eine Therapieeinrichtung auszuwählen, die dieses anbieten würde. Des weiteren wolle er noch während der Entgiftungszeit ein gemeinsames Gespräch mit der Mutter darüber führten, wie das Zusammenleben während der Wartezeit für beide anders als bisher gestaltet werden könnte. Noch während der Entgiftungszeit fand ein Gespräch mit der Mutter statt, der Patient nahm Kontakt zu einer Selbsthilfegruppe auf und stellte sich in einer heimatnahen Therapieeinrichtung vor, die auch die Möglichkeit zu intensiver Angehörigenarbeit bietet.

Vor der Entlassung:

1. selbst
2. Bruder
3. Schwägerin
4. Mutter
5. Schwester
6. AA-Mitglied
7. AA-Mitglied
8. Schwester, ältere

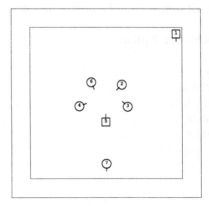

Beispiel 2

Die folgende Konstellation wurde von einer 50-jährigen Patientin, die sich zur zweiten Entgiftungsbehandlung in der Klinik befand, für ihre Situation vor der Aufnahme gestellt.

Vor der Aufnahme:

1. Mutter
2. Ehemann
3. selbst

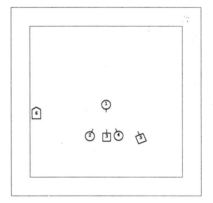

Auf die Rückmeldung der Untersucherin, daß sie von drei erwachsenen Personen nur für sich eine kleine Figur gewählt habe, konnte sie erstmalig Betroffenheit über ihre Situation äußern. Während ihres stationären Aufenthaltes setzte sie sich mehr und mehr mit ihrer Realität auseinander. Sie thematisierte ihre immer größer gewordenen Defizite z.B. bei den Aufgaben der Haushaltführung und leitete erstmalig Schritte ein um ihre seit mehr als einem Jahr bestehende Inkontinenz abklären und behandeln zu lassen. Sie nahm Kontakt zu dem Suchtberater und Familientherapeuten auf, den sie schon einmal mit ihrem Mann besucht, den Kontakt aber abgebrochen hatte.

Vor der Entlassung:

1. selbst
2. Mutter
3. Suchtberater
4. Ärztin
5. Ehemann
6. Alkohol (liegend dargestellt)

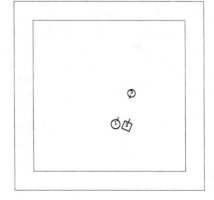

Beispiel 3

Ein 46-jähriger Patient, der direkt bei der stationären Aufnahme zu seiner ersten Entgiftungsbehandlung den Wunsch nach einer sich möglichst nahtlos anschließenden Therapie äußerte, stellte die folgende Konstellation auf:

Vor der Aufnahme:

1. selbst
2. Ehefrau
3. Tochter

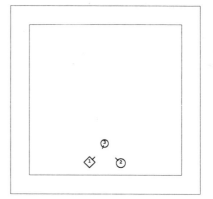

Er gab an, daß sich durch die Aufnahme nichts geändert habe. Da sich die dargestellte Wunschkonstellation auch nicht von der Aufnahmekonstellation unterschied, wurde er gebeten darzustellen, was sich in seinem Leben ändern könnte, wenn er in Zukunft ohne Alkohol leben wolle. Auch auf diese Frage fiel ihm nichts, das er verändern wollte oder könnte, ein. Sowohl im Gespräch mit ihm, als auch im gemeinsamen Gespräch mit seiner Frau wurde der zunächst geäußerte Therapiewunsch erneut thematisiert. Beide wurden noch einmal ausführlich über ambulante Beratungs- und Selbsthilfeangebote aufgeklärt. Im Verlauf der Gespräche stellte sich heraus, daß sich beide zum damaligen Zeitpunkt keine räumliche Trennung über die Zeit einer sechsmonatigen Therapie vorstellen konnten und daß der anfangs geäußerte Therapiewunsch fremdmotiviert war. Beide waren froh, daß sie nun alternative Angebote bekamen, sich zunächst auf andere Weise als in einer stationären Langzeitentwöhnungstherapie des Mannes mit der Suchtproblematik auseinanderzusetzen.

Auf der Station für die qualifizierte Akutbehandlung Drogenabhängiger erwies es sich wegen multipler Behandlungsabbrüche als schwierig, die zweite Untersuchung vor der Entlassung regelmäßig durchzuführen. Der Schwerpunkt der Untersuchung lag weniger auf der Überprüfung und Dokumentation des Behandlungsverlaufs und auf therapeutischen Gesichtspunkten, als darauf, Klarheit im Team über die von den Patienten erlebten Beziehungen zu erhalten.

Ein Bild statt vieler Worte 109

Beispiel 4

Die folgende Darstellung stammt von einem Patienten, Ende 20, der wiederholt zur Drogenentgiftung aufgenommen worden war.

Vor der Aufnahme:

1. Vater
2. Sohn
3. selbst
4. Schwester
5. Schwager
6. Kumpel

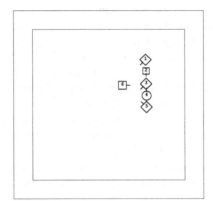

Hier fällt wie bei vielen anderen Untersuchungen auf, daß die Ursprungsfamilie nicht vollständig dargestellt wird (der Patient hat noch fünf weitere Geschwister), und daß Beziehungen zu anderen Personen wichtiger scheinen.

Nach der Aufnahme:

1. selbst
2.-7. Mitpatienten
8.-11. Mitpatientinnen

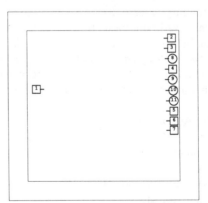

Im Team war der Eindruck entstanden, daß der Patient sehr schnell ein Mitglied der Patientengruppe geworden war. Im Bild hingegen steht er als einzelner allen Mitpatienten gegenüber. Auffällig ist auch, daß durch die stationäre Aufnahme des Patienten die zuvor bestehenden Beziehungen wegzufallen scheinen, so daß nach der Aufnahme lediglich Beziehungen zu Mitpatienten dargestellt wurden, jedoch nicht zu Teammitgliedern.

Fallbeispiele aus der allgemeinen Akutpsychiatrie

Das Familienbrett wurde auch auf einer allgemeinpsychiatrischen Aufnahmestation für Erwachsene eingesetzt. Dort erwies es sich neben der herkömmlichen psychiatrischen Anamneseerhebung als eine verbesserte Möglichkeit, die Beziehungskonstellationen der Patienten zu verstehen und therapeutisch einzubeziehen. Voraussetzung hierfür war, daß die Patienten während der Untersuchung frei von psychotischem Erleben waren. Häufiger Anlaß, den Patienten das Familienbrett anzubieten, war das Thematisieren der aktuellen Situation auf und außerhalb der Station. Es wurden die gleichen Fragestellungen benutzt wie auf den Entgiftungsstationen. Bei den Erläuterungen wurde lediglich auf die Bedeutung der runden und eckigen Figuren hingewiesen, die Bedeutungsgebung der Größe der Figuren jedoch den Patienten selbst überlassen.

Als diagnostisches Mittel erwies sich das Familienbrett als hilfreich, wenn Patienten ihre Beziehungskonstellationen im Gespräch sehr verwirrend darstellten und mögliche Klarheit einer Beziehungsstruktur verbal verwischten. Auch wenn sehr viele Personen am Beziehungsgefüge beteiligt waren, schaffte vor allem die Möglichkeit, mehrere Beziehungen gleichzeitig darzustellen, Klarheit für Therapeuten und den betreffenden Patienten.

Beispiel 5

Die folgende Konstellation wurde von einer erstmalig aufgenommenen Patientin mit depressiver Symptomatik, Alter Mitte Vierzig, dargestellt. Täglich erschienen mehrere Familienmitglieder zu Besuch, die offen und freundlich wirkten. Durch diese häufigen Besuche wurde die Patientin immer wieder vom Therapieprogramm abgehalten, gab aber selbst an, die Besuche der Familie trügen eher zur Gesundung bei als das angebotene Programm. Gleichzeitig klagte sie jedesmal kurz vor und nach den Besuchen über vermehrte Unruhe und Angst. Die Patientin war auffällig bemüht, das Personal immer wieder auf die nette Unterstützung durch die Familie hinzuweisen.

Vor der Aufnahme:

1. Ehemann
2. selbst
3/4. Töchter im selben Haushalt
5. Tochter, älteste
6. Schwiegersohn
7. Enkel
8/9. Söhne
10. Schwiegertochter
11. Schwägerin
12/13. Bruder/Schwägerin
14/15. Schwester/Bruder
16. Schwager

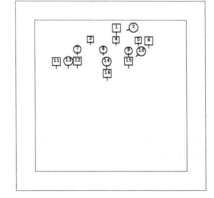

Für die Situation nach der Aufnahme und für ihre Wünsche gab die Patientin keine Veränderungen an. Während sie mit den Figuren aufbaute, äußerte sie ihre Dankbarkeit, "die Familie im Rücken zu haben". Sie vergaß zunächst, sich selbst mit aufzustellen und holte dies erst nach einer Konfrontation hiermit nach. Auffällig erscheint, daß nicht die Familie im Rücken der Patientin steht, sondern umgekehrt. Auf Nachfrage berichtet sie, das Gefühl zu haben, die Familie "zusammenhalten zu müssen". Hierdurch war ein Anfang gemacht, die Bedeutung ihrer Erkrankung im Familiensystem nach und nach zu bearbeiten.

Beispiel 6

Die folgenden Konstellationen stellte ein 55-jähriger latent suizidaler Patient für seine Situation vor der Aufnahme.

Vor der Aufnahme:

1. selbst
2. Ehefrau
3. Tochter
4. Tochter
5. Patentante

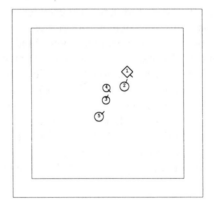

Wunschkonstellation:

1. Schwägerin
2.-6. Brüder
7.-9. Schwägerinnen
10. Schwester
11. Ehefrau
12. selbst

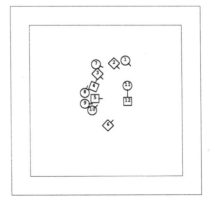

Im Vergleich zur Wunschkonstellation weist die Situation vor der Aufnahme auf eine Einengung der zwischenmenschlichen Beziehungen im Rahmen eines präsuizidalen Syndroms hin. Familiäre Kontakte sind dezimiert (Anzahl der Figuren ist reduziert).

Vorhandene Beziehungen werden vernebelt (Der Patient schaut an den Beziehungspersonen vorbei, hat scheinbar keinen Kontakt mehr).

Diskussion

Die Arbeit mit dem Familienbrett erweist sich sowohl in der stationären Entgiftungsbehandlung als auch im allgemeinpsychiatrischen Bereich als zusätzliche Möglichkeit, diagnostische Eindrücke zu erhalten, therapeutisch zu arbeiten und den Behandlungsverlauf mit Blick auf veränderte Beziehungsmuster zu überprüfen und zu dokumentieren.

Ein häufig wiederkehrendes Thema in der Therapie war beispielsweise das "sich selbst nicht so wichtig nehmen". Dies wurde durch Weglassen der eigenen Figur thematisiert. Mitunter wurde erst hierdurch eine affektadäquate therapeutische Arbeit mit den Patienten möglich. Insbesondere bei schwerstgestörten Patienten mit wenig Verbalisierungsmöglichkeit bietet diese auch nonverbale Art der Arbeit eine wichtige Möglichkeit, Affekte bezüglich verschiedener Beziehungskonstellationen zugänglich zu machen. Zusätzliche Optionen bietet hier die Veränderung des dargestellten Bildes durch Patient oder Therapeut (z.B. Veränderung der Position einzelner Figuren, Entfernen oder Hinzufügen von Figuren). So kann es möglich werden, neue Beziehungskonstellationen affektiv zu erleben (z.B. Veränderung einer sog. symbiotischen Beziehung), da die Aufforderung zu einer reinen Phantasievorstellung wie "wie wäre es wenn ..." die Patienten häufig überfordert.

In unserer Arbeit wurden einige Patienten überhaupt erst durch die Arbeit mit dem Familienbrett angeregt, über ihre Beziehungssituation nachzudenken.

Das Familienbrett im Praxisfeld Justizvollzug

Jorg Jesse

Im Praxisfeld Justizvollzug liegen mit dem Familienbrett Erfahrungen in drei Anwendungsbereichen vor:
1. In der Fortbildung,
2. in Teamseminaren und
3. in der Beratung von Führungskräften.

Fortbildung für Mitarbeiter des allgemeinen Vollzugsdienstes

Die Teilnehmer sind als Wohngruppenbetreuer in Justizvollzugsanstalten für Erwachsene eingesetzt. In den Wohngruppen leben bis zu 15 Gefangene. Zu jeder Wohngruppe gehören neben den Haftäumen ein Gemeinschaftsraum und eine Teeküche. In den Wohngruppen können sich die Insassen tagsüber frei bewegen, so daß Lebens- und Kommunikationsformen gefördert werden, die eher dem Leben in Freiheit entsprechen als in klassischen Unterbringungsformen. Gleichzeitig können die Betreuungsbeamten differenziertere Eindrücke von der Persönlichkeit, der Kommunikation und dem Sozialverhalten der Gefangenen erhalten, als unter den traditionell anonymen und stärker isolierten Haftbedingungen. Verhaltensauffälligkeiten der Insassen – ein Bedingungsfaktor für ihre Delinquenz – werden transparenter und können für Gespräche mit Einzelnen oder der Gruppe genutzt werden.

Das Familienbrett wird im Rahmen von Fortbildungsveranstaltungen genutzt, um den Mitarbeitern eine Hilfe zur Rekonstruktion des komplexen Arbeitsfeldes "Wohngruppe" zu geben. Für die Arbeit am Familienbrett werden aus einer Gruppe von ca. 12-15 Teilnehmern 2-4 Mitarbeiter *einer* Vollzugsabteilung (bestehend aus vier Wohngruppen) ausgewählt. Ein Mitglied der Kleingruppe beginnt seine Sicht einer Wohngruppe auf dem Familienbrett darzustellen. Er wird von einem der beiden Seminarleiter fragend und reflektierend begleitet. Der Vollzugsbeamte stellt "laut denkend" die Wohngruppe auf und beschreibt, warum er welchen Gefangenen welche Figur zuordnet und weshalb er sie an welchen Platz stellt. Die Intervention des "Beraters" beschränken sich auf wenige Verständnisfragen. Während des Aufbaus bilden die anderen ein bis drei Mitarbeiter seiner Abteilung den inneren Kreis. Sie sitzen am Tisch mit dem Familienbrett, beobachten schweigend den Prozeß und machen sich Notizen.

Die restlichen 10 bis 12 Teilnehmer (Mitarbeiter aus anderen Vollzugsabteilungen) bilden den Außenkreis. Auch sie werden gebeten, das Geschehen zu beobachten und sich ggf. Notizen zu machen, um im Anschluß an den Aufbauprozeß ihre Beobachtungen zu reflektieren. Zuvor werden sie kurz in einige Grundregeln des Reflektierenden Teams (vgl. Andersen, 1990) eingeführt. Der 2. Seminarleiter sitzt im Außenkreis und moderiert später das Reflektierende Team.

Nach dem Aufbau durch den ersten Beamten erhält der zweite Wohngruppenbetreuer des inneren Kreises die Möglichkeit, seine Eindrücke zu ergänzen. Er wird gebeten, dabei im Dialog mit dem Kollegen, der die Szenerie erstellt hat, ein konsensfähiges Bild zu erzeugen. Der 2. Seminarleiter begleitet den Prozeß mit sog. konstruktiven Fragen (vgl. Ludewig, 1992). Dieser Vorgang wird wiederholt, bis der letzte Kollege des Innenkreises seine Anregungen eingebracht hat. Im Ergebnis entsteht die Wohngruppe als konsensuelle Realität der an der Konversation Beteiligten.

Der Innenkreis kann an den Außenkreis Fragen oder Problemstellungen abgeben. Die Teilnehmer des Außenkreises werden z.B. gebeten, die vom Innenkreis formulierten Gedanken zu reflektieren und ggf. Anregungen zu geben. Die Anregungen werden abschließend durch die Mitglieder des inneren Kreises aufgegriffen und erörtert. Dabei stehen Fragen der Umsetzbarkeit im Mittelpunkt. Aufbau und Reflektionsprozeß dauern ca. 60 Minuten.

Erfahrungen

Die Rückmeldungen sind positiv. Die Teilnehmer zeigen sich überrascht von der neuen Methode. Fasziniert sind sie von der "Gleichzeitigkeit" der Darstellungsform. Ihnen wird bewußt, daß sie auf dem Familienbrett alle Gefangenen der Wohngruppe in ihren Beziehungsrelationen gleichzeitig sehen. Sonst wäre es ihnen nur möglich, über einen Gefangenen bzw. das Verhältnis dieses Einen zu einem oder mehreren Mitgliedern der Wohngruppe zu sprechen. Über die Sprache sei nur ein Nacheinander von Personen oder Beziehungen darstellbar. Darüber hinaus wird den Beteiligten bewußt, daß jeder "seine" Gruppe sieht und rekonstruiert und trotzdem ein gemeinsames Bild erarbeitet werden kann, das konsensfähig ist und zu gemeinsamen Interventionen anregt.

Die Methode sensibilisiert für die Sichtweise des anderen, sie fördert Akzeptanz und Toleranz und damit das Zuhören und Ernstnehmen der Wahrnehmung anderer Menschen. Gleichzeitig wird erfahrbar, daß die individuelle Wahrnehmung durch eine über Konversation entstandene konsensuelle Realität ersetzt werden kann, die zur gemeinsamen Sicht und zum gemeinsamen abgestimmten Handeln herausfordert. Der Konsens stärkt die Kohäsion der Gruppe. Das Team fühlt sich stärker und kompetenter, die Wahrscheinlichkeit abgestimmter Eingriffsmöglichkeiten steigt. Das Familienbrett ist für dieses Arbeitsfeld ein sehr hilfreiches Kommunikationsmittel.

Praxisfeld Justizvollzug 115

Teamseminare

Seit 1987 werden im niedersächsischen Justizvollzug Teamseminare angeboten, die zunächst etwas sperrig "anstaltsgebundene integrative Fortbildung (AGIF)" genannt wurden. Das Angebot wendet sich an Mitarbeitergruppen aus Justizvollzugsanstalten, die in einem Arbeits- oder Funktionszusammenhang stehen (z.B. Mitarbeiter einer Vollzugsabteilung). Die Mitglieder dieser Subsysteme nehmen entweder vollständig teil oder der Teilnehmerkreis ist für die Teamzusammensetzung repräsentativ. Die teilnehmenden Teams spiegeln die Hierarchie des jeweiligen Systems wider und sind interdisziplinär zusammengesetzt: allgemeiner Vollzugsdienst verschiedener Dienstgrade, sozialer Dienst, ggf. Psychologe oder Lehrer und immer die Abteilungsleiterin bzw. der Abteilungsleiter als Vorgesetzte.

Die Teilnahme ist freiwillig. Die Teams bewerben sich für die Seminare. Zwei Moderatoren (meist Psychologen, teilweise Sozialarbeiter oder Lehrer) begleiten den Seminarprozeß, geben aber keine Themen vor. In einem Vorgespräch oder während des Seminars werden die Inhalte von den Teilnehmern erarbeitet. Die Moderatoren arbeiten auftragsbezogen und orientieren sich an der Eigenverantwortung der Teilnehmer. Sie respektieren die Teilnehmer als Experten für ihr Arbeitsgebiet. Auf die von der Gruppe eingebrachten Themen reagieren die Moderatoren flexibel und stellen Methoden zur Verfügung, die der Gruppe konstruktives und zielorientiertes Arbeiten ermöglicht (vgl. Jesse, 1993).

Beispiele für den Einsatz des Familienbretts sind:
- Die Darstellung der Gruppe (des anwesenden Teams),
- die Wahrnehmung des Teams aus der Sicht bestimmter in ihm tätiger Berufsgruppen,
- die Wahrnehmung von Teilgruppen des Teams (Funktionsträger, Berufsgruppen) aus der Sicht anderer Teilgruppen,
- die gemeinsame Darstellung des Teams, so wie es sich im Kontext der Gesamtanstalt oder in der Beziehung zu anderen Subsystemen erlebt,
- die Darstellung von Prozessen (wie sehen wir uns heute, wie stellen wir uns unsere Zukunft vor, wie sähe eine Idealkombination aus usw.).

Je nach Fragestellung wechselt das Vorgehen beim Aufbau und bei der Reflektion. Es ist möglich, daß nur ein Mitarbeiter ein Szenario erstellt und dies gemeinsam oder in Kleingruppen reflektiert wird. Bei anderen Fragestellungen bauen Mitarbeiter bestimmter Berufsgruppen das Team aus ihrer Sicht auf und kommentieren den Prozess, während die anderen Seminarteilnehmer zuhören. Oder eine größere Teilgruppe erstellt ein konsensfähiges Bild und die anderen Teilnehmer reagieren in Form des reflektierenden Teams. Bei Konflikten können zwei unterschiedliche Sichtweisen über das Familienbrett dargestellt werden (z. B. die Sicht des sozialen Dienstes im Vergleich zur Sicht einiger Mitarbeiter des allgemeinen Vollzugsdienstes). Es bietet sich an, die Methode "Familienbrett" mit der Methode des "reflektierendes Team" zu kombinieren.

Erfahrungen

Die Teilnehmer berichten über eine deutliche Verbesserung ihres Verständnisses für die Sichtweisen anderer Mitarbeiter. Die Methode sei "eine Aufforderung zu mehr Toleranz". Sie diene der Annäherung und dem gegenseitigen Verständnis, erleichtere aber auch die Klärung von Positionen. Diese werden, wenn sie den eigenen entgegenstehen, nachvollziehbarer und verständlicher. Eine Auseinandersetzung über das Szenario auf dem Familienbrett stärke letztlich das Wir-Gefühl und die Gruppenkohäsion. Sichtweisen der Kollegen werde mit mehr Respekt begegnet, da man sich Respekt auch für eigene Wirklichkeitskonstruktionen wünsche. Die Zuschreibung "Wirklichkeit" bei eigenen Wahrnehmungen verflüssige sich, weil die Wahrnehmung des anderen plastischer nachvollziehbarer werde als in einem Gespräch. Dort würden fast nur Einzelaspekte komplexer Sachverhalte ausgetauscht.

Kritisch wird von einigen angemerkt, daß die Methode zunächst Angst auslösen könne. Man müsse seine Sicht und seine Stellung in der Gruppe offenlegen, und man sehe sich selbst in bestimmten Beziehungsmustern auf dem Familienbrett. Dies gelte unabhängig davon, ob man das Szenario selbst erstellt habe oder es von anderen erstellt werde. Es sei manchmal schwierig, wenn man sich in Beziehungsmustern wiederfände, wie sie von anderen dargestellt werden. Generell hätten sich aber die Beziehungen durch das Kommunikationsmittel verbessert.

Beratung von Führungskräften

Im Gegensatz zu den vorgestellten Beispielen aus der Mitarbeiterfortbildung und aus Teamseminaren erfolgt die Beratung von Führungskräften in Einzelgesprächen. Ein reflektierendes Team steht in der Regel nicht zur Verfügung. In der Beratung von Führungskräften hat sich das Familienbrett bewährt, wenn es als Kommunikations- und Darstellungsmittel schneller und konstruktiver zu Ergebnissen führen kann, als der rein sprachliche Zugang. Dies kann bei folgenden Fragestellungen der Fall sein:
- Welche Strömungen, Koalitionen, Allianzen gibt es in meinem Mitarbeiterkreis?
- Welche Mitarbeiter werden sich geplanten Veränderungen anschließen, von wem ist Widerstand zu erwarten?
- Wie kann ich mich besser als Leiter definieren und welche Folgen hätte das für meine Beziehungen zu den Mitarbeitern?
- Wie sehe ich einen bestimmten Mitarbeiterkreis oder ein Team heute, welche Entwicklungsrichtungen sind wahrscheinlich?

Der Berater wechselt zwischen fragen, anregen und reflektieren. Der Kunde wird gebeten, laut denkend die von ihm intendierten Konstellationen aufzubauen. Der Berater fragt zunächst nach ergänzenden Beschreibungen oder Erklärungen. Im Anschluß an den Aufbauprozeß folgen weitergehende Fragen: Wie wird das Szenario erlebt, was gefällt, was mißfällt, was entspricht den Vorüberlegungen und was nicht, wie erlebt der Kunde sich selbst im Szenario, ergeben sich neue Blickwinkel, werden Probleme differenzierter gesehen oder zeichnen sich Lösungen ab?

Weiterführende Fragen können zu jeweils kommentierten veränderten Aufstellungen, vorweg genommenen Lösungsversuchen oder erwünschten mittel- bzw. langfristigen Konstellationen führen. Zu szenischen Umgestaltungen führen auch Fragen wie: "Bitte stellen sie dar, wie sich die kleinsten Schritte in Richtung auf eine Lösung auswirken würden?" Oder: "Wie würden sich die effektivsten Schritte zur Verstärkung des Problems auswirken?"

Überraschende Wendungen ergeben sich über den Einsatz zirkulärer Fragen. "Wie sähe das Szenario aus, wenn es ihr Mitarbeiter "X" aufbauen würde, wie sähe ihres Erachtens seine Lösung aus, was spräche für/gegen seine Lösung?" usw..

Erfahrungen

Die Erfahrungen der Führungskräfte-Beratung sind positiv. Übereinstimmend wird das Erleben von Perspektivenwechseln positiv hervorgehoben. Das Spektrum an Wahrnehmungen und den aus ihnen ableitbaren Einstellungen und Haltungen werde deutlich. Nachdenkliche Reaktionen zeigen sich, wenn im Szenario Problembereiche aufdifferenziert werden, die vorher nicht in diesem Ausmaß gesehen wurden. Aber nicht nur Problemkonstellationen, sondern auch Lösungsversuche und Lösungswege sind plastischer als im Einzelgespräch. In allen Fällen zeigte sich nach dem Gespräch eine verstärkte Motivation zum Handeln.

Kurzer Prozeß -
Arbeit mit dem Familienbrett in der Supervision

Elke Sengmüller

Wie es zum "kurzen Prozeß" kam

In meiner Ausbildung zur Systemischen Familientherapeutin bei Christine und Harry Merl in Wien und bei diversen Praktika im Wagner-Jauregg-Krankenhaus in Linz habe ich die Anwendung des Familienbretts für das therapeutische Arbeiten kennen und schätzen gelernt. Das Familienbrett gehört zu meinen wichtigsten therapeutischen Techniken und ich bin dem Ehepaar Merl dankbar, daß sie mich damit vertraut gemacht haben. Das 1978 von Kurt Ludewig entworfene Familienbrett wurde auf das Ziel hin konzipiert, systemorientierten Praktikern und Forschern der Familientherapie und -theorie ein Hilfsmittel zur Verfügung zu stellen, das die Vielfalt des familiären Prozesses auf eine leicht mittelbare Beschreibungsform sinnvoll reduzieren läßt. Es war also naheliegend, einen Schritt weiter zu gehen und diese Methode auch in der Supervision - sozusagen auf der nächsten Ebene - zu verwenden. Zunächst aber berichte ich über meine Erfahrungen mit dem Familienbrett in meiner therapeutischen Arbeit.

Das Familienbrett in meiner therapeutischen Arbeit

In der Standard-Vorlage des Familienbretts nach Kurt Ludewig werden große und kleine, runde und eckige Figuren mit aufgezeichnetem Gesicht verwendet. Es sind aber auch alle möglichen anderen Materialien wie Spiel- oder Schachfiguren, Bausteine, Knöpfe usw. einsetzbar. Ich bevorzuge einfache Holzkegel mit Kopf ohne aufgemaltes Gesicht. Wenn ich diese Figuren, die in verschiedenen Größen zur Verfügung stehen, verwende, schlage ich den Klienten vor, sie so aufzustellen, daß die Größe der Figur die Bedeutung/Mächtigkeit/Wichtigkeit der dargestellten Person ausdrückt und die Entfernung der Figuren voneinander die Beziehungen. Die Blickrichtung erfrage ich bei Bedarf, nachdem vom Klienten erst einmal das System aufgestellt wurde.

Das Familienbrett kann in der Arbeit mit Einzelklienten, mit Paaren, Familien und Gruppen angewendet werden. Einzelpersonen können mit Hilfe der Figuren ihre Herkunftsfamilie, das gerade aktuelle System oder eine Konstellation, die für den therapeutischen Prozeß gerade wichtig ist, aufstellen. Bei Paaren kann jeder Partner seine Sicht des aktuellen Systems darstellen. Sehr aufschlußreich ist es auch, jeweils einen Partner das System aus der Sicht des anderen darstellen zu lassen - analog zu den

Fragestellungen von Michael White (1989). Bei Familien und größeren Gruppen muß man genau auswählen, wer das System aufstellen soll.

Man kann das Familienbrett verwenden, um die Vernetzung und den Kontext sichtbar zu machen und um weitere wichtige Personen zu erfragen. Während des therapeutischen Prozesses ist es hilfreich, Veränderungen zu probieren, um aus einer Metaposition heraus verschiedene Ziele zu verfolgen. Am Ende der Therapie kann die Veränderung sichtbar gemacht werden. Dabei kommen sowohl Zirkularität und zirkuläres Fragen als auch das Erfahrbarmachen über andere Wahrnehmungskanäle (Trance) als Techniken des systemischen Arbeitens zur Anwendung.

Besonders wichtig bei der Arbeit mit dem Familienbrett erscheint mir das Festlegen eines lang- oder kurzfristigen Zieles, für dessen Erreichung in einer oder mehreren Sitzungen das Brett zur Anwendung kommt. Dieses Ziel muß nicht mit dem Ziel der gesamten Therapie übereinstimmen. Allgemeine Ziele sind vor allem, Übersicht über das System zu bekommen, Vernetzungen sichtbar zu machen, die Beteiligung weiterer wichtiger Personen zu erfragen und wie sie zueinander stehen. Wie, in welcher Reihenfolge, mit welcher Intensität und mit welchem Tempo aufgestellt wird, kann bei der weiteren Arbeit Anstoß zu vielen hilfreichen Fragen sein.

Ein spezielles Ziel ist das Erkennen von Koalitionen und das Sichtbarmachen der Generationengrenzen. Die Klienten können in der Herkunftsfamilie nachforschen, von wem sie Muster, Gewohnheiten und Eigenheiten erlernt haben und dabei Ressourcen in Erfahrung bringen anhand von Fragen wie: Welche Vorbilder gibt es? wem bin ich ähnlich? wen habe ich gerne (gehabt)? wer mag/mochte mich gerne, hat mich gefördert? usw. Sehr hilfreich ist es, nach den Stärken zu fragen, die einem das (Ursprungs)System mitgegeben hat, weil das vor allem Menschen, die ihre Herkunftsfamilie als schwierig ansehen, auch eine positive Sichtweise ermöglicht. Auch zur "Normalisierung", d.h. zur Entlastung des Klienten durch das Entdecken von Begründungen für das aktuelle Problem aus der eigenen Lerngeschichte, gibt das Familienbrett brauchbare Einblicke.

Bei der Anwendung der lösungsorientierten Fragen nach Steve de Shazer ("was funktioniert?") und der Wunderfrage ("Käme heute in der Nacht eine gute Fee und würde Ihr Problem lösen, woran würde das jemand (eine bestimmte Person) erkennen?" kann das Familienbrett sehr schnell zu Antworten anregen. Externalisieren nach White u. Epston (1990) kann man am Familienbrett mit Hilfe von Figuren darstellen, die als Symbol für das Problem verwendet werden. Während der Klient so mit seinem Problem in einen Dialog tretet, kann die Therapeutin ihm hilfreiche Fragen stellen: wie beeinflußt das Problem Ihr Leben? wie erhalten Sie das Problem am Leben?

Bei Klienten, die gern von einem Thema zum anderen springen, verwende ich das Familienbrett zum "Festnageln" auf ein Thema, indem ich immer wieder auf die dazu passende Stelle am Brett hinzeige und so zum Thema zurückführe. Wenn ich den Eindruck habe, daß die Therapie "steckt", schlage ich wieder eine Aufstellung vor und es kommen meist interessante neue Aspekte zum Vorschein.

Beim Wunsch mancher Klienten nach Aufarbeitung ihrer Biographie arbeite ich mit dem Familienbrett an der Herkunftsfamilie und ihren Auswirkungen auf das jetzige System. Sehr wichtig ist mir auch die Erarbeitung von Zukunftsperspektiven und ich mache immer wieder die Erfahrung, daß das "reale" Verschieben der Figuren in eine angenehmere Position viel leichter fällt, als sich eine bessere Zukunft nur imaginativ vorzustellen.

Anwendung des Familienbrettes in der Supervision

In der Supervision ist das Familienbrett sowohl für die Einzel- als auch für die Gruppensupervision brauchbar, ebenso für Fallsupervision wie für Teamsupervision. Es kommen praktisch die gleichen Techniken zur Anwendung wie im therapeutischen Setting: der Supervisand kann selbst die Lösung der Probleme, die er selbst oder sein Klient hat, sehen - der Supervisor braucht nur kleine Anstöße zu geben.

Bei Gruppen- oder Einzelsupervision beschreibt der Supervisand kurz den Fall oder das Problem. Wenn die Frage des Supervisanden zufriedenstellend formuliert ist, schlägt man ihm vor, das Klienten- oder Problemsystem mit Hilfe der Figuren aufzustellen. Falls der Supervisand mit seinen Klienten bereits mit dem Familienbrett gearbeitet hat, stellt er das System meist so auf, wie er es von seinen Klienten in Erinnerung hat. Wenn er es nicht angewendet hat oder wenn es sich bei dem System um ein Team handelt, in welchem er vielleicht selbst Mitglied ist, wird er gebeten, seine Sicht des Systems aufzustellen.

Bei Falldarstellungen kann sich bei Bedarf der Supervisand selbst als Figur dazustellen. Im Rahmen der Supervision kann viel erreicht werden, wenn der Supervisand die Aufstellung der Figuren nicht kommentiert, sondern abwartet, was die Gruppe für einen rein optischen Eindruck aus der Aufstellung gewinnt. Bei einer Einzelsupervision kann eben der Supervisor seine optischen Eindrücke beschreiben. Allein dieser Schritt macht für den Supervisanden schon manches klarer. Vieles wird sichtbar gemacht, was in der Therapiesitzung oder im Team nur gehört werden konnte. Das weitere Vorgehen richtet sich dann nach der Fragestellung des Supervisanden und den ins Auge gefaßten Zielen.

Das Familienbrett kann in der Supervision unabhängig davon angewendet werden, ob die Supervisanden eigene Erfahrungen damit haben. In der Regel erleben die Supervisanden der verschiedenen Therapierichtungen diese Technik als Bereicherung.

Fallsupervision in der Gruppe: Eine (und)endliche Therapiegeschichte

Die Supervisanden sind vier TherapeutInnen, die in verschiedenen Therapieeinrichtungen eines Trägers jeweils eigenverantwortlich arbeiten. Sie kommen einmal monatlich für drei Stunden zu mir zu einer fallorientierten Supervision. Sie haben verschiedene Ausbildungen: KB, GT, Gestalt, Jungsche Analyse, Hypnose, drei von ihnen auch Kenntnisse des systemischen Ansatzes. Es gibt in dieser Gruppe immer viele Fälle zu besprechen und ich setze häufig das Familienbrett ein, da die Supervision damit schneller geht - in dieser Gruppe vor allem auch deshalb, um bei den TeilnehmerInnen, die aus verschiedenen dazu neigenden Therapierichtungen kommen, vorschnelle und langatmige Deutungen zu vermeiden.

Falldarstellung. Die Supervisandin berichtete von einem neunjährigen Buben, der sich nicht aufs Clo zu gehen traut und immer wieder einkotet. Er hatte schon als

Kleinkind Probleme mit seinem Stuhlgang und die Eltern hatten schon viel probiert, um dieses Symptom wegzubekommen. Therapien und Beratungen waren bisher nicht erfolgreich. Eine einmal eingetretene Besserung ließ nach der Scheidung der Eltern nach, so daß das Problem in vollem Umfang wieder auftrat. Es gab auch Gerüchte über einen Mißbrauch des Buben durch den Vater. Die geschiedenen Eltern und der Bub lebten im selben Haus. Der Bub kommt gern in die Therapiesitzungen, redet aber nicht über das von der Mutter beschriebene Problem. Die Sitzungen fanden bisher wöchentlich statt, wobei Mutter und Sohn jeweils 25 Minuten allein bei der Therapeutin waren. Bisher fanden 17 Termine statt.

Die Frage der Supervisandin hieß: Wie bringe ich das Symptom zum Verschwinden? Ihre Befürchtung war, daß sie wie alle vor ihr eingeschalteten Therapeuten auch versagen würde, wenn das Symptom nicht zum Verschwinden gebracht würde. Meine Entscheidung, das Familienbrett zu verwenden, entstand daher, daß es für diesen komplexen Fall nur 30 Minuten zur Verfügung standen. Dabei wollte ich vor allem die Komplexität reduzieren. Schon während der Falldarstellung kamen von den anderen Kollegen verschiedene Vermutungen, Deutungen, Interpretationen und vor allem Ratschläge - das ist ein reizvoller Fall!

Figuren:
Pr = Problem
So = Sohn
Va = Vater
Mu = Mutter
FV = Freundin des Vaters
FM = Freund der Mutter

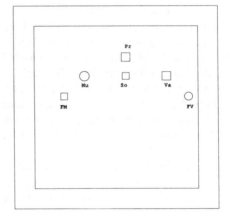

Abbildung 1. Aufstellung der Therapeutin

Frage an die Gruppe: Was seht Ihr? (Diese Frage muß ich meist noch präzisieren, da Therapeuten unter "sehen" oft schon Hypothesen meinen.)

In der Gruppe fiel auf, daß dieses Familiensystem sehr symmetrisch erscheint (s. Abb. 1). Der Bub samt Problem sah aus wie das Zünglein an der Waage! Daraus ergab sich die Hypothese, daß der Bub zwischen den Eltern zu balancieren schien. Wohin gehört er? Ist es möglich, daß ihm das Symptom mehr Bedeutung in der Familie gibt, vielleicht als jeweils Verbündeter gegenüber den zwei Fronten Mutter und Freund bzw. Vater und Freundin?

Frage an die Supervisandin: Was ist Dir bisher schon gelungen? Diese Frage hatte ich schon am Anfang gestellt, die Supervisandin konnte sie aber erst jetzt beantworten, da ihr plötzlich eingefallen war, daß das Symptom in letzter Zeit seltener aufgetreten war und daß die Lehrerin über gute Schulerfolge berichtet hatte. Der Blick der Supervisandin richtete sich nun auf das gesamte Familiensystem und die Fragestellung veränderte sich; sie lautete jetzt: Was braucht der Bub, um in der für ihn scheinbar schwierigen Familiensituation zurechtzukommen? Kann er einige Tage mit seiner Klasse verreisen? Hier hat sich die Fragestellung mit Hilfe des Familienbrettes sehr schnell verändert und der Fokus hat sich vom Symptom zum System hin verschoben - die Therapeutin konnte jetzt die Bedürfnisse des Buben sehen.

Nach einem Monat berichtete die Supervisandin, daß der Fall nach zwei weiteren Sitzungen vorläufig beendet wurde, wobei offen blieb, in welchem Setting die Therapie nach den Sommerferien fortgeführt würde. Bei beiden Sitzungen waren Mutter und Sohn gemeinsam anwesend. Die Supervisandin hatte sich entschlossen, dem Familiensystem mehr Aufmerksamkeit zu schenken und ließ Mutter und Sohn die Geschichte ihrer Familie mit Schnüren und Puppen (nach Peter Nemetschek) darstellen. Dabei erkannte die Mutter ("Sie wurde ganz rot im Gesicht!"), daß es an ihr lag, die Entscheidung zu treffen, daß der Bub wirklich zu ihr gehörte. Bisher hatte sie geglaubt, daß das Kind entscheiden sollte, ob es zum Vater oder zu ihr gehören sollte. Der Bub hatte inzwischen an einer dreitägigen Klassenfahrt teilgenommen und es war nichts passiert - wobei nicht berichtet und nicht nachgefragt worden war, was das genau hieße.

Bei der fallorientierten Einzelsupervision für einen Therapeuten oder Berater ist das Vorgehen ähnlich wie bei der Gruppensupervision. Es fällt jedoch die Ressource, die die Gruppe darstellt, weg. Die Trance des Supervisanden ist jedoch intensiver. Das Familienbrett wird hierbei u.a. eingesetzt, um
* Veränderungen im Klientensystem sichtbar zu machen,
* Therapieziele zu erarbeiten,
* die Stellung des Therapeuten im System zu sehen und bei Bedarf zu verändern,
* vor allem aber: um durch Entfernung und Überblick das Sichtfeld zu erweitern!

Einzelsupervision eines Teammitgliedes: selbständig werden

Dieser Fall eignete sich gut für das Familienbrett. Ein einzelnes Teammitglied konnte das gesamte Team darstellen, seine eigene Position darin sehen und aus einer Metaposition heraus Veränderungsmöglichkeiten erkennen.

Der Arbeitskontext der Supervisandin: Sie ist Beraterin und für 20 Wochenstunden in einer Wohngemeinschaft für straffällig gewordene junge Frauen angestellt. Sie kommt einmal monatlich zu mir zu einer einstündigen Supervision, um die Probleme, die sie insbesondere mit dem Betreuerteam hat, zu besprechen. Für das Team gibt es in unregelmäßigen Abständen Teamsupervision. Die Supervisandin ist mit dem Familienbrett vertraut. Sie bezahlt die Supervision selbst.

Einzelsupervision vor 3 Monaten (s. Abb 2-3): Die Bewohnerinnen der WG (Be) werden sehr intensiv betreut, vor allem von zwei Frauen (E1,2), die ehrenamtlich tätig sind. Die Supervisandin beklagt, daß nichts geschieht, wodurch die Bewohnerinnen selbständiger würden und später auch außerhalb des Projektes gut leben könnten. Das Betreuerteam besteht außer der Supervisandin (Sv) aus einer Pädagogin(Pd), die dort mit unterschiedlicher Stundenanzahl auf Honorarbasis arbeitet und einer Sozialarbeiterin (SA), die für 20 Wochenstunden angestellt ist. Außerdem kommt bei Bedarf eine Juristin (Ju) ins Team. Der Vorsitzende des Vereins (Vo) tritt selten in Erscheinung, spielt aber als Geldverwalter eine wichtige Rolle.

Das Betreuerteam trifft sich 14-tägig, wobei hauptsächlich organisatorische Fragen besprochen werden. Die Ehrenamtlichen und die Pädagogin übertreffen einander mit Berichten, wer die Probleme der Bewohnerinnen besser versteht. Für die Supervisandin wird immer unerträglicher, daß eigentlich nur geplaudert wird und es kaum Versuche gibt, die Bewohnerinnen auf einen Weg zur Selbstständigkeit und Verantwortlichkeit zu führen. Ihre eigenen Versuche in diese Richtung waren bisher erfolglos.

Frage der Supervisandin: Wie kann ich die Ehrenamtlichen und die Pädagogin dazu bringen, mit den Bewohnerinnen in dieser Richtung zu arbeiten? Modifizierte Frage: Wie könnte ich erreichen, daß es mir in diesem System besser geht?

Figuren:
Vo = Vorsitzende
E1-2 = Ehrenamt. Mitarb.
Be = Bewohnerinnen
Ju = Juristin
SA = Sozialarbeiterin
Pd = Pädagogin
Sv = Supervisandin

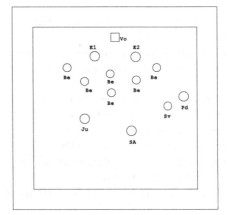

Abbildung 2. Aufstellung des Teams aus der Sicht der Supervisandin

Es ist augenscheinlich, daß die Supervisandin sich genau so klein wie die Bewohnerinnen darstellt. Sie befindet sich in der Nähe der Pädagogin, obwohl sie diese nicht besonders schätzt. Sofort fällt ihr ein, daß sie für die Pädagogin immer wieder Handlangerdienste machen muß ("Die nützt mich ja regelrecht aus!") und daß sie sich bisher dagegen nicht gewehrt hat. Sie stellte sich dann auch die Frage, ob sie wohl bisher auch so unselbständig und abhängig war wie die Bewohnerinnen.

Die Supervisandin hat sich von der Pädagogin entfernt und zwischen der Juristin und der Sozialarbeiterin, die sie als wichtige Ressource erkannt hatte, aufgestellt. Vor allem aber konnte sie sich vorstellen, größer zu sein und verwendete eine größere Figur! Sie nahm sich vor, sich nicht mehr von der Pädagogin ausnützen zu lassen und den Bewohnerinnen Beratungsstunden anzubieten.

Situation im Team, wie sie die Supervisandin in der letzten Einzelsupervision darstellte: es war ihr wirklich gelungen, sich nicht mehr ausnützen zu lassen. Die Pädagogin hatte kurz vorher völlig unerwartet ihren Vertrag gekündigt. Außerdem verhandelte die Supervisandin mit dem Vorstand um eine Aufstockung ihrer

Stundenanzahl und um bessere Bezahlung. Die von ihr angebotenen Beratungsstunden wurden von den Bewohnerinnen kaum in Anspruch genommen. Sie arbeitet aber zusammen mit der Sozialarbeiterin an einem neuen Konzept für das Projekt. Die Ehrenamtlichen befürworten das, es ist aber fraglich, ob sie es dann auch unterstützen werden. Die Supervisandin fühlt sich jetzt wesentlich wohler an ihrem Arbeitsplatz.

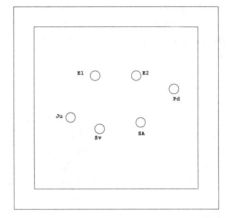

Abbildung 3. Aufstellung, wie es der Supervisandin in diesem System besser gehen könnte (Figuren wie oben).

Die Aufstellungen mit dem Familienbrett waren sehr hilfreich, denn die Supervisandin konnte sehen, wie klein und abhängig sie war. Sie war in der Lage, Veränderungen auszuprobieren und zu erfahren, daß Zukunftsperspektiven möglich waren. Die Einstellungsveränderung ist ohne Worte passiert!

Supervision "à la minute"

Anregungen für diese Methode bekam ich von meiner Lehrsupervisorin, Frau Ilse Gschwend aus Graz. Diese ganz kurze Supervisionsmethode mit Hilfe des Familienbretts ist für Einzelne und Gruppen brauchbar, ich verwende sie auch für meine eigenen Fälle. Sie ist hilfreich, wenn für eine Supervision nunmehr kurze Zeit zur Verfügung steht oder für verdecktes Arbeiten, wenn der Supervisand nichts über das Team oder das Klientensystem erzählen will.

Der Supervisand formuliert keine Frage. Er stellt das Team oder Klientensystem ohne Kommentar mit den Familienbrettfiguren auf, wobei wichtig ist, daß er sich selbst in die Aufstellung einbezieht. Erste Frage nach der Aufstellung: Gibt es noch eine oder mehrere wichtige Personen oder ein Symptom, die noch fehlen? Dann werden die Gruppenmitglieder gebeten, Augenscheinliches mitzuteilen oder der Supervisor sagt, was ihm auffällt. Danach kann der Supervisand schon sein Ziel erreicht haben. Wenn nicht, wird ihm vorgeschlagen, die Position seiner eigenen Figur im System so lange zu verändern, bis er sich wohl fühlt oder bis es ihm gut geht. Es setzt ein sehr intensiver Denkprozeß beim Supervisanden ein, die Gruppenmitglieder und der Supervisor sollen schweigen, da sie sonst diesen Prozeß stören. Häufig schaut dann der Supervisand nach einer Weile erleichtert auf und sagt, daß er die Lösung gefunden hat. Wenn keine Lösung in Sicht ist, kann man anregen, eine unrealistische Aufstellung zu machen, d.h. eine Aufstellung, die dem Supervisanden als ideal aber nicht realisierbar erscheint - die Lösung ist dann oft etwas, das der Supervisand nicht zu sehen gewagt hatte. Diese Methode führt häufig zu einem zufriedenstellenden Ergebnis, es scheint aber wichtig, daß die Beziehung zwischen Supervisand und Supervisor stimmen sollte.

Diskussion

Um das Ziel einer systemischen Supervision zu erreichen ist es wichtig, die Gleichzeitigkeit eines Zusammenhanges von Menschen, Dingen, Gegebenheiten und Umständen - also die Vernetzung- und die Auswirkungen der Gleichzeitigkeit in Betracht zu ziehen. Für dieses Sichtbarmachen ist das Familienbrett hervorragend geeignet und Ein- und Übersicht kann in kurzer Zeit gewonnen werden. Es entsteht Erstmaligkeit als wichtiger Schritt zur Veränderung. Dabei ist auch das Spiel mit Vergangenheits-, Gegenwarts- und Zukunftsaufstellungen möglich.

Das Aufstellen eines besseren Zustandes gelingt meist leichter als die bloße Vorstellung davon, und es können dabei auch noch verschiedene. Positionen ausprobiert werden. Ressourcen treten durch die Aufstellung zu Tage oder der Super-visand kann darauf hingewiesen werden. Bei der Schilderung eines Falles durch den Supervisanden tauchen häufig viele interessante und verführerische Aspekte auf. Mit dem Aufstellen der Familienbrettfiguren wird ganz automatisch die Komplexität (jedoch: komplexitätserhaltend) reduziert, und es können übergeordnete Fragen gestellt werden. Durch den Blick von einer anderen Ebene aus auf das System erkennt der Supervisand selbst, was ihm bisher verborgen geblieben ist, um erfolgreich zu arbeiten. Es bedarf keiner Intervention und keiner Ratschläge durch Supervisor oder Gruppe, weil der Supervisand ganz von selbst zu neuen Lösungen kommt bzw. seine Einstellung verändern kann.

Das Familienbrett in der forensischen Begutachtung - Familienrechts- und Vormundschaftssachen

Annegret von Osterroht

Seit vielen Jahren bin ich als Gutachterin in Familienrechts- und Vormundschaftsverfahren tätig. In diesen Verfahren wird über die zukünftige Lebenssituation von Kindern entschieden. Dabei sind die betroffenen Kinder häufig erheblichen Ambivalenzen ausgesetzt, wenn sie über ihre eigenen Wünsche hierzu befragt werden. So sprechen sich Kinder zum Beispiel selbst in Fällen gravierender Vernachlässigung oder Mißhandlung oft verbal vehement für ein Verbleiben bei den Eltern oder für weitere Kontakte mit dem beeinträchtigenden Elternteil aus und leugnen dann jegliche negativen Erfahrungen, um den familiären Zusammenhalt nicht zu gefährden.

Im Fall einer Trennung der Eltern und damit verbunden einer Entscheidung, bei welchem der Eltern die Kinder zukünftig leben sollen, können Kinder dagegen auch gerade dann in erhebliche Konflikte geraten, wenn sie sich mit beiden Eltern positiv emotional verbunden fühlen und nunmehr eine Entscheidung gegen Mutter oder Vater treffen müssen. Aufgrund einer möglichen Solidarisierung mit den Eltern bzw. eines anzunehmenden Solidaritätskonfliktes müssen in Begutachtungen neben verbalen Explorationstechniken auch andere Verfahren eingesetzt werden, um einen angemessenen Eindruck der familiären Beziehungen gewinnen zu können.

Ich setze hierfür gern das *Familienbrett* ein. Dabei wird das *Familienbrett* regelmäßig den betroffenen Kindern allein vorgelegt. Sie können auf diese Weise ihre Beziehung zu den übrigen Familienmitgliedern darstellen, ohne durch eine Verbalisierung in Solidaritätskonflikte zu geraten. So kann z.B. durch die Wahl der Distanzen zwischen den einzelnen Figuren verdeutlicht werden, wem sich das Kind möglicherweise mehr verbunden fühlt. Eine entsprechende verbale Einlassung - wie z.B. "Ich mag Mama mehr als Papa" oder "Ich möchte lieber bei Papa bleiben" - ist für das Kind dagegen häufig mit Schuldgefühlen gegenüber dem vermeintlich zurückgesetzten Elternteil verbunden.

Im folgenden schildere ich einige Fallbeispiele aus meiner Praxis. Daran wird deutlich, wie sich die Situation der Familienmitglieder bei diesen Rechtsverfahren darstellt, und wie das *Familienbrett* im Umgang mit diesen Problemen nützlich sein kann.

Fallbeispiel 1: Solidarität mit den Eltern

Auch im Fall einer überstarken Solidarisierung mit Eltern, die sich den Kindern gegenüber beeinträchtigend verhalten, z.B. durch Mißhandlung oder Vernachlässigung, kann im Umgang mit den Figuren des *Familienbretts* für die Kinder eine Entlastung erreicht werden. Dabei können es sich die Kinder häufig eher gestatten, sich in einiger Entfernung von den Elternfiguren aufzustellen und durch die Einbeziehung anderer Figuren, wie z.B. den Erzieherinnen im Kindergarten, einen "Schutzraum" für sich zu schaffen. Gerade in hoch strittigen Sorgerechts- oder Umgangsrechtsverfahren ist aber häufig auch eine starke Solidarisierung eines Kindes mit einem der Eltern zu beobachten. Dies führt beim Kind zu einer massiven Ablehnung des anderen Elternteils, ohne daß Gründe hierfür in der Beziehung des Kindes zu diesem Elternteil zu erkennen sind. Während der Exploration wird dann erfahrungsgemäß eine mögliche Beeinflussung dieser Situation auf das Kind von dem Kind kategorisch abgelehnt. Aus dem Umgang mit den Figuren des *Familienbretts* und den dazu abgegebenen Kommentaren des Kindes können sich Anhaltspunkte für eine solche Solidarisierung ergeben, die dann im Gespräch mit dem Kind aufgegriffen werden können.

Der Fall. Ein zum Zeitpunkt der Begutachtung elfjähriges Mädchen lehnte seit der mehrere Jahre zuvor erfolgten Trennung der Eltern jeglichen Kontakt mit dem Vater ab, während der jüngere Bruder zunächst noch Besuchskontakte wahrnahm, diese aber dann ebenfalls nicht mehr wünschte. Die Kinder hatten zuvor heftige Auseinandersetzungen zwischen den Eltern erlebt. Die vorrangige Bezugsperson war die Mutter, um die sich insbesondere das Mädchen sichtlich sorgte.

Eigene Beeinträchtigungen durch den Vater wurden von dem Mädchen im Gespräch nicht benannt. Sie wiederholte jedoch immer wieder das bedrohliche Verhalten des Vaters der Mutter gegenüber, wobei sie diese Begebenheiten zum Teil nur aus Erzählungen der Mutter kannte. Das Mädchen wies entschieden zurück, aus Solidarität mit der Mutter Kontakte zum Vater abzulehnen. Sie betonte zudem, daß auch der Bruder einen Kontakt nunmehr aus eigenem Antrieb heraus nicht mehr wünsche. Sie räumte dabei jedoch ein, ihm sein Interesse am Vater wiederholt vorgehalten zu haben. Im Spiel mit den Figuren des *Familienbretts* stellte das Mädchen zunächst nur Figuren für die eigene Person, die Mutter, den Bruder und die bei ihnen lebende Großmutter in eine Ecke. Erst auf Aufforderung bezog sie auch den Vater ein, den sie in die schräg gegenüber liegende Ecke stellte. Daraufhin nahm sie die Figur der Mutter, die zuvor vor den Kindern gestanden hatte, und plazierte diese nunmehr zwischen der Großmutter und der eigenen Figur. Es konnte dabei auch vorsichtig angesprochen werden, daß von dem Mädchen insbesondere die Mutter als gegenüber dem Vater sehr schutzbedürftig erlebt wurde. Gespielte "Besuche" beim Vater ließ das Mädchen nicht zu, sondern stellte ihre Figur immer wieder sofort zurück. Dagegen ließ sie im Rahmen des Umgangs mit den Figuren des *Familienbretts* Besuche des Bruders beim Vater durchaus zu, brachte jedoch verbal zum Ausdruck, daß der Bruder dies ihrer festen Überzeugung nach nicht wünschen würde.

In einem alleinigen Kontakt mit dem Bruder ließ sich dieser dagegen verbal durchaus dahingehend ein, an Kontakten zum Vater interessiert zu sein und brachte auch keinerlei Erklärungen dafür vor, sich in der zurückliegenden Zeit dagegen ausgesprochen zu haben. Beim Aufbau der familiären Konstellation plazierte er dann auch alle Figuren in gleichmäßigen Abständen in einer Reihe, wobei an einem Ende der Vater und am anderen Ende die eigene Person Aufstellung fanden. Entgegen seiner verbalen Einlassungen waren jedoch nunmehr gespielte "Besuche" beim Vater für den Jungen kaum vorstellbar, wobei sehr deutlich wurde, daß gerade die "Überwindung" der zwischen ihm und dem Vater stehenden Personen aus dem mütterlichen Umfeld - die dem Vater ausnahmslos sehr negativ gegenüberstanden - für ihn eine massive Belastung darstellte, der er sich letztlich entzogen hatte, indem er weitere Kontakte ablehnte.

Fallspiel 2: Besuchskontakte

Auch nach einer längeren Kontaktunterbrechung zwischen Kindern und einem der Eltern kommt es häufig - gerade bei kleineren Kindern - zu einer verbal vorgetragenen Abwehr gegenüber erneuten Kontakten, ohne daß hierfür eine Begründung abgegeben werden kann. Wiederum ist dies besonders häufig in hoch strittigen Verfahren der Fall, wobei sich die Kinder dann der Ablehnung von Kontakten durch das unmittelbare familiäre Umfeld anschließen, um sich zu entlasten. Mögliche eigene Kontaktwünsche treten hierbei in den Hintergrund, zumal durch die andauernde Kontaktunterbrechung ein gewisser "Status quo" hergestellt wurde, mit dem sich die Kinder notwendigerweise arrangiert haben. Mit den Figuren des *Familienbretts* werden von diesen Kindern dann häufig gespielte "Besuche" bei dem in den Hintergrund getretenen Elternteil zugelassen oder manchmal auch selbst inszeniert, wobei sich andere Figuren als hemmend erweisen können.

Der Fall. Ein zum Zeitpunkt der Begutachtung fast sechsjähriges Mädchen hatte nach der Trennung der Eltern seit einem Jahr keinen Kontakt mehr zum Vater gehabt. Innerhalb der Gesamtfamilie hatten sich Parteien gebildet, die sich heftig und auch in Anwesenheit des Kindes auseinandersetzten, wobei die Eltern eher eine untergeordnete Rolle spielten. Im Umfeld der Mutter wurden Kontakte des Kindes zum Vater abgelehnt, dieser und sein Umfeld wurden dem Mädchen gegenüber auch als sehr bedrohlich dargestellt. Der Vorwurf von Mißhandlungen an dem Kind stand im Rahmen des Scheidungs- und Sorgerechtsverfahrens im Raum, konnte jedoch letztlich nicht mehr abgeklärt werden. Das Mädchen selbst vermochte zum Zeitpunkt der Begutachtung, keine Angaben über ein solches Verhalten des Vaters ihr gegenüber zu machen, vermittelte aber, große Angst vor ihm zu haben. Kontakte mit ihm lehnte sie auf Fragen vehement ab.

Im Spiel mit den Figuren des *Familienbretts* wählte das Mädchen zunächst nur Figuren für die eigene Person, die Mutter, den Bruder und eine Tante, die die Kinder betreute, aus und stellte sie in einer Reihe auf. Der Vater wurde auf Nachfrage jedoch ohne Abwehr einbezogen und neben der Tante plaziert. Mit dem Kind wurde dann gemäß der realen Situation die Figur des Vaters aus der Reihe genommen und etwas abseits aufgestellt. Ein Umstellen ihrer Figur und der ihres Bruders neben diejenige des Vaters vermochte das Mädchen problemlos zu akzeptieren. Sobald jedoch in diesem Zusammenhang über mögliche Kontakte mit dem Vater gesprochen wurde, realisierte das kleine Mädchen ein vehementes Abwehrverhalten und wirkte verängstigt. Eine Begründung hierfür vermochte sie nicht abzugeben, sie schien sich aber kaum noch an den Vater zu erinnern. Das Mädchen nahm nunmehr ein Rollenspiel auf, indem sie mit der Tante "telefonierte". Hierbei konnte sie eine Thematisierung von Kontakten mit dem Vater zulassen und stimmte einem Treffen in meiner Praxis zu. Bei der weiteren Beschäftigung mit dem *Familienbrett* gab sie schließlich als Begründung für ihre Ablehnung von Kontakten an, die Tante würde dies, ihrer Meinung nach, nicht wollen.

Fallbeispiel 3: Distanzierung

Wünschen beide Eltern, das Kind möge bei ihnen leben, kann es gerade bei etwas älteren Kindern statt zu einer Solidarisierung zu einer Distanzierung von beiden Eltern kommen. Dies ist häufig dann der Fall, wenn das Kind diesen Wunsch beider Eltern nicht unbedingt an seinen eigenen, sondern eher an den Bedürfnissen der Eltern orientiert erlebt. Diese Distanzierung wird von den Kindern im Gespräch meist nicht offen zum Ausdruck gebracht, sondern es wird eher eine passive bzw. zum Teil auch resignative Haltung eingenommen. Beim Aufbau der Figuren auf das *Familienbrett* weisen sich die Kinder dann explizit eine herausragende oder isolierte Position zu oder sie ordnen sich einem ganz anderen sozialen Umfeld - z.B. dem Freundeskreis - zu.

Der Fall. Ein elfjähriger junge, der bei der Mutter lebte, sollte seine Vorstellungen hinsichtlich seines weiteren Verbleibs mitteilen; der Vater beantragte die Übertragung des Sorgerechts. Die Eltern waren zerstritten, auch bei Kontakten kam es häufig zum Streit zwischen ihnen. Im Gespräch realisierte der Junge ein sehr ausweichendes Antwortverhalten auf Fragen nach seinen Wünschen und vermied es, einen der Eltern offen zu bevorzugen. Dagegen führte er durchaus Nachteile an, die ein Zusammenleben mit jedem der Eltern mit sich bringen würde. Dabei erlebte er die Eltern als nicht sehr unterschiedlich in ihrem Erziehungsverhalten, sondern er führte eher allgemeine Nachteile wie z.B. die eventuelle Notwendigkeit eines Schulwechsels an. Abschliessend trug der Junge jeweils resignativ erscheinend vor, wohl doch bei der Mutter bleiben zu wollen.

Im Spiel mit den Figuren des *Familienbretts* wurden alle Familienmitglieder - einschließlich der neuen Lebenspartnerin des Vaters - in einer Reihe, jedoch etwas distanziert voneinander aufgestellt. Der Junge wählte dabei nur für sich eine farblich hervorgehobene Figur aus, wodurch er sich von den ihn umgebenden Figuren abhob. Bei Änderung des Aufbaus gemäß der Realität - die Elternfiguren wurden getrennt - plazierte der Junge die Lebensgefährtin des Vaters dicht neben diesen. Dadurch verdeutlichte er eine von ihm wahrgenommene enge Verbundenheit der beiden zueinander. Die eigene Figur stellte er nach einigem Zögern zur Mutter, jedoch in einiger Distanz zu deren Figur. In einem anschließenden Gespräch über diesen Aufbau teilte der Junge mit, daß er sich auch ein ganz anderes Lebensumfeld als bei einem der zerstrittenen Eltern für sich vorstellen könnte.

Fallbeispiel 4: Strittiges Sorgerecht

In strittigen Sorgerechtsverfahren, in denen beide Eltern für sich reklamieren, die engere Beziehung zu dem Kind zu haben und dies umgekehrt auch vehement für das

Kind vortragen, gebe ich zusätzlich zu der Einzelvorgabe für das betroffene Kind das *Familienbrett* auch in Vater-Kind bzw. Mutter-Kind Kontakten vor. Dabei soll gemeinsam eine Aufstellung der familiären Beziehungen erreicht werden.

Der Fall. Nach der Trennung der Eltern beantragten beide das Sorgerecht für die gemeinsamen Kinder, wobei sich beide als die vorrangige Bezugsperson ansahen. Im Rahmen der Begutachtung sprachen sich beide Kinder - in Abwesenheit der Eltern - für ein zukünftiges Leben bei der Mutter aus, wobei aber deutlich wurde, daß sie ein erneutes Zusammenleben der gesamten Familie bevorzugen würden. Im Spiel mit den Figuren des *Familienbretts* war dieser Wunsch beider Kinder auch aus ihrer Darstellung erkennbar. Sie akzeptierten aber letztlich beide eine Aufstellung, die der damaligen Realität entsprach - beide Kinder bei der Mutter -, wobei der Vater in Form von Besuchen eingeschlossen wurde. Eine Zuordnung zum Vater wurde hingegen abgelehnt.

Bei einem Mutter-Kinder Kontakt wurde ein gemeinsamer Aufbau angestrebt, der sich jedoch nicht als durchführbar erwies, da die Mutter und das ältere Kind zu keinem Kompromiß gelangen konnten. Die Mutter und dieses Kind plazierten infolgedessen nacheinander die Figuren in der - nach ihrer jeweiligen Einschätzung - "richtigen" Weise. Das Kind stellte die Eltern- und Kinderfiguren im Wechsel auf, wobei den Kindern größere Figuren als den Eltern zugewiesen wurden. Auffallend war die Hervorhebung des jüngeren Bruders durch eine farblich unterschiedliche Figur. Die Mutter stellte dagegen die Familie nach "traditionell" erscheinendem Muster auf: beide Kinder wurden von den Eltern eingerahmt. Ihr war es wichtig, für die Eltern große und für die Kinder kleine Figuren auszuwählen. Die verbal von ihr vorgetragenen Schwierigkeiten des Vaters, ihr auf der Elternebene und nicht auf der hoch strittigen Paarebene zu begegnen, wurden aus dem Aufbau der Mutter nicht ersichtlich. Das jüngere Kind baute für sich allein und ohne sich auf die Kernfamilie zu beschränken.

Bei einem Vater-Kinder Kontakt kam es zu einem gemeinsamen Aufbau von Vater und jüngerem Kind. Der Junge stellte als erstes eine entferntere Verwandte auf, woraufhin der Vater eine Figur für die eigene Person wählte und dem Jungen anbot, seinerseits die Mutter irgendwo hinzustellen. Diese wurde dann von dem Kind in deutlichem Abstand zum Vater aufgebaut. Dem Jungen war die reale Trennungssituation also durchaus bewußt. Nachdem der Vater zwei kleine Figuren für die beiden Kinder gewählt und diese dicht zu seiner eigenen Figur gestellt hatte, protestierte der Junge sofort, nahm die beiden Figuren und stellte sie nebeneinander, und zwar in Distanz zu beiden Eltern auf. Das ältere Kind verweigerte zunächst vollkommen eine Beteiligung an einem Aufbau. Der Junge ließ sich lediglich dazu bewegen, später anzugeben, ob er dem Aufbau des Vaters oder dem des jüngeren Bruders zustimmen würde, wobei er sich sofort für den Aufbau des Bruders entschied.

Deutlich wurde über die verschiedenen Kontakte hinweg, daß beide Kinder eine größere Distanz zwischen sich und den Eltern erlebten, als die Eltern wahrnahmen. Eine stabile Bezugsgröße stellte dagegen - trotz eines verbal vorgetragenen eher distanzierten Geschwisterverhältnisses - jeweils der Bruder dar. Dabei konnte eine Zuordnung zur Mutter in deren Anwesenheit akzeptiert werden, während die vom Vater dargestellte enge Beziehung zwischen ihm und den Kindern offen zurückgewiesen wurde.

Fallbeispiel 5: Zuordnung zu einem Elternteil

In manchem Fällen tragen die Kinder verbal und auf konkrete Fragen zwar den Wunsch vor, nur bei einem der Eltern leben zu wollen und den anderen abzulehnen, aus ihrem Verhalten diesem anderen Elternteil gegenüber wird aber keineswegs eine solche Ablehnung ersichtlich. Auch hier kann es hilfreich und manchmal spannend sein, dem Kind sowohl allein als auch zusammen mit den Eltern das *Familienbrett* anzubieten.

Der Fall. Ein kleiner Junge äußerte sich auf Fragen immer wieder derart, daß er auf jeden Fall beim Vater und den Großeltern leben wolle, keinesfalls aber bei der Mutter. Im Spiel mit den Figuren des *Familienbretts* zusammen mit dem Vater erstellten Vater und Sohn auf getrennten Seiten des Brettes jeweils "ihre" Sicht der familiären Zusammenhänge. Der Junge bezog auf "seiner" Seite lediglich die Großeltern mit ein und stellte die Mutter spontan auf die andere Seite zu der Figur des Vaters. Erst auf Nachfrage, ob dieser Aufbau so die gegenwärtigen familiären Beziehungen repräsentieren würde, entschloß sich der Junge um und stellte sich selbst sowie die Großeltern mit in die "Vater-Reihe". Eine Entscheidung zugunsten eines Elternteiles traf er nicht. Nach einem Umstellen der Figuren, in der nunmehr die Mutter, der Vater und die Großeltern jeweils getrennt standen, ließ sich der Junge - wenn auch zögernd - auf die Überlegung ein, wohin seine Figur gestellt werden solle. Er entschied sich letztlich eindeutig dafür, bei den Großeltern zu stehen.

Beim Aufbau gemeinsam mit der Mutter kam es wiederum zu zunächst getrennten Reihen. Dabei bezog der Junge jedoch die Mutter - nach den Großeltern - in seine Reihe mit ein. Auffällig hierbei war letztlich die Wahl einer kleinen Figur für den Vater, der aber ebenfalls mit eingereiht wurde. Wiederum wurden die Rolle der Großeltern betont.

Deutlich wurde die Situation des Kindes, als dem Jungen allein das *Familienbrett* vorgelegt wurde. Er plazierte die eigene Figur an den äußersten Rand des Brettes, alle anderen Figuren befanden sich in der Mitte. Dabei bildete er einzelne Gruppen, die aber nicht unbedingt den "realen Parteien" nachempfunden waren. Lediglich die Schwester wurde kurz neben die eigene Figur gestellt, dann jedoch ebenfalls in die Mitte geschoben. Auf dieser isolierten Position bestand das Kind auch auf Nachfrage, ob so der Aufbau abgeschlossen sei. Eine Veränderung durch mich dahingehend, daß ich den Jungen zusammen mit der Mutter und der Schwester aufstellte, akzeptierte er aber ebenso wie einen Aufbau, in dem er beim Vater und den Großeltern stand und die Mutter "besuchte".

Fallbeispiel 6: Sexueller Mißbrauch

Abschließend möchte ich noch auf die Anwendung des *Familienbretts* im Zusammenhang mit Begutachtungen eingehen, in denen die Frage nach einem möglichen sexuellen Mißbrauch eines Kindes durch eine Person aus dem engeren familiären Umfeld besteht. Bei einer solchen Fragestellung, die im Rahmen einer Familienrechts- oder Vormundschaftssache an mich herangetragen wird, setze ich ebenfalls das *Familienbrett* ein. Bei häufig vom Gericht angeordneten sog. "Glaubwürdigkeitsuntersuchungen" bei sexuell mißbräuchlichen Übergriffen auf ein Kind, die von weniger nahestehender Personen verübt werden, ist dies seltener der Fall.

Hierbei ist darauf hinzuweisen, daß mit Hilfe des *Familienbretts* selbstverständlich keine "Diagnose" eines sexuellen Mißbrauches durch eine bestimmte Person gestellt werden kann. Dennoch kann der Aufbau des familiären Kontextes seitens des Kindes zusätzliche Anhaltspunkte über die erlebte Beziehung zwischen dem Kind und dem vermeintlichen "Täter" und den Umgang des Kindes damit bieten.

Der Fall. Ein Junge berichtete von sexuellen Handlungen des Stiefvaters, woraufhin er sowie die Geschwister in ein Kinderheim kamen. Im Rahmen der Begutachtung bestätigte der Junge seine früheren Angaben und brachte massiv negativ gefärbte Gefühle dem Stiefvater gegenüber zum Ausdruck. Zum leiblichen Vater bestand vor Heimaufnahme nur sporadisch Kontakt. Im Spiel mit den Figuren des *Familienbretts* stellte der Junge alle Familienmitglieder in einer Reihe auf, wobei er den leiblichen Vater ganz selbstverständlich einbezog. Der Stiefvater wurde hingegen nicht mit aufgebaut. Allerdings wurden die Halbgeschwister aus der Ehe der Mutter mit dem Stiefvater ebenfalls in die familiäre Reihe mit aufgenommen. Auffällig war, daß neben den Elternfiguren der Junge auch sich selbst eine farblich hervorgehobene große Figur zuordnete, während alle Geschwister durch kleine Figuren symbolisiert wurden. Dies entsprach dem in der Exploration gewonnenen Eindruck, daß der Junge sich in gewisser Hinsicht mit den Eltern auf einer Ebene und eher speziell für die Mutter verantwortlich als umgekehrt erlebt.

Der Stiefvater wurde erst auf ausdrücklichen Hinweis darauf, daß er real vor der Heimaufnahme ein Mitglied der Familie gewesen sei, einbezogen. Er wurde von dem Kind jedoch weit entfernt von der "Familienreihe" auf den äußeren Rand der Brettfläche gestellt. Zudem wurde ihm explizit eine kleine Figur zugeordnet. Der Junge brachte so zum Ausdruck - und dies bestätigte sich wiederum in einem Gespräch hierzu -, daß er den Stiefvater und die durch ihn erlebte Bedrohung zunächst "ausgeblendet" hätte. Sollte er dennoch mit aufgestellt werden, so zumindest in einem deutlichen und ungefährlichen Abstand zu den übrigen Familienmitgliedern, wobei die Bedrohung auch durch die Wahl einer kleinen Figur reduziert wurde. Schließlich machte der Junge in dem darauf folgenden Spiel mit den Figuren den Wunsch deutlich, der Bedrohung durch den Stiefvater entgegenzutreten, indem er auf gespielte Annäherungen hin sofort die Polizei kommen ließ.

Diskussion

Die vorgenannten Fallbeispiele stellen selbstverständlich nur einen Ausschnitt aus den diversen Möglichkeiten dar, mit denen Kinder die eigenen familiären Beziehungen mit Hilfe des *Familienbretts* darstellen können. Auch sind die angeführten Erklärungen zu diesen Beispielen nicht erschöpfend, denn es ergeben sich aus jedem Aufbau eine Vielzahl von Anknüpfungspunkten für eine weitere Exploration des Kindes. Ich habe mich hier jeweils auf einen "Ausschnitt" daraus beschränkt, um die Anwendungsmöglichkeiten des *Familienbretts* gerade zu diesen Aspekten plastischer darzustellen.

Ich möchte an dieser Stelle noch einmal darauf hinweisen, daß ich selbstverständlich nicht allein aus der Art und Weise, wie ein Kind oder ein Erwachsener die Figuren des *Familienbretts* handhabt und wie diese Figuren aufgestellt werden, Rückschlüsse auf die familiären Beziehungen ziehe und diese dann als "einzig wahre" ansehe. Vielmehr müssen die Verbalisierungen der Person, die die Figuren aufstellt, auf jeden Fall zur Erklärung herangezogen werden. Bei Unklarheiten frage ich auch durchaus nach, um nicht aufgrund eines Mißverständnisses zu falschen Hypothesen zu gelangen.

Weiter sind - gerade zu Fragen der Besuchsregelung oder der Verteilung des Sorgerechtes - auch nonverbale Reaktionen speziell des Kindes auf "gespielte" Annäherungen an die anderen Figuren zu beachten. Es ist durchaus schon vorgekommen, daß ein Kind sich z.B. gegen Besuche ausgesprochen hat und bei dem Versuch, einen solchen zu simulieren, alle Figuren "vom Brett gefegt" hat. Dies ist als "Antwort" genauso zu berücksichtigen wie ein "Nein". Auch deutliche Unsicherheiten bei der Plazierung der Figuren oder eine eher wahllos erscheinende Anordnung müssen wahrgenommen werden, wobei wiederum eine Abklärung über die möglichen Ursachen hierfür erforderlich ist. Nicht immer deutet ein solcher wahlloser Aufbau auf zum Beispiel unklare, diffuse oder nicht vorhandene Beziehungen hin; manchmal haben Kinder einfach keine Lust und stellen nur "der Gutachterin zuliebe" irgendwelche Figuren irgendwohin. Dies läßt sich jedoch schnell im Kontakt mit dem Kind überprüfen.

Daneben gibt es natürlich auch Kinder, die in der Exploration eine klare Haltung einnehmen und diese auch im Spiel mit dem *Familienbrett* unbefangen umsetzen. Dabei können sich dann auch durchaus lebhafte Spiele mit den "Familienfiguren" ergeben. Dies ist häufig dann anzutreffen, wenn es den Eltern weitgehend gelungen ist, die Elternebene von möglicherweise noch bestehenden Paarkonflikten zu trennen. Es ist allerdings nachvollziehbar, daß ich in diesen günstigen Fällen nur selten, etwa wegen einer weiterreichenden Fragestellung, mit einer Begutachtung beauftragt werde.

Letztlich dient der Einsatz des *Familienbretts* in meinen Begutachtungen der Explorationsergänzung. Dies bedeutet, daß meine Überlegungen zu dem jeweiligen Aufbau im Kontakt mit der entsprechenden Person überprüft werden müssen. Erst dann können sie mir dann als Grundlage dienen, um eine Abklärung der familiären Beziehungen im Hinblick auf alle Aspekte herbeizuführen, wie ich sie zu einer befriedigenden Beantwortung der an mich vom Gericht gestellten Fragen benötige. Das *Familienbrett* stellt für mich dabei eine sehr wertvolle Hilfe dar.

Das Familienbrett im Rahmen tiefenpsychologisch orientierter Einzeltherapie

Heike Schmidt

Neben den bisher bekannten Anwendungsmöglichkeiten hat sich die Arbeit mit dem Familienbrett auch im Rahmen tiefenpsychologisch orientierter Einzeltherapie als sinnvoll erwiesen. Aus diesem Bereich möchte ich zunächst in allgemeiner Form Anwendungsmöglichkeiten vorstellen und anschließend zwei Beispiele im Rahmen kurzer Falldarstellungen geben. In meiner psychotherapeutischen Praxis, in der ich vorwiegend im Einzelsetting arbeite, biete ich Patienten das Familienbrett in Situationen an, in denen mir ein Wechsel vom gesprochenen Wort zur "greifbaren Darstellung" angezeigt scheint. Hierbei handelt es sich zumeist um Situationen, in denen eine Form von Beziehungsdarstellung und Beziehungsklärung gefragt ist. Dies kann zum Beispiel in Paarbeziehungen und bei unklaren Familien- oder Gruppenstrukturen in Vergangenheit, Gegenwart oder Zukunft der Fall sein. Ferner eignet sich die Arbeit mit dem Familienbrett auch zur Ergänzung der Anamnese bezüglich systemischer Aspekte.

Im konkreten Fall wird Patient/in gebeten, die als problematisch erlebte Situation darzustellen. Mögliche Hilfestellungen können hierbei die folgenden Fragen geben:

- "Wo stehen Sie, wo steht Ihr Partner?"
- "Wie fühlen Sie sich an dieser Stelle?"
- "Was könnten Sie ändern, damit Sie sich wohler fühlen?"

Bei solchen und ähnlichen Schritten tritt der Dialog mit dem Therapeuten häufig in den Hintergrund, und die Patienten können sich leichter auf die darzustellende Situation und die damit verbundenen Gefühle einlassen. Sie können bereits beim Setzen der Figuren intensiv ihre Gefühle gegenüber den anderen dargestellten Personen wahrnehmen und sich damit auseinandersetzen. Einschränkungen der Handlungsspielräume werden durch die Darstellung auf dem Brett deutlich und so der Bearbeitung zugänglich. Die Patienten können sich beim Verändern der Positionen der Figuren direkt mit ihren Möglichkeiten und Ängsten auseinandersetzen, ihre Lebenssituation selbst zu beeinflussen bzw. zu verändern.

Fallbeispiele

"Die anderen machen die Musik und wir müssen danach tanzen."

Ein vierunddreißigjähriger persischer Patient, wegen reaktiver Depression bei familiärer und Eheproblematik in Behandlung, stellte die Situation nach seiner Heirat folgendermaßen dar:

Nach Heirat:
1. Selbst
2. Ehefrau
3. Bruder (jünger)
4/5. Mutter/Vater
6. Bruder (6 Jahre älter)
7. Bruder (9 Jahre älter)
8. Schwester
9. Schwägerin
10. Schwiegervater
11. Bruder der Frau
12. Schwiegermutter
13. Bruder der Frau (jünger)

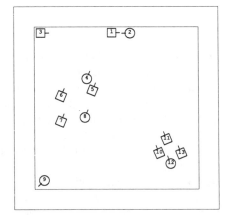

Beim Betrachten dieses Brettes sagte der Patient, er fühle sich wie auf einer Bühne, ohne eigenen Handlungsfreiraum, gezwungen, sich nach der Musik zu bewegen, die die jeweiligen (im Iran befindlichen) Ursprungsfamilien vorgäben. Auf meine Äußerung hin, daß mich die Aufstellung auch an zwei Gruppen von Soldaten erinnere, die auf das gleiche Ziel zumarschieren, entgegnete er spontan: "Genau! Beide Familien kämpfen um uns." Es konnte ihm so bewußt werden, inwieweit beide Familien versuchten, das Verhalten der Eheleute zu beeinflussen. Dies führte dazu, daß er an der Erweiterung seines Handlungsspielraums arbeiten konnte. Nach dem Tod seines Vaters, zu dem der Patient früher ein sehr ambivalentes Verhältnis gehabt hatte, beklagte er zunehmende Streitigkeiten mit seinen im Iran lebenden Geschwistern. Er betonte immer wieder: "Alle sind mir egal, ich will mit keinem mehr etwas zu tun haben!" und stellte eine dazu passende Konstellation auf.

Angesichts der dargestellten Situation zu dem Zeitpunkt nach dem Tod des Vaters wurde dem Patienten bewußt, daß beide Familien näher gerückt, die vormals verhärteten Strukturen aufgeweicht waren und er inzwischen mehr Handlungsspielraum für sich gewonnen hatte. Der Patient konnte die Streitigkeiten mit dem sechs Jahre älteren Bruder und der Schwester darauf zurückführen, daß diese nicht mit seiner neuen Position näher bei der Mutter einverstanden sind und sich zunehmend eine Konkurrenz um die Nachfolge des Vaters als Oberhaupt der Familie ausbildet. Durch Betrachten des Brettes und Auseinandersetzung mit seinen Gefühlen konnte der Patient erkennen, daß sein zunächst geäußerter Wunsch, mit niemandem mehr etwas zu tun zu haben,

Tiefenpsychologisch orientierte Einzeltherapie 137

nicht der Realität entsprach. In Wirklichkeit diente er dazu, der Auseinandersetzung mit der neuentstandenen komplexen Situation aus dem Weg zu gehen.

Nach dem Tod des Vaters

1. Selbst
2. Ehefrau
3. Bruder (jünger)
4. Mutter
5. Vater (tot)
6/7. Brüder (6 u. 9 Jahre älter)
8/9. Schwester/Schwägerin
10. Schwiegervater
11. Bruder der Frau (älter)
12. Schwiegermutter
13. Bruder der Frau (jünger)
14. Tochter

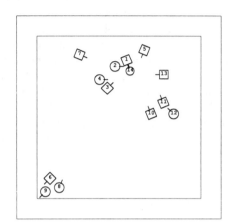

"Warum bin ich anders als meine Geschwister?"

Eine 35-jährige Patientin, die sich wegen reaktiver Depressionen nach Kündigung der Arbeitsstelle in Behandlung befand, stellte im Rahmen der Anamneseerhebung die Frage: "Warum bin ich anders als meine Geschwister?" Ich bat sie, eine für sie repräsentative Situation ihrer Kindheit darzustellen.

Kindheit

1. Selbst
2. Mutter (auf Sockel)
3. Schwester (1 Jahr älter)
4. Bruder (3 Jahre älter)

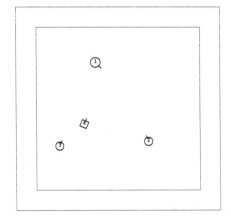

Der Patientin war die Bedeutung der kleinen und großen Figuren zuvor erklärt worden. Die Wahl einer großen Figur für sich und von kleinen für die anderen - wobei sie die kleine Mutterfigur allerdings mit einem Klötzchen erhöht hatte, war unbewußt von ihr getroffen worden und wurde erst durch Konfrontation damit bemerkt. Sie ergänzte daraufhin ihre Anamnese, in der sie zunächst nur erwähnt hatte, daß sie Jobs unter anderem als Zimmermädchen gehabt habe, indem sie berichtet, daß sie bereits mit fünfzehn Jahren für Mutter und Geschwister eine Pension mit Dauergästen geführt und in einer anderen gearbeitet habe, nachdem ihre Mutter sie von der Schule abgemeldet hatte. Sie selbst habe es ermöglicht, daß ihre Familie nicht mehr von der Sozialhilfe leben mußte und ihre Geschwister weiter zur Schule gehen konnten. Diese Leistungen waren von der Familie nie anerkannt worden. Durch das Betrachten der gestellten Figuren wurde für die Patientin die in der Familie verleugnete Realität, daß nämlich sie und nicht die Mutter die erhaltenden und versorgenden Aufgaben erfüllt hatte, sichtbar. So wurde es möglich, die Trauer über nicht erfolgte Anerkennung und Zuwendung wahrzunehmen und auch erste Zusammenhänge mit ihrer Aktuellen Situation herzustellen.

"Und das nehme ich als Bild in mir mit nach Hause."

Eine 61 jährige Patientin, wegen Angstneurose in Behandlung, lebt nun nach dem Tod ihres Sohnes und Ehemannes in einer neuen Beziehung. Sie klagt über neu hinzugekommene Angst, auf den Friedhof zu gehen, obwohl die Gräber früher einen sehr großen Stellenwert in ihrem Leben hatten. Sie wurde aufgefordert, ihre aktuelle Situation und ihre Wunschsituation aufzustellen.

Aktuelle Situation   Wunschsituation

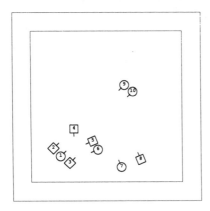 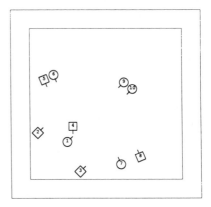

1. Selbst
2. Grab (Sohn)
3. Grab (Mann)
4. Freund
5. Arbeit (repräsentativ)

6. Arbeit (repräsentativ)
7. Schwester
8. Bruder
9. Mutter
10. Schwester

Die Patientin baute ihre Wunschsituation nicht neu auf, sondern veränderte die Aufstellung der aktuellen Situation: Sehr zügig und sicher veränderte Sie den Abstand zu den Repräsentanten ihrer Arbeitsstelle. Langsam und tastend vergrößerte sie den Abstand zu den Verstorbenen, wobei sie anschließend feststellte, daß dieser neue Abstand bereits der aktuellen Situation entsprach, sie jedoch Angst gehabt habe, sich dies einzugestehen. Sie berichtete, daß sie beim Verschieben der Figuren der Verstorbenen Angstgefühle und Herzklopfen verspürt habe. Diese Gefühle hätten jedoch nun nachgelassen, und sie fühle sich schon wesentlich entspannter als vorher.

Auf meine Frage, ob sie noch etwas verändern wolle, bewegte sie ihre Figur ganz langsam weiter auf ihren Lebenspartner zu. Auch hierbei verspürte sie Herzklopfen. Sie beschrieb jedoch, daß dieses zum ersten Mal seit Ausbruch ihrer Erkrankung nicht angstbeladen sondern mit freudiger Erregung verknüpft gewesen sei. Diese Aufstellung betrachtete sie länger und sagte schließlich: " Das nehme ich als Bild in mir mit nach Hause."

Selbstverständlich zeigen diese Beispiele nur einen kleinen Ausschnitt der Möglichkeiten, die das Familienbrett auch in der Einzeltherapie bietet. Die Art des Einsatzes kann vielfältig variiert werden, und ich hoffe, durch diese Beispiele auch Einzeltherapeuten auf die Arbeit mit dem Familienbrett neugierig gemacht zu haben.

Das Familienbrett in Organisationsberatung und Supervision

Werner Simmerl

Wir, das sind 12 Trainerinnen und Trainer, die teils freiberuflich arbeiten, teils als Personalentwickler oder Trainer in Unternehmen angestellt sind, setzen das Familienbrett ein bei
- Seminaren
  - im Rahmen unserer Trainer-Handwerks-Lehre,
  - im Rahmen unserer Führungs-Handwerks-Lehre,
  - zur Verknüpfung systemtheoretischer Erkenntnisse mit NLP
- Coaching-Sitzungen oder Supervisionen
  - mit unseren Trainern und Traineranwärtern,
  - mit Einzel-Klienten
  - mit Paaren und Partnern
- Team-Entwicklungen
- Organisations-Entwicklungen
  - mit der Unternehmensführung
  - im Rahmen der Begleitung der internen Prozeßberater.

Bevor wir das Familienbrett entdeckten, verwendeten wir bei passenden Situationen die Darstellung durch Flipchartaufzeichnungen, gemalte Bilder, Moderationskarten oder Gegenstände und in Seminaren auch das Psychodrama, Pantomime, Theater-Spiel usw.. Diese Darstellungs- und Veränderungsformen setzen wir natürlich auch heute noch ein - alles zu seiner Zeit!

Wann ist dann Zeit für das Familienbrett?

Unser Ziel ist, bei der Hilfe zur Lösung von Problemen, besser gesagt, bei der Wahrnehmung von Chancen, gleichzeitig den Prozeß zu lehren. Damit wird die Lösungsstruktur für weitere Kontexte und kommende Zeiten nutzbar gemacht. Es darf nicht sein, daß wir als Trainer, Berater, Coach, jedenfalls als jemand, der Geld kostet, Abhängigkeiten schaffen. Unsere Kunden, damit meine ich auch Organisationen, *müssen* lernen, Anpassungen selbständig und schnell vorzunehmen, wenn sie überleben wollen. Dazu brauchen sie auch methodisches Know-how, ein oftmals neuartiges Können, das sie befähigt, die stets zunehmende Komplexität zu managen. Es geht schlichtweg für uns als Berater, Trainer, Coaches darum, die Anpassungsfähigkeit selbst zu stärken, statt ständig Anpassung zu betreiben, die, kaum ist sie geleistet, schon überholt ist. Es geht um die Hilfe zur Selbsthilfe - oder speziell bei unserer Trainer-Handwerks-Lehre - um das Lehren der Hilfe zur Selbsthilfe.

Was lernen Menschen und Organisationen bei der Nutzung des Familienbretts?

Begrenzung auf das Wesentliche = Reduktion der Komplexität. Durch die Knappheit der Mittel und des Raums wird bei der Darstellung und Beschreibung der Chance (des Problems) mit Hilfe des Familienbretts der Fokus auf das Wesentliche, das dem Wesen entsprechende gerichtet. Oft wird der Wald vor lauter Bäumen nicht mehr wahrgenommen. Problemfelder werden miteinander verknüpft, Lösungsmöglichkeiten vom Verhalten anderer abhängig gemacht oder die Veränderbarkeit nur in die Macht Dritter gelegt.

Perspektivenwechsel. Heraus aus den inneren Dialogen, die Konstellation von außen betrachten können, zum eigenen Ratgeber werden! Hier arbeiten wir viel mit NLP. Schau Dir diese Darstellung mal von der Ferne an!... Verändere die Entfernung immer wieder, und laß Dich überraschen, welche neuen Ideen Dir kommen!... Und während Du dieses Bild hier siehst, ist das Bild von dieser Situation vor Deinem inneren Auge klar oder verschwommen... nahe oder weit weg ... ist es ein Film oder ein Standbild... schwarz-weiß oder farbig... siehst Du es von oben, von unten aus der Froschperspektive oder von der gleichen Ebene... sind die Farben kräftig oder pastell ... ist es hell oder dunkel...?

Und während Du es vor Deinem geistigen Auge so siehst, mache es heller..., klarer..., verändere die Distanz..., nimm angenehme Farben dazu..., schaue es Dir von oben an...! Diese Formulierungen sind nur Beispiele für das Arbeiten mit Submodalitäten, einer Spezialität aus dem Repertoire des NLP.

Das Arbeiten mit inneren Bildern während der Aufstellung oder der Betrachtung des Problemkontextes ermöglicht einen zusätzlichen Flick-Flack. So entsteht persönliche Neugierde, wie genau das Problem konstruiert ist. Der innere Forscher wird aktiviert und durch die Dissoziierung und visuelle Repräsentation bleiben die mit dem Problembewußtsein verbundenen bedrückenden Gefühle außen vor.

Wir achten bei dieser Arbeit sehr exakt auf physiologische Reaktionen. Ein geglückter Perspektivenwechsel geht mit einem eindeutigen Wechsel der Physiologie, also der Körperhaltung, der Mimik, der Gestik, der Stimmlage... einher. Gelingt der Wechsel der Physiologie nicht, bleibt der Klient assoziiert, so fallen ihm nur Beschreibungen ein, die er schon x-mal erfolglos gemacht hat und Lösungen, die auch bisher schon nicht funktionierten.

Beachtung der Ökologie, also der relevanten Umwelten. Durch die Darstellung auf dem Familienbrett wird deutlich, daß das Problem, pardon die Chance, in eine bedeutsame Umwelt eingebettet ist. Da spielen Menschen und Systemregeln eine Rolle, die in der bisherigen Betrachtungsweise oft völlig außer acht gelassen wurden.

Experimentiere, tue so als ob... Was würde sein, wenn...? Angenommen, ...! Wir ermuntern zum Experimentieren, zum Durchspielen von Lösungsansätzen auf Ressource komm raus! Eine gute Möglichkeit ist hier das Laden von Ressourcen. Welche Ressourcen fehlen dem System zur Zeit?... Auf welche Ressourcen hat es zur Zeit keinen Zugang?... Wann hatte es das letzte Mal Zugang zu diesen Ressourcen?... Was würde vermutlich geschehen, wenn es Zugang zu diesen Ressourcen hätte?... Von wem könnte es sich Ressourcen borgen?... Wo gäbe es die notwendigen Ressourcen zu kaufen?...

Benennen und Umbenennen! Welchen Namen hat dieses Spiel?... Ist dieser Name respektvoll?... Wer von den Beteiligten würde es wie benennen?... Wie heißt dieses Spiel aus der Sicht der Kunden, der Mitbewerber, der Ehefrauen, der Auszubildenden?... Welche Musik wird da gespielt?... Wer gibt den Takt an, wer unterstützt ihn?... Wer könnte das Ganze leicht aus dem Takt bringen?... Welche Musik wäre respektvoller?... Wie könnte das Stück heißen, wenn es für alle gut klingen würde?...

Mit der Benennung findet ein Wechsel in den auditiven Sinneskanal statt. Auch hier bietet sich ein weiteres Arbeiten mit Submodalitäten an. Wenn Du die mit der Wahrnehmung des Problems verbundenen Geräusche, Stimmen oder Melodien hörst, hörst Du sie eher über das rechte Ohr, über das linke Ohr oder über beide Ohren?... Kommen die Geräusche, Stimmen oder Melodien von vorne, von hinten oder vielleicht von oben?... Ist es laut oder eher leise, melodisch oder abgehakt?... Sind es tiefe Töne oder eher hohe Töne?...

Was passiert, wenn Du die Geräusche, Melodien oder Stimmen leiser machst,... die Ohren wechselst,... den Takt veränderst... - mit Meeresrauschen unterlegst?... Auch dabei ist die Kalibrierung, also die Feineinstellung auf die Physiologie äußerst wichtig. Der Klient soll mit der Veränderung in den auditiven Submodalitäten Erleichterung verspüren, Zugang zu seinen Ressourcen bekommen oder neue Wahlmöglichkeiten entdecken können.

Aufmerksamkeit auf die Spiel-Regeln des Systems, statt bei den persönlichen Eigenheiten und Macken der Beteiligten zu verharren. Menschen *sind* nicht so - sie können so sein! Und das Spiel spielt die Menschen, nicht die Menschen spielen das Spiel! Diese Erkenntnis ist von fundamentaler Bedeutung. Beruflich Profi, privat Amateur? - so heißt ein Buch von Günter F. Gross. Oft ist es auch umgekehrt: Zu Hause Profi, im Beruf Amateur! Wenn auch nur in einer Lebenssituation die benötigten Fähigkeiten da sind, dann sind sie da! Woran liegt es, daß Menschen diese Fähigkeiten nicht einfach in andere Kontexte übertragen? Manchmal liegt es an den persönlichen Einschränkungen, den individuellen Programmen. Oft aber liegt es ganz einfach an den Spiel-Regeln des Systems, in dem die Fähigkeiten nicht erbracht werden, nicht erbracht werden dürfen! Was macht eine Firma mit einem wirklich guten, erfolgreichen Verkäufer? Sprengt er nicht alle Regeln, alle Entlohnungs-Systeme? Durch die Beobachtung der Spiel-Regeln wird Verständnis möglich. Und Regeln sind veränderbar!

Konzentration auf das Hier und Jetzt! Weg von der Schuld, hin zur Lösung! Probleme werden oft mit dem Blick auf die Vergangenheit betrachtet. Damit fallen dem Betrachter alle Verletzungen und oft als Gemeinheiten oder Rache empfundenen Taten der Gegner wieder ein. Das tut weh und hält den Klienten in der Problem-Physiologie. In diesem Zustand sind keine kreativen Lösungen denkbar. Stelle den heutigen Stand!... Wie ist es heute? Mit diesen Fragen lenken wir auf das Hier und Jetzt.

Assoziieren mit verschiedenen System-Teilen. Wenn Du die Situation aus der Sicht von ... betrachtest, was nimmst Du dann wahr?... Das schafft Verständnis und Erkenntnis.

Offenlegen von Eskalations-Ideen. Was könnten die Beteiligten tun, um die Situation zu verschärfen?... Wie könnte man das Problem unlösbar machen?... Mit solchen Fragen und den ausgesprochenen Antworten werden diese im Geheimen oft gedachten Wege ungangbar gemacht. Dies ist besonders wirkungsvoll in Teams.

Nutzung des eigenen Expertentums. Wenn Du Dir diese Situation von außen betrachtest... im guten Zustand... erinnere Dich an die vielen schwierigen Situationen in Deinem Leben, die Du schon gemeistert hast, im wahrsten Sinne des Wortes... und erinnere Dich daran, wie oft Du schon für andere einen guten Rat wußtest!... Versetze Dich in die Rolle eines Experten!... Welche Ideen kommen Dir als Experte, wenn Du Dir diese Situation von außen betrachtest?...

Das Denken in positiven Absichten! Wenn Du Dir das von außen so betrachtest... welche für Dich persönlich positive Absicht verfolgst Du in dieser Situation?... Welche für sie persönlich positiven Absichten verfolgt diese Person?... Was sind die positiven Absichten der anderen Beteiligten?... Was ist das Ziel des Systems?... Was sind die Ziele hinter den Zielen?...

Das Würdigen des Guten am Schlechten! Angenommen, an dieser Situation wäre etwas Gutes dran... Worin könnte das liegen?... Was wird dadurch möglich?... In welchen Situationen könnte diese Konstellation oder dieses Verhalten des Systems eine äußerst wirkungsvolle Lösung sein?... Wie müßte ein Problem sein, daß diese zur Zeit im System gelebten Regeln, dieses Verhalten ausgezeichnet passen würden?...

Das gefahrlose ausgesprochene Durchspielen von Lösungen mit Überprüfung der Ökologie! Stell mal die Situation, wie Du sie statt dessen gerne hättest und sag Deine Gedanken laut!... Wenn es eine verrückte Lösung gäbe, wie könnte die sein?... Wenn Du diese Lösung kritisch betrachtest, ist sie respektvoll für alle Beteiligten?... Bringt sie allen Nutzen?... Macht sie Laune?...

Inhaltsfreie Beratung, also Prozeßberatung ist sehr respekt- und wirkungsvoll. Diese Erkenntnis ist äußerst wichtig für Manager, Führungskräfte, Trainer und Coaches.

Womit läßt sich die Arbeit mit dem Familienbrett verknüpfen?

Wir kombinieren die Arbeit am Familienbrett in Teams und in Seminaren sehr gern mit dem Reflecting-Team. Der Fallbringer stellt die Konstellation am Brett dar und spricht dabei seine Gedanken aus. Der Berater oder Supervisor fragt nach oder beeinflußt durch Prozeßfragen, die Gruppe hört zu. Anschließend sucht sich der Fallbringer einen guten Platz und entspannt sich. Das Reflecting-Team, ein Teil der Gruppe, reflektiert laut im Kreis über die Situation. Danach reflektiert die restliche Gruppe über die Reflexion des

Reflecting-Teams. Der Fallbringer hört interessiert zu. So entstehen Dialoge über Dialoge. Unterschiedliche Perspektiven werden klar, Ideen werden gesät, Wissen wird in der Gemeinschaft erzeugt.

Wir arbeiten auch häufig ergänzend mit klassischen NLP-Methoden wie Zeitlinien-Arbeit, Pre-Meeting-Strategie, Walt-Disney-Strategie oder New-Behavior-Generator. Solche Arbeiten schaffen einen weiteren Flick-Flack, eine zusätzliche Dissoziierung, in der es möglich wird, Ressourcen zu laden, geeignete Modelle zu suchen, die Zeitdimension zu verändern und die eigene kreative Seite zum Blühen zu bringen und anschliessend auf die sogenannte Realität zu beziehen.

Bei größeren Teams arbeiten wir in der Regel mit mehreren Familienbrettern. So wird es möglich, gegensätzliche Standpunkte, Perspektiven, frei von Angriffen und Schuldzuweisungen sichtbar zu machen und sowohl Unterschiede wie auch Gemeinsamkeiten zu entdecken. Hier bieten sich auch Arbeiten mit Innen- und Außenkreis an und anschließenden Reflexionen. Teams lernen dadurch Probleme zu visualisieren, unterschiedliche Standpunkte wahrzunehmen und wertzuschätzen und im Experten-Status Lösungsprozesse anzugehen.

Gute Erfahrungen haben wir mit dem Familienbrett gemacht, wenn es darum geht, bei Organisationsentwicklungsmaßnahmen die wirksamste Grenzziehung zu finden. Mit Hilfe des Familienbrettes legen wir gemeinsam mit Unternehmensleitungen oder internen Prozeßberatern fest, wer an welchen Maßnahmen wie beteiligt werden soll.

Hilfreich ist das Familienbrett auch, um festzulegen, welche Intervention die günstigste, sprich die erfolgversprechendste sein könnte. Brauchen wir eine Team-Entwicklung, ein Verhaltenstraining, eine Schulung, ein Coaching, ein Training am Arbeitsplatz, ein Fördergespräch, ein klares Kritikgespräch oder eine Kündigung? Muß mit Kanonen auf Spatzen geschossen werden?

Was passiert, wenn wir mit dem Familienbrett anrücken?

In der Regel entsteht sofort Neugierde, sowohl in Seminargruppen wie auch bei Geschäftsleitungen und Führungskräften. Wir vereinbaren Zeit und Ziel der Arbeit und holen uns das Einverständnis, mit einer vielleicht auf den ersten Blick verrückten Methode an das Problem herangehen zu dürfen, um daraus eine Chance zu machen. Stimmte der Kontakt, dann gab es damit bei uns noch nie Probleme. Wir hören oft Monate und Jahre später, daß gerade diese Arbeit mit den Holzklötzchen gut war.

Die Beratung mit dem Familienbrett ist ein fester Bestandteil unserer Trainer- und Führungs-Handwerks-Lehren. Es erleichtert das Lernen inhaltsfreien, prozeßorientierten Beratens, Trainierens und Führens. Im Einklang mit unserem Beratungsmodell helfen wir dadurch unseren Klienten beim *Zugang finden...* (zu Alternativen, Lösungen, also Neuem).

IV

NÜTZLICHKEIT

Erhebung über die Anwendung des Familienbretts

Ulrich Wilken

Einleitung

Das Familienbrett wurde nach ersten empirischen Erprobungen (vgl. Ludewig in diesem Band) im Jahre 1983 der Fachöffentlichkeit zugänglich gemacht. Ca. 400 Personen und Institutionen bezogen seitdem das Familienbrett vom Institut für systemische Studien in Hamburg[1]. Zur Veröffentlichung des vorliegenden Bandes erschien es sinnvoll, einen Überblick über die Erfahrungen zu gewinnen, die Benutzer des Familienbretts aus den unterschiedlichsten Arbeitsbereichen mit dem Verfahren gesammelt hatten. Uns interessierte dabei, in welchen Aufgabenbereichen und mit welchem Klientel es bevorzugt eingesetzt wird und zu welchen Erkenntnissen die Benutzer des Familienbretts bezüglich der Brauchbarkeit und Nützlichkeit des Instruments gelangt waren.

Hierzu wurde ein Fragebogen an 180 Kolleginnen und Kollegen versandt, die bereits Erfahrungen in der praktischen und/oder wissenschaftlichen Arbeit mit dem Familienbrett gesammelt haben und es in ihrer täglichen Praxis anwenden. Davon sind 92 Fragebögen ausgefüllt zurückgekommen. Neben den detaillierten Beschreibungen und Erfahrungen, die in diesem Buch von den Autoren zu verschiedenen Arbeitsbereichen ausführlich dargestellt werden, geht es im folgenden darum, einen allgemeinen Überblick zu folgenden Fragen zu gewinnen:
- Welchen Beruf haben die Benutzer und in welchem Arbeitsfeld arbeiten sie?
- Bei welchem Klientel wird das Familienbrett eingesetzt und wo hat es sich nach Meinung der Benutzer am besten bewährt?
- Bei welchen Fragestellungen und Anwendungsfeldern wird es bevorzugt eingesetzt?
- Wie bewerten die Berater/Therapeuten und die Klienten/Kunden das Familienbrett auf einer Skala, die von nützlich (+2) bis nicht nützlich (-2) verläuft?
- In welchen Bereichen hat das Familienbrett die Arbeit erleichtert?
- Hat sich die eigene therapeutische/beraterische Arbeit durch den Gebrauch des Familienbretts verändert und wenn ja, in welcher Form?
- Gibt es Verbesserungsvorschläge?

Auf den folgenden Seiten wird zuerst eine Übersicht über die Antworten der zurückgeschickten Fragebögen gegeben, wobei nicht alle Fragen in vollem Umfang

---

[1] Ab 1999 übernimmt der Verlag für Psychologie Hogrefe den Vertrieb.

beantwortet wurden. Im Anschluß daran werden die Ergebnisse diskutiert und deren
Bedeutung für die Praxis interpretiert.

Die Anwender

Tabelle 1. Berufsfelder der Antwortenden

Beruf	N	%	Tätigkeit/Einrichtung	N	%
Psychologe	50	54	Beratungsstelle	38	41
Arzt	9	9	Freiberufliche Praxis	13	14
Sozialpädagoge	5	5	Krankenhaus	11	12
Dipl.-Pädagoge	5	5	Einrichtung für Kinder	8	9
Unternehmensberater	5	5	Schule	5	5
Sozialarbeiter	4	4	Rehabilitation	3	3
Pastor	1	1	Universität	3	3
Krankenschwester	1	1	Unternehmen	2	3
andere	1	1	Institut	1	1
			Justizvollzugsanstalt	1	1

Wie aus obiger Zusammenstellung (Tab. 1) ersichtlich wird, ergab unsere Erhebung,
daß das Familienbrett in erster Linie von Diplom-Psychologen genutzt wird, gefolgt
von Ärzten, Sozialpädagogen, Diplom-Pädagogen, Unternehmensberatern und Sozialarbeitern. Diese unterschiedlichen Berufsgruppen arbeiten am häufigsten in Beratungsstellen, aber auch freiberuflich in eigener psychologisch/ psychotherapeutischer oder
psychiatrischer Praxis, im Krankenhaus, in speziellen Einrichtungen für Kinder und in
der Schule.

Diskussion und Interpretation

Wie die Zusammenstellung der Daten auf Tabelle 2 zeigt, wird das Familienbrett am
häufigsten in der Arbeit mit einzelnen Klientinnen und Klienten eingesetzt. Danach
folgt die Arbeit mit Familien, Paaren und Gruppen. Aus unserer Erhebung geht hervor,
daß sich das Familienbrett in der Arbeit mit Paaren ohne Bezugssystem nicht besonders
bewährt hat. Dies verwundert nicht, sagt doch die Relation von zwei Menschen, d.h.
die Aufstellung von nur zwei Figuren in Bezug aufeinander ohne die Einbeziehung
weiterer relevanter Personen, relativ wenig aus.

Tabelle 2. Zusammenstellung der Antworten (Häufigkeit der Nennungen)

- Das Familienbrett wird eingesetzt in der Arbeit mit: (Mehrfachnennungen möglich)
  Einzelnen: 82   Paaren: 55   Familien: 57   Gruppen: 30   Anderen: 3

- Das Familienbrett hat sich besonders bewährt in der Arbeit mit:
  Einzelnen: 70   Paaren: 3   Familien: 44   Gruppen: 22   Anderen: 2

- Das Familienbrett wird bevorzugt bei folgenden Fragestellungen angewandt:
  (Mehrfachnennungen möglich)

Therapie/Beratung	80	Management/Coaching	10
Diagnostik	61	Dokumentation	9
Supervision	32	Lehre	8
Eltern-Training	1	Forschung	2

- Meine Erfahrungen mit dem Familienbrett bewerte ich als:

nützlich	50	40	1	1	0	nicht nützlich
	+2	+1	0	-1	-2	

- Die Reaktionen meiner Klienten/Kunden sind: (5 Benutzer gaben keine Antwort)

zufrieden	62	19	6	0	0	ablehnend
	+2	+1	0	-1	-2	

- Die Verwendung des Familienbrettes hat meine Arbeit in folgenden Bereichen besonders erleichtert: (Mehrfachnennungen möglich)

Arbeit mit Kindern	29	mit Jugendlichen	3
mit Familien	16	Supervision	3
mit Eltern	8	Beratung	3
Coaching	8	Herkunftsfamilien	3
Arbeit mit Ausländern	4	Selbstreflexion	2
mit Paaren	4	bei Spielsucht	1

- Meine Arbeit hat sich durch den Gebrauch des Familienbretts verändert:
  Ja: 30   Unklar: 18   Nein: 34

  wenn ja, in welcher Form: (Mehrfachnennungen möglich)

klarer/strukturierter	15	mehr systemisch/	
Visualisierung	9	bunter, lebendiger	7
Klärung von Beziehungsmustern	7	Diagnostik	4

- Verbesserungsvorschläge: (Mehrfachnennungen möglich)

keine	40	handlicher gestalten	5
mehr Unterschiede	15	bessere Verarbeitung	5
mehr farbige Figuren	7	zu teuer	2
mehr Figuren	6	Mützen/Haustiere	2

Was auf den ersten Blick verwunderlich erscheinen mag, daß nämlich das Familienbrett mit Einzelnen am häufigsten eingesetzt wurde, ergibt sich wahrscheinlich aus dem jeweiligen Arbeitszusammenhang der Anwender. Nicht in jeder Institution ist es möglich und dem Konzept entsprechend, mit Familien oder größeren sozialen Systemen zu arbeiten. Bei einer Person, die ihr Bezugssystem auf dem Brett aufstellt, steht die Reflexion und Visualisierung ihrer subjektiven Sicht der eigenen Position im Netz der Beziehungen zwischen den jeweils aufgestellten Systemmitgliedern im Vordergrund. Bei einem sozialen System hingegen, z.B. bei einer Familie, die ihre aktuell relevanten Mitglieder und die sich dadurch ergebenden Beziehungen und Relationen zueinander gemeinsam aufstellt, ist das leibhaftige System, d.h. die Familie, ebenfalls anwesend. In diesem Prozeß entsteht oft eine Dynamik und Interaktion zwischen den Aufstellenden, die für die therapeutische/beraterische Arbeit von unmittelbarem Nutzen sein kann. Dabei gerät die Aufstellung selbst häufig in den Hintergrund und der durch den Aufstellungsprozeß aktualisierte Dialog innerhalb der Familie, des Teams, der Abteilung usw. über die unterschiedlichen Vorstellungen und Einstellungen hinsichtlich der Beziehungen zueinander bestimmt das weitere Vorgehen.

Das Familienbrett wird somit zu einer Art kommunikativen Katalysator, zu einer visualisierten Irritation oder "Verstörung", wodurch bisher unausgesprochene oder nicht bewußt wahrgenommenen Vorstellungen und Meinungen artikuliert und so der unmittelbaren Beobachtung und Bearbeitung zugänglich gemacht werden. Im Laufe des Aufstellungsprozesses entstehen dabei zwei Ebenen. Zum einen die visualisierte Aufstellung der Figuren auf dem Brett und zum anderen die erlebte Kommunikation der anwesenden Mitglieder. Beide Aspekte können sich gegenseitig beeinflussen, so daß die Kommunikation, angeregt durch die Aufstellung vor Ort, neue Themen aufgreifen kann, die sich wiederum auf den weiteren Aufstellungsprozeß auswirken können.

Anwendung

Am häufigsten wird das Familienbrett in Therapie und Beratung eingesetzt, gefolgt von diagnostischen Fragestellungen. Ohne genau Aufschluß geben zu können, welche Form der Diagnostik hier jeweils gemeint ist, kann man davon ausgehen, daß es sich dabei nicht um eine Zuordnung zu nosologischen Kategorien handelt. Es ist vielmehr anzunehmen, daß es sich um prozeßdiagnostisch gewonnene Erkenntnisse und Beurteilungen handelt, die in einem Dialog zwischen Klienten/Kunden und ihren Beratern/Therapeuten gemeinsam entstehen. In diesen Prozeß bringen die Klienten relevante Aspekte aus ihrer Lebensgeschichte mit ein, und diese verdichten sich durch das Nachfragen des Beraters allmählich zu Bedeutungen, die in der Regel den Beteiligten neuartig anmuten, obwohl sie in erster Linie von den Vorstellungen der Klienten ausgehen.

An dritter Stelle wird das Familienbrett bevorzugt für supervisorische Arbeit eingesetzt. Dabei wird das Team mit Hilfe der Figuren auf dem Brett dargestellt. Dadurch entsteht die Möglichkeit, vorhandene Konflikte und Schwierigkeiten zwischen den Teammitgliedern zu verdeutlichen und sichtbar zu machen. In jüngster Zeit wird das Familienbrett mehr und mehr auch in der Unternehmensberatung eingesetzt, wo es sich, ähnlich wie in der Supervision, als geeignet erwiesen hat, beispielsweise Prozesse in unterschiedlichen Abteilungen eines Unternehmens darzustellen und die Beziehungen der Mitarbeiter untereinander aus unterschiedlichen Perspektiven und Einschätzungen abzubilden. Ebenso lassen sich ganze Abteilungen, repräsentiert durch eine Figur, auf dem Brett aufstellen und deren Vernetzung verdeutlichen.

Schließlich wird das Familienbrett auch für Dokumentation und Lehre genutzt, z.B. in Ausbildungsinstituten für Therapie und Beratung. Dort haben die Teilnehmer die Möglichkeit, eigene Erfahrungen mit der Aufstellung zu machen und somit sich selbst in dem Prozeß der eigenen Repräsentation zu erleben. Durch Einnahme der Beobachterperspektive und die dadurch entstehende Distanzierung zum Geschehen lassen sich neue Sichtweisen entwickeln.

Nützlichkeit

Die eigenen Erfahrungen in der Arbeit mit dem Familienbrett wurden von 97,8% der Benutzer als nützlich eingestuft (+2/+1 = 43,4/54,4%). In nur einem Fall wurden sie als wenig nützlich beurteilt. Die Reaktion der Klienten/Kunden wurden noch positiver eingeschätzt: rund 2/3 aller Klientinnen und Klienten reagierten sehr gut auf die Arbeit mit dem Familienbrett; nur 6,5% waren sich darüber unentschieden. Bei insgesamt 88% der Klientinnen war eine positive Reaktion vernommen worden (+2/+1 = 67,4/20,65%).

Diese Ergebnisse verdeutlichen, daß das Familienbrett sowohl aus der Sicht der Klienten als auch aus der Perspektive der Benutzer als ein nützliches Instrument zur Abbildung und Konstruktion von Beziehungen gesehen wird. Die Klienten/Kunden empfanden das Familienbrett als hilfreiches Mittel, um ihre Fragestellungen und Probleme zu beschreiben. Gänzlich ablehnende Haltungen oder Reaktionen wurden nicht angegeben.

Diese Ergebnisse können allerdings nur orientierend gewertet werden, zumal unergründet bleibt, wie die Beurteilungen derjenigen, die auf unsere Befragung nicht antworteten (ca. 50%), ausgefallen wären. Dennoch läßt sich aus den berichteten Erfahrungen und Urteilen deutlich ablesen, daß das Verfahren für diesen nicht kleinen Kollegenkreis bezüglich der damit bearbeiteten Fragestellungen die Erwartungen zufriedenstellend erfüllt.

Erleichterung der eigenen Arbeit

Auf die Frage, in welchen Bereichen und mit welchem Klientel die Verwendung des Familienbretts die Arbeit besonders erleichtert hat, antworteten 34,5%, daß es für die Arbeit mit Kindern als besonders hilfreich angesehen wird, 19% finden es bei Familien, 9,5% bei Eltern und 9,5% bei Führungskräften als hilfreich. Dies zeigt, daß besonders Kinder mit Hilfe des Familienbrettes einen Zugang zu komplexen Vorgängen haben und diese auch plastisch darstellen können, die in der Versprachlichung sonst nicht immer ihren adäquaten Ausdruck finden. Dieses Ergebnis entspricht denen unserer eigenen Studien (vgl. Ludewig in diesem Band).

Veränderung der eigenen Arbeit

Durch den Gebrauch des Familienbrettes hat sich bei 36,5% der Benutzer die eigene Arbeit verändert, bei 41,5% blieb sie unverändert. 22% der Benutzer waren sich dagegen über die Auswirkung unklar. Diejenigen, deren Arbeit sich verändert hatte, berichteten in erster Linie, daß sie ihre Arbeit klarer und strukturierter erlebten. Die Möglichkeit, mit Hilfe des Familienbretts die Beziehungen zwischen den betroffenen Menschen und deren Probleme bzw. Lösungen zu visualisieren und somit zur Klärung von Beziehungsmustern beizutragen, wurde ebenfalls positiv bewertet. Darüber hinaus wurde die Arbeit als lebendiger, bunter und mehr "systemisch" empfunden.

Verbesserungsvorschläge

Für die antwortenden Experten steht der Wunsch an erster Stelle, mehr Unterscheidungen für den Gebrauch und für die Arbeit mit dem Familienbrett zur Verfügung zu haben. Dies korrespondiert mit der Reaktion einiger Kollegen, die das Familienbrett zum ersten Mal kennenlernen und darüber erstaunt sind, daß die Holzfiguren so schlicht und simpel aussehen. Sie befürchten, daß man damit unmöglich die gesamte Erfahrungsvielfalt und Komplexität von Beziehungen zwischen Menschen abbilden könne.

Es wurde vorgeschlagen, mehr farbige Figuren, überhaupt mehr Figuren zur Verfügung zu stellen, auch differenziertere Größen und in einigen Fällen Mützen bzw. Haustiere. Selbstverständlich kann der Berater diese Unterscheidungen selbst herstellen und in seine eigene Arbeit mit dem Familienbrett integrieren. Unsere Idee hingegen ist es gewesen, so wenig Unterschiede wie möglich vorzugeben, um den jeweiligen Benutzern sowie ihren Klienten und Kunden nicht die Möglichkeit zu nehmen, ihre eigenen Unterscheidungen zu treffen und die jeweils relevanten Bedeutungen unter Verwendung eigener Phantasien zu erzeugen. Denn gerade hier liegt aus unserer Perspektive der entscheidende Vorteil dieses Verfahrens: nicht eine bereits fertige und eindeutige Beziehungswelt wird auf dem Familienbrett abgebildet, sondern eine, die erst im Prozeß der Aufstellung entsteht. Dennoch lassen sich je nach Umfeld und Aufgabengebiet die Möglichkeiten des Familienbrettes mit weiteren Hilfsmitteln erweitern. Besonders mit den farbigen Figuren lassen sich unterschiedliche abstrakte Faktoren wie z.B. Beruf, Arbeit, Streß, Angst etc. visualisieren und deren Einfluß auf das jeweilige soziale System verdeutlichen. So hat zum Beispiel Klaus Witt (1990) bei seiner Untersuchung des Einflusses des Unternehmerberufes auf das Familienleben das Unternehmen mit einer farbigen Figur repräsentiert.

Gerade die von den Klienten den Merkmalen Größe und Form der Figuren sowie der Entfernung zwischen Figuren nach eigener Wahl zugeordneten bzw. "erzeugte" Bedeutungen geben den beteiligten Systemmitgliedern die Möglichkeit, die jeweils andersartigen Bedeutungswelten der andern anwesenden Menschen kennenzulernen und so unter Umständen mehr Einblick und Verständnis für die Sichtweise des anderen zu erlangen. Dieser Prozeß der Transparenz scheint für die Kommunikation und das Verstehen anderer Wirklichkeitskonstruktionen in Familien und anderen sozialen Systemen von entscheidender Bedeutung zu sein. Je weniger Bedeutungen vorgegeben sind, desto mehr müssen sie von den beteiligten Personen konstruiert und entwickelt werden.

Dies war bereits nach den ersten Untersuchungen mit dem Familienbrett deutlich geworden (vgl. Ludewig in diesem Band). Wir gingen davon aus, daß die Form der Figuren deren Bedeutung bestimmen würde: Groß und rund würden für weiblich/erwachsen, klein und rund für weiblich/kindlich stehen, groß und eckig wiederum für männlich/erwachsen und klein und eckig für männlich/kindlich. Schon bei den ersten Arbeiten mit dem Familienbrett zeigten uns die Probanden, daß auch die Formen mit jeweils unterschiedlichen Bedeutungen versehen werden können. So stellte eine vierköpfige Familie vier große runde Figuren auf das Brett mit dem Hinweis, daß sie alle gleich viel wert seien und sie in der runden Form ihr harmonisches Familienleben ausgedrückt sahen. Auch rund und eckig haben nicht immer die Bedeutung von weiblich bzw. männlich. Häufig werden diese Formen mit persönlichen Eigenschaften in Verbindung gebracht, die unabhängig vom Geschlecht sind, und die individuell erlebten Persönlichkeitsmerkmale zum Ausdruck bringen sollen.

Zusammenfassung

Die Angaben der Befragten bestätigten unsere Erwartungen, daß das Familienbrett in weitaus vielfältigeren Aufgabengebieten eingesetzt wird, als es von seiner ursprünglichen Konzeptualisierung gedacht war. Dennoch war die tatsächlich angegebene Vielfalt seiner Anwendungsmöglichkeiten überraschend. War das Familienbrett bei seiner Entstehung als Instrument für die diagnostisch-dokumentierende und die beraterisch-therapeutische Arbeit gedacht, so hat es sich mittlerweile von dieser engeren Zielsetzung gewissermaßen verselbständigt und zu einem regelrechten "Breitbandverfahren" entwickelt. In diesem Sinne hat das Familienbrett den Geltungsrahmen seines Namens überschritten und es wurde zeitweilig daran gedacht, es zum Beispiel auf den Namen "Systembrett" o.Ä. umzutaufen. Wir entschieden uns aber dagegen, zumal die Bezeichnung "Familienbrett" sich bereits etabliert hat und zu einem festen Bestandteil systemischer Arbeitsweise geworden ist.

Eine praxisorientierte Dokumentations-Software für die Arbeit mit dem Familienbrett

Georg Schmidt

Das Familienbrett bietet in den verschiedensten sozialen Kontexten - Therapie mit einzelnen Personen und mit Mehr-Personen-Systemen, Supervision, Organisationsberatung usw. - eine einfache Möglichkeit für die Klienten, ihre persönliche Situation bzw. ihre Position in einer Gruppe darzustellen. Gerade die Tatsache, daß das Brett keine sprachlichen Erläuterungen benötigt - bis auf die Personenangaben -, erleichtert es dem Klienten Zuwendung, Abwendung, Nähe und Abstand ohne den Umweg über die Sprache aufzuzeigen.

Diese rein bildliche Darstellung auf dem Familienbrett stellt in sich gewisse Anforderungen bei der Protokollierung bzw. Dokumentation von Sitzungen. Bei einer rein sprachlichen Beschreibung der auf dem Brett dargestellten Situation gehen unter Umständen Details verloren, deren Bedeutung erst später klar werden könnte. So ist es wünschenswert, die Dokumentation ebenfalls in Bildern vorzunehmen, und hierbei einen Standard zu wählen, der einen einfachen Vergleich auch mehrerer Situationen zuläßt. Die exakteste Möglichkeit besteht hier sicherlich in der photographischen Dokumentation, wobei dies in bestimmten Fällen durchaus in Erwägung zu ziehen ist. Aus Kosten- und Zeitgründen (Sofortbilder sind nur in sehr kleinen Formaten erhältlich) wird man jedoch in den meisten Fällen auf den Einsatz der Photographie verzichten. Eine weitere Möglichkeit besteht in der von Hand gefertigten Skizze, die durch ein Formblatt noch vereinfacht und standardisiert werden kann. Diese Lösung ist eher praktikabel. Sollen die Ergebnisse jedoch zum Zwecke der einfacheren Archivierung oder der Veröffentlichung (wie in diesem Buch geschehen) in Texte eingebunden werden, so müssen andere Wege gewählt werden.

Die genannten Nachteile entfallen, wenn man die Situation auf dem Brett als Nachbildung auf dem Bildschirm eines Personal-Computers erneut aufbauen und unter einem passenden Format auf einem Datenträger speichern kann. Bei geschickter Nutzung einer der heute üblichen graphischen Benutzeroberflächen, die eine einfache Bedienung mit Maus oder Trackball einschließt, kann dieses Verfahren der schnell hingezeichneten Skizze auch zeitlich überlegen sein. Um diese Möglichkeiten zu bieten, wurde die Familienbrett-Software für Windows entwickelt. Sie erlaubt unter anderem die Darstellung von Brett und Figuren nach dem Maßstab des Originalbrettes nach Ludewig, wobei eine präzise Positionierung und ein Drehen der verschiedenen Figuren alleine mit Hilfe der Maus vorgenommen werden kann. Hierbei erhält nach dem Setzen jede Figur automatisch eine Nummer und einen Kommentar, der eine zusätzliche Erläuterung ermöglicht. Alle Kommentare können jederzeit in einem zusätzlichen Textfenster aufgelistet werden.

Die Software ist menügesteuert und fördert durch einen selbsterklärenden Aufbau die schnelle Einarbeitung auch des ungeübten Benutzers, wobei zusätzlich eine ausführliche kontextsensitive Hilfefunktion zur Verfügung steht. Hilfsmittel wie ein zuschaltbares Koordinatensystem erleichtern die relative Plazierung der Figuren und den Vergleich mehrerer Bretter. Alle Daten können gespeichert und ausgedruckt werden; Mittels einer Exportfunktion kann man sowohl Abbildungen als auch Kommentare über die Zwischenablage in Textverarbeitungsprogramme übernehmen, bzw. als Windows Metafile abzuspeichern (Dieses Format kann von allen gängigen Text- und Grafikverarbeitungsprogrammen importiert werden).

Die Systemvoraussetzungen

Aufgrund der weiten Verbreitung der IBM-kompatiblen PCs wurde als Benutzeroberfläche Windows95/Windows NT4.0 gewählt. Das Programm ist sehr kompakt, so daß es auf jedem System, das für eine dieser Plattformen ausgelegt ist, mit ausreichender Geschwindigkeit läuft.

Das Programm

Die Bedienung des Programms ist einfach und kann im Wesentlichen intuitiv erfolgen. Nach dem Programmstart stehen die rudimentären Funktionen wie Figur setzen, Figur ändern und Figur löschen direkt sichtbar in der Werkzeugleiste zur Verfügung. Eine Figur wird gesetzt, indem man den Figurtyp aus der Werkzeugleiste wählt, die Figur mit der rechten Maustaste dreht und sie durch einfaches Klicken auf dem Brett absetzt. Nach dem Absetzen öffnet sich ein Dialog zur Eingabe eines Kommentars. Durch Doppelklicken auf eine Figur oder einen Kommentar im Textfenster können diese nachträglich geändert werden. Die Nummer oder die ersten zwei Buchstaben des Kommentars erscheinen im Inneren einer gesetzten Figur. Die Anzeige der Buchstaben empfiehlt sich besonders für Bretter mit wenigen Figuren und prägnanten Kommentaren (Mu, Va, Br, ...). Zusätzlich zu den Kommentaren kann einem Brett ein Titel zugewiesen werden, der auf dem Bildschirm und beim Ausdruck angezeigt wird.

Das Brett und die Figuren entsprechen in Maßstab und Form im Wesentlichen dem originalen Familienbrett. Die Darstellung erfolgt durch große und kleine Kreise, große und kleine Quadrate und Sechsecke, wobei durch eine als Strich stilisierte Nase die Ausrichtung der Figuren angezeigt wird.

Abweichend zum Standardfigurensatz wurde aus praktischen Erwägungen noch der sogenannte Platzhalter hinzugefügt, der als Symbol für Gegenständliches (Flasche, Tabletten, etc.) Verwendung finden kann. Alle weiteren Funktionen des Programms, die im folgenden kurz umrissen werden, sind über die Menüleiste zugänglich, wobei während der Anwahl in der Statuszeile kurze Hinweise zu allen Befehlen erscheinen. Eine detaillierte Erläuterung im Programm erfolgt durch die Online-Hilfe. Alle komplexeren Funktionen laufen über ausführlich dokumentierte Dialogfelder ab, die sich nach Möglichkeit an den Windows-Standards orientieren.

Dokumentations-Software 159

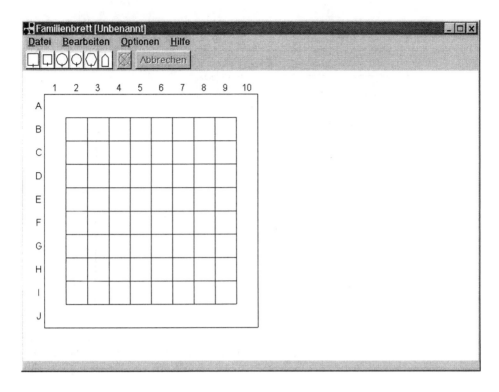

Abbildung. 1: Das Fenster nach dem Programmstart. Das Textfenster ist geschlossen, das Koordinatensystem eingeblendet. Aus der Werkzeugleiste können die Figuren gewählt werden.

Neben den üblichen Dateioperationen wie Drucken, Speichern, etc., kann ein Brett auch als Windows Metafile in eine Datei oder die Zwischenablage (Clipboard) exportiert werden. Das Metadateiformat ist ein Vektorgrafikformat, daß eine einfache Skalierung und einen späteren Ausdruck mit hoher Qualität erlaubt. Im Menü "Bearbeiten" sind die Clipboardfunktionen zusammengefaßt, die die wesentliche Schnittstelle zu anderen Programmen darstellen. Zusätzlich können von diesem Menü aus Figuren, Kommentare und der Titel eines Brettes verändert werden.

Im Menü "Optionen" kann der Benutzer Einstellungen vornehmen, durch die er seine Arbeitsumgebung beeinflußt. So kann er von hier aus wahlweise das Textfenster und das unterlegte Koordinatensystem ein- oder ausblenden. Das Koordinatensystem ist standardmäßig eingeblendet. Es dient aber nicht zur Auswertung, sondern zur einfacheren Übertragbarkeit und Vergleichbarkeit von Brettern. Auch die Umschaltung von Anzeige der Nummern oder der Kommentaranfänge erfolgt vom "Optionen-Menü".

Weitere Optionen sind das Ein-und Ausschalten von Sicherheitsabfragen, die beim Löschen von Brett oder Figuren erscheinen können.

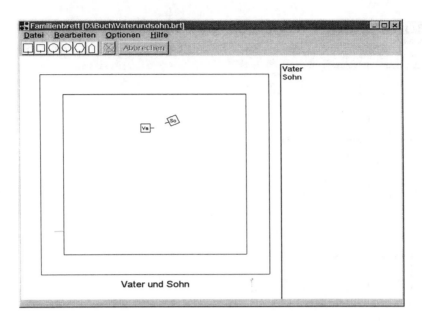

Abbildung 2: Eine typische Arbeitsumgebung mit fertigem Brett. Das Textfenster ist geöffnet. Die Koordinaten sind ausgeblendet, und die Anfangsbuchstaben kennzeichnen die Figuren.

Zusammenfassung

Die Dokumentationssoftware[1] für das Familienbrett ist ein Werkzeug, das sich sowohl zum sorgfältigen Archivieren, als auch zur Bereitstellung von Grafiken für die Textverarbeitung eignet. Die Bedienung der Software ist bewußt einfach und selbsterklärend gehalten, so daß in den meisten Fällen ohne die schriftliche Dokumentation bereits problemlos gearbeitet werden kann. Trotzdem werden alle wesentlichen Aspekte wie Maßstab, Figurenform, Farbe, präzise Plazierung und Ausrichtung der Figuren berücksichtigt, so daß mit wenig Aufwand eine größtmögliche Genauigkeit bei der Wiedergabe gewährleistet ist.

---

[1] Die Software ist zu beziehen über: Dr. Georg Schmidt, Rathausstr. 13, D-52072 Aachen, Tel/Fax: 0241/9319402 (eine Demoversion kann gegen eine Schutzgebühr angefordert werden) oder über das Apparatezentrum, Rohnsweg 25, D-37085 Göttingen Tel.: (0551) 49609-37/38 Fax: 49609-88

V

HINWEISE ZUR ANWENDUNG

Hinweise zur Anwendung - eine Übersicht

Kurt Ludewig und Ulrich Wilken

Theoretischer Hintergrund

Die Entwicklung des *Familienbretts* <FB> verlief parallel zur Entstehung der Systemischen Therapie. Beides gründet auf der praktischen Anwendung des sog. systemischen Denkens, einer Denkweise, die auf Positionen des Konstruktivismus und der neueren Systemwissenschaften beruht. In diesem Rahmen werden die Menschen in ihrer unentrinnbaren biologischen und sozialen Komplexität betrachtet und so als unausweichlich in soziale Systeme eingebunden. Mit der Übernahme dieser Sichtweise geht ein vielfältiger Wandel der Betrachtungsperspektive einher. Alle Realitätsaussagen werden als "kommunikative Wirklichkeiten" aufgefaßt, die Beobachter in Interaktion mit anderen Beobachtern - in *sozialen Systemen* - erzeugen und konsensualisieren.

Das *Familienbrett* ist ein Mittel für die Kommunikation über soziale Systeme. Es beinhaltet gewissermaßen eine Miniaturversion einer Familienskulptur, das sich aber von "realen" Familienskulpturen darin unterscheidet, daß die Aufstellung auf dem Brett eine symbolisierte, gewissermaßen "virtuelle" Kommunikationsebene und so einen Unterschied zu jener der "realen" Personen erzeugt. Damit stellt es einen Rahmen für (Meta)Kommunikation dar. Aufgrund der geringen Vorstrukturiertheit des Materials bietet sich das FB für eine große Vielfalt von Fragestellungen an. Im therapeutischen und beraterischen Prozeß eignet sich das FB ganz besonders für das Ausprobieren von bisher nicht erkannten Alternativen zu aktuellen Problemen, aber auch für die Rekonstruktion vergangener Ereignisse und für ein konkretisierendes Ausmalen von Zukunftsphantasien.

Das Verfahren

Das *Familienbrett* ist ein 50 x 50 cm großer Kasten, auf dessen oberer Fläche ein im Abstand von 5 cm ringsum von der Kante gezeichneter Rand ist. Dazu gehören Holzfiguren in zwei Größen (7 und 10 cm) und in zwei Formen (runder und eckiger Umriß). Außerdem stehen drei farbige sechseckige große Figuren für besondere Zwecke zur Verfügung. Die Figuren sind geringfügig strukturiert und haben ein nur angedeutetes Gesicht mit zwei runden Augen und einer dreieckigen Nase-Mund-Partie. Das FB bietet eine Reihe variabler Merkmale, die allein oder in Kombination miteinander die Abbildung verschiedener Relationen zwischen den Figuren ermöglichen. Diese Merkmale sind u.a.: Entfernung zwischen den Figuren, Blickrichtung, Plazierung auf dem Brett (Isolierung von Figuren, Bildung von Subgruppen), Reihenfolge der Aufstellung auf das Brett und die resultierende Gestalt der Anordnung.

Anweisung

Individuen und soziale Systeme werden je nach Zielsetzung gebeten, mit Hilfe der Figuren die einzelnen Mitglieder eines bestimmten sozialen Systems symbolisch zu repräsentieren und auf die Fläche aufzustellen. Der Beobachter (Untersucher/ Versuchsleiter/Therapeut usw.) kann die Pbn so instruieren, wie dies zu seiner Fragestellung paßt. Wir weisen unsere Pbn in der Regel mit folgendem Wortlaut an, hier am Beispiel einer Familie:

> "Ich möchte Sie bitten, für jedes Mitglied der Familie eine Figur zu wählen und die Figuren so aufzustellen, wie sie in der Familie *zueinander stehen*. Es stehen Ihnen große und kleine, runde und eckige Figuren zur Auswahl. Die farbigen Figuren bitten wir erst auf unsere Anforderung hin zu verwenden. Das Brett hat eine Randlinie, es gibt also ein Innenfeld und ein Außenfeld. Sie können so viel von der Fläche benutzen, wie Sie möchten. Die Figuren können weit auseinander oder eng zusammenstehen, jedoch nicht aufeinander. Sie haben Augen, können also einander ansehen. Sie haben so viel Zeit, wie Sie brauchen".

Durchführung

Das FB ermöglicht einzelnen Probanden, ganzen Familien und anderen Gruppen, ihre Ansichten über ein bestimmtes System darzustellen bzw. zu entwickeln. Bei der Aufstellung ihrer Familien benötigen einzelne Probanden selten mehr als zwei Minuten, ganze Familien bis zu 12 Minuten. Größere Verbände, z.B. Teams und andere Arbeitsgruppen benötigen in der Regel etwas mehr Zeit. Vor allem bei Familienuntersuchungen gaben viele Probanden, aber auch deren "Untersucher", ausdrücklich an, emotional berührt zu sein. Einzelne Interventionen können affektive Äußerungen auslösen, die nachhaltig wirken können.

Die Verwendung des FB setzt keine spezifische Zielsetzung oder theoretische Orientierung der Untersucher voraus. Es kann zu den verschiedensten Zwecken eingesetzt werden (hierzu Näheres in diesem Band). Daher erscheint es wenig sinnvoll, hier bindende Vorschriften für die Durchführung zu geben. Im allgemeinen hat sich aber als nützlich erwiesen, die Beteiligten um den Tisch, auf dem das Brett steht, zu setzen. Die Durchführung selbst kann in der Regel entweder als einmalige Standard-Aufstellung oder als Mittel der Intervention vorgenommen werden.

Hinweise zur Anwendung

Standard-Aufstellung

Die Figuren werden so angeboten, wie sie im Kasten geordnet liegen. Nach Vorgabe der Anweisung haben die Beteiligten so viel Zeit, wie sie für eine sie befriedigende Aufstellung benötigen. Nach Beendigung der Aufstellung werden sie gefragt,
- wen die einzelnen Figuren repräsentieren,
- was sie darstellen wollten und
- was die einzelnen Merkmale bedeuten (Größe und Form der Figuren, Position der Figuren auf der Fläche, Entfernungen, Blickrichtungen, eventuelle Subsysteme und die Gestalt der Figuren-Anordnung).

Interventionen

Das FB eignet sich als Mittel der Intervention in kognitiven und sozialen Systemen. Die Interventionen können je nach spezieller Zielsetzung gewählt werden und sollen der Informationsgewinnung bezüglich der Grenzen und Möglichkeiten des betreffenden sozialen Systems und der therapeutisch oder beraterisch motivierten Einflußnahme auf die Aufstellenden dienen. Die folgenden Hinweise entstammen bisherigen Erfahrungen mit dem Verfahren, sie sollen aber die Kreativität der Benutzer nicht grundsätzlich einschränken:

- *Außensetzung:* Je nach Fragestellung kann man zum Beispiel eine relevant erscheinende Figur in Richtung ihres Blickes rückwärts bis ins Außenfeld (Randbereich) zurückversetzen. Die Beteiligten werden dann gebeten, auf diese Intervention zu reagieren, gegebenenfalls auch zu erklären, was diese *Außensetzung* für sie bedeutet.

- *Dynamisches Spielen*: Bei psychotherapeutisch oder beraterisch intendierten Aufstellungen kann der Beobachter verschiedene Umsetzungen vollziehen und die Pbn auffordern, darauf zu reagieren. Dieser Prozeß entspricht durchaus einem "Dialog ohne Worte". Im Rahmen von Supervisionen kann der Supervisor u.a. einzelne Figuren herausnehmen, andere umgruppieren oder isolieren. Bei allen diesen Interventionen ist jedoch darauf zu achten, daß das Maß an emotionaler Belastung, das den Beteiligten zugemutet wird, angemessen dosiert bleibt. In der Regel hat es sich als günstig erwiesen, den Aufstellungsprozeß gegen Ende zu entspannen, indem die Pbn aufgefordert werden, noch einmal das Ausgangsbild oder eine Wunschvorstellung darzustellen. Dies gilt natürlich nicht für solche Fälle, in denen FB-Aufstellungen am Ende einer Therapiesitzung als Abschlußintervention eingesetzt werden.

- *Konfrontation.* Bei Paaren oder anderen Mehrpersonensystemen kann es von Vorteil sein, daß die Beteiligten ihre Aufstellungen einzeln gestalten, um sie dann miteinander vergleichen zu können. Hat man zum Beispiel zwei *Familienbretter* zur Verfügung, kann dies in unterschiedlichen Räumen passieren, um dann die verschiedenen Bilder nebeneinander zu stellen und darüber zu reflektieren.

• *Zusatzfiguren*. Neben den üblichen Figuren stehen drei sechseckige farbige Figuren zur Verfügung, die vom Beobachter oder von den Probanden mit speziellen Bedeutungen versehen werden (Schwiegermutter, Arzt, Richter, Polizist, Chef usw.). Sie können zum Beispiel in der Interventionsphase eingeführt werden, um die Probanden zu situationsspezifischen Reaktionen aufzufordern. Bezüglich der sonst einzuführenden Figuren sind der Phantasie der Benutzer keine Grenzen gesetzt. So wurde zum Beispiel in der Arbeit mit Alkoholikern eine Miniaturflasche verwendet. Bei Beratungssituationen zur Familienplanung könnten zum Beispiel eine kleine Wiege oder ein Präservativ, bei anderen Familienberatungen ein kleiner Hund nützlich sein.

Dokumentation

Je nach erforderlicher Genauigkeit können die Aufstellungen grob abgezeichnet oder auf ein auf die Brettfläche aufgelegtes durchsichtiges Papier abgepaust werden. Eine weitere Methode bietet die computer-gestützte Darstellung auf der Basis der Koordinaten der Figuren (vgl. G. Schmidt, in diesem Band).

Interpretation

Das Familienbrett fördert Kommunikation über soziale Beziehungen (sog. Metakommunikation). Die Probanden sind aufgefordert, ein Bild ihrer bis dahin meistens nicht ausformulierten *Ansichten* über Struktur und Funktionsweise des betreffenden Systems zu entwerfen und dabei ihren subjektiven Vorstellungen eine *mitteilbare* Realität zu verleihen. Wie bei jeder Kommunikation gehen die Probanden bei ihrer Aufstellung das Risiko ein, mißverstanden zu werden. Das hat nicht nur Folgen für die Interpretationen des Beobachters, sondern bei gemeinsamen Aufstellungen eventuell auch für die Beziehungsdefinitionen zwischen den Aufstellenden. Mittlerweile hat sich in der Praxis gezeigt, daß das *Familienbrett* auch solche Kommunikationen fördert, die allein durch Verbalisierung schwerer durchzuführen sind, etwa bei Menschen, die ihre inneren Bilder nur schwer versprachlichen können oder im Gebrauch der Sprache ungeübt sind.

In kommunikationstheoretischer Sicht erfordert die Aufstellung auf dem Brett, daß die Pbn im Hinblick auf ein Thema Informationen selektieren und das *Familienbrett* als Medium für deren Mitteilung verwenden. Der Beobachter ist wiederum gefordert, die ausgedrückte Mitteilung zu verstehen und dabei zu beachten, daß die verwendeten Zeichen analoger Natur und daher mehrdeutig sind. Die Aufstellung selbst, als Mitteilung verstanden, kann daher nichts mehr als eine Anregung sein, die einmal aufgegriffen und vom Adressaten verarbeitet, zur Kommunikation wird.

Das Familienbrett ist ein *Kommunikationsmittel*. Bisherige Forschungsarbeiten mit dem FB zeigen, daß weder der *Zeichenvorrat* noch deren mögliche Kombinationen eindeutig interpretierbar sind. Ihren Informationswert erhalten sie erst durch die Art und Weise, wie sie verwendet werden. So bedeutet "runde Figur" nicht automatisch "weiblich", sondern auch "weich", "ansprechend", "geschmeidig" usw; "große Figur" wiederum nicht wie erwartet "erwachsen", sondern auch "mächtig", "dominant" oder eben nur "großer Mensch". Eine Entfernung zwischen zwei Figuren um z.B. 5 cm kann sowohl Ausdruck einer engen als auch einer lockeren Beziehung zwischen den dargestellten Personen sein. Ein enger Kreis in der Mitte des Bretts oder ein Kreis, der die ganze Fläche beansprucht, können gleichermaßen enge Bezogenheit beinhalten. Am ehesten zeigen zwei der untersuchten Variablen eine gewisse Eindeutigkeit: die räumliche Entfernung zwischen den Figuren als Ausdruck von "sozialer/emotionaler Distanz" und die gezielte Blickrichtung von einer Figur zur anderen als Ausdruck von "Beziehungsintensität". Bei den spontan angeordneten "Gestalten" ließen allein die Gestalten "Kreis" und "Linie" annähernd übereinstimmende Deutungen zu. Der "Kreis" beinhaltet überwiegend Zusammengehörigkeit und Harmonie, die "Linie" ist meistens Ausdruck von "Nebeneinander-Leben" und Bindungslosigkeit. Die Aufstellung des "Idealbilds" und der "Schreckensvision" geben Einblicke in die Grenzen des Systems.

Aufgrund der durchaus intendierten Mehrdeutigkeit der Zeichen und Anordnungen ist es im Anschluß an die Aufstellung angebracht, eine klärende *Befragung* der Pbn über die jeweils gewählten Bedeutungsgebungen durchzuführen. Aber selbst dies bietet keine Gewähr für eine eindeutige Verständigung, zumal die Sprache des FB und die verbale Sprache nicht äquivalent sind.

Die *Endanordnung* auf dem Brett stellt eine irreversible Realität dar, in der verschiedene Aspekte zum Tragen kommen:
1. Die subjektive Sicht jedes Aufstellenden,
2. die Vereinbarung der subjektiven Ansichten der Pbn zu einer gemeinsamen Darstellung und
3. der jeweilige Kontext der Aufstellung (wissenschaftliche Untersuchung, klinisch-diagnostische Untersuchung, Gruppenberatung, Supervision o.ä.).
Die Endanordnung - das "Systembild" - stellt gewissermaßen eine Momentaufnahme dar, deren Bedeutung in der Regel erst im nachhinein zu klären ist.

Unter Einbeziehung der *Zeitdimension* lassen sich verschiedene Phasen aus der Vergangenheit (re)konstruieren bzw. Zukunftsbilder entwerfen. Die Aufforderung, Bilder zu verschiedenen Zeitpunkten aufzustellen, fördert "Erzählungen" über die Geschichte eines sozialen Systems. Im Hinblick etwa auf die Entstehungsgeschichte eines "Problems" lassen sich z.B. folgende Zeitpunkte erfragen:1) "Vor Auftreten des Problems", 2) "In dieser Woche" <Jetzt>, 3) "Problemsituation" (z.B. Trennungen, Streitigkeiten, Konflikte, Stress), 4) "In Zukunft" und 5) "Idealbild" (bzw. Wunschbild der Aufstellenden über das System).

Forschung

Es liegen verschiedentlich Versuche vor, die FB-Aufstellungen für wissenschaftliche Fragestellungen verwendbar zu gestalten. Um die Operationalisierung systemischer Hypothesen und die Vergleichbarkeit der FB-Aufstellungen zu gewährleisten, sind Auswertungsschemata entstanden, die u.a. der Positionierung der Figuren auf dem

Brett, deren Entfernung voneinander, der Bildung von Subgruppen und der Veränderung zwischen Zeitpunkten im voraus spezifizierte Bedeutung zumessen. Darüber informieren einzelne Kapitel dieses Bandes.

Kommunikative Brauchbarkeit

Im gewollten Unterschied zu standardisierten Testverfahren wurde bei der Beurteilung des Familienbretts auf die traditionellen Kriterien der Testtheorie verzichtet. Statt dessen wurden kommunikationstheoretisch abgeleitete Kriterien postuliert, die dem Material angemessener erschienen: Brauchbarkeit, Nützlichkeit und Zugewinn. Hierauf bezogen zeigten die bisherigen Studien, daß bei aller Differenz in den methodischen Ansätzen und untersuchten Fragestellungen, Individuen, Familien und andere Gruppen das *Familienbrett* als Mittel akzeptieren, um zwischenmenschliche Beziehungen darzustellen. Außerdem eignet sich das Verfahren, um individuelle Biographien und die Geschichte von sozialen Systemen zu (re)konstruieren. Durch die geringe Strukturiertheit des Materials war es auch möglich, die Anweisung und die Durchführung flexibel zu handhaben und auf unterschiedliche Fragestellungen anzupassen. Insofern erwies sich das FB als *kommunikativ brauchbar*. Bezüglich seiner *Nützlichkeit*, also seiner interindividuellen Interpretierbarkeit, zeigte sich, daß es im Rahmen von Einzeluntersuchungen ausreichend ist, die Probanden nach der Bedeutung zu befragen, die sie den einzelnen Merkmalen und der Endanordnung auf dem FB zuordnen. Bei Stichprobenvergleichen, erschien es hingegen sinnvoller, standardisierte Auswertungsmodi zu erarbeiten. Im Hinblick auf den *Zugewinn*, den das FB im Vergleich mit anderen Vorgehensweisen erbringt, zeigte sich, daß es in leicht handhabbarer Weise und in erstaunlicher Kürze geeignet ist, um wesentlich erachtete Aspekte der Beziehungsdynamik von Familien und anderen Systemen hervorzurufen und mitzuteilen.

Fazit

Begriffen als *Kommunikationsmittel* ist das *Familienbrett* nicht nur ein Instrument für die Dokumentation, Diagnostik und Forschung mit Individuen und sozialen Systemen, sondern es kommt auch zum Einsatz in Therapie und Beratung, in Supervision und Organisationsberatung. Die in diesem Band erörterten methodischen Zugänge bieten Anregungen für den Umgang mit dem *Familienbrett*, jedoch keine Gebrauchsanweisung im Sinne eines Tests. Die hier erörterten Aspekte stecken den weiten Rahmen ab, in dem das Brett als *Kommunikationsmittel* sinnvoll zu verwenden ist. Die eigentlichen Gebrauchsregeln müssen hingegen den jeweiligen Kontexten, in denen das FB zur Anwendung kommt, angepaßt werden. Demgegenüber würde eine normierende Anweisung zwar die intersubjektive Auswertbarkeit und die Vergleichbarkeit der Aufstellungen erhöhen, jedoch um den Preis einer uneinschätzbar starken Verfremdung der zu untersuchenden Phänomene.

Literaturverzeichnis

Ackerknecht, L.K. (1983). Individualpsychologische Familientherapie. Rückblick und gegenwärtige Praxis. In K. Schneider (Hrsg.), *Familientherapie in der Sicht psychotherapeutischer Schulen* (S. 233-257). Paderborn: Junfermann.
Anderson, T. (Hrsg.). (1990). *Das Reflektierende Team*. Dortmund: modernes Lernen.
Andolfi, M. (1982). *Familientherapie*. Freiburg: Lambertus.
APA (ed.). (1985). *Standards for educational and psychological testing*. Washington, D.C.: APA; dtsch. (1998): *Standards für pädagogisches und psychologisches Testen*. Göttingen: Hogrefe.
Arenz-Greiving, I. (1993). *Auswirkungen der Sucherkrankung auf die Kinder: Sucht und Familie*. Deutsche Hauptstelle gegen die Suchtgefahren.
Arenz-Greiving, I. & Dilger, H. (Hrsg.). (1994). *Elternsüchte-Kindernöte. Berichte aus der Praxis*. Freiburg: Lambertus.
Argyle, M. (1973). *Social Interaction*. London: Tavistock.
Arnold, S., Engelbrecht-Philipp, G. & Joraschky, P. (1988). Die Skulpturverfahren. In M. Cierpka (Hrsg.), *Familiendiagnostik* (S.190-212). Berlin: Springer.
Arnold, S. Joraschky, P. & Cierpka, A. (1996). Die Skulpturverfahren. In M. Cierpka (Hrsg.), *Handbuch der Familiendiagnostik* (S. 339-365). Berlin: Springer.
Bartlett, F.C. (1932). *Remembering. A study in experimental and social Psychology*. Cambridge: University Press.
Bateson, G. (1980). *Ökologie des Geistes*. Frankfurt: Suhrkamp.
Bateson, G. (1982). *Geist und Natur. Eine notwendige Einheit*. Frankfurt: Suhrkamp.
Baumann, U. & Perrez, M. (1991). *Lehrbuch Klinische Psychologie: Intervention* .Vol. 2 , Bern: Huber.
Baumgärtel, F. (1983). Konzepte, Methoden und Ergebnisse der Familiendiagnostik. In W.R. Minsel (Hrsg.), *Brennpunkte der Klinischen Psychologie*. Vol. 5 (S. 35-61). München: Kösel.
Baumgärtel, F. (1987). Evokative Verfahren der prä- und peritherapeutischen Diagnostik von Familien und Möglichkeiten ihrer Verwendung für die Prävention. *Zeitschrift für personenzentrierte Psychologie und Psychotherapie, 6,* 167-182.
Baumgärtel, F. (1993). Die Möglichkeit von Evokations- und Handlungstests zur Systemdiagnose von Familien. In F. Baumgärtel & F.W. Wilker (Hrsg.), *Klinische Psychologie im Spiegel ihrer Praxis*. (S. 28-42). Bonn: Deutscher Psychologen Verlag.
Baumgärtel, F. (1997). Der Gebildeaspekt in der Interaktionsdiagnostik. *BUA-Bremer Universitätsarbeiten*, 2, H1, 43-65.
Baumgärtel, F. (1998). Thesen zur Entwicklung der Klinischen Psychologie. In Sektion Klinische Psychologie (Hrsg.), *Berichtsband zur Tagung Kinderpsychotherapie in Freibung 1998*. Bonn: DPV.

Berg, H. van den (1984). *Erkundung des Familienbretts mit Familien mit einem Kind in bzw. nach stationärer psychiatrischer Behandlung.* Unveröff. Dipl.Arbeit, FB Psychologie, Univ. Hamburg.

Berg, H. van den, Bökmann, M., Ludewig, R. & Ludewig, K. (1989). (Re-)Konstruktion familiärer Geschichte unter Verwendung des "Familienbretts". Methodische Zugänge. *Familiendynamik, 14,* 127-146.

Berg, I.K. & Miller, S.D. (1993). *Kurzzeittherapie bei Alkoholproblemen.* Heidelberg: Auer.

Bergmann, G., Kröger, F. & Petzold, E. (1986). Allgemeine Klinische Psychosomatik - Weiterentwicklung eines Stationsmodells. *Gruppenpsychotherapeutische Gruppendynamik, 21*: 224-236.

Berry, J.T., Hurley, J.H. & Worthington, E.L. (1990). Empirical validity of the Kvebæk Family Sculpture Technique. *American Journal of Family Therapy, 18,* 19-31.

Benninghoven, D., Cierpka, M. & Thomas, V. (1996). Die familiendiagnostischen Fragebogeninventare. In M. Cierpka (Hrsg.), *Handbuch der Familiendiagnostik* (S. 431-452). Berlin: Springer.

Bökmann, M. (1987): *Stationäre Behandlung und Familienstruktur. Erkundungsstudie mit Hilfe des Familienbretts zum Vergleich von Familien mit einem aus somatischer Indikation und einem aus psychiatrischer Indikation behandelten Kind.* Unveröff. Diss., FB Medizin, Univ. Hamburg.

Bommert, H., Henning, T. & Wälte, D. (1990). *Indikation zur Familientherapie.* Stuttgart: Kohlhammer.

Brandau, H. (Hrsg.), (1991): *Supervision aus systemischer Sicht.* Salzburg: Otto Müller.

Brandau, H. & Schürs, W. (1995). *Spiel- und Übungsbuch zu Supervision.* Salzburg: Otto Müller.

Brentrup, M. (1990). Alkohol- und Medikamentenabhängigkeit aus systemischer Sicht. *Familiendynamik, 15,* 346-362.

Bühler, K. (1934). *Sprachtheorie.* Jena: Quelle.

Bundesminister für Jugend, Familie, Frauen und Gesundheit (1988): *Empfehlungen der Expertenkommission der Bundesregierung zur Versorgung im psychiatrischen und psychotherapeutisch/psychosomatischen Bereich.* Bonn

Cierpka, M. (Hrsg.), (1988). *Familiendiagnostik.* Berlin: Springer.

Cierpka, M. (Hrsg.), (1996). *Handbuch der Familiendiagnostik.* Berlin: Springer.

Cierpka, M. (1996). Familiendiagnostik. In M. Cierpka (Hrsg.), *Handbuch der Familiendiagnostik* (S. 1-22). Berlin: Springer.

Cromwell, R.E., Olson, D.H.L. & Fournier, D.G. (1976). Tools and techniques for diagnosis and evaluation in Marital and Family Therapy. *Family Process, 15,* 1-49.

Cromwell, R.E., Fournier, D.G. & Kvebaek, D.J. (1981). *The Kvebaek Family Sculpture Technique: A Diagnostic and Research Tool in Family Therapy.* Jonesboro: Pilgrimage.

Cromwell, R.E. & Peterson, G.W. (1983). Multisystem-multimethod family assessment in clinical contexts. *Family Process, 22,* 147-163.

Davis, D., Berenson, D., Steinglass, P. & Davis, S. (1974). The Adaptive Consequences of Drinking. *Psychiatry, 37,* 209-215

Dell, P.E. (1986). *Klinische Erkenntnis.* Dortmund: modernes lernen.

de Shazer, S. (1989a). *Wege der erfolgreichen Kurztherapie.* Stuttgart: Klett-Cotta.

de Shazer, S. (1989b). *Der Dreh. Überraschende Lösungen in der Kurzzeittherapie.* Heidelberg: Auer.

Dollase, R. (1973). *Soziometrische Techniken.* Weinheim: Beltz.

Düsterloh, A. (1989). *Die Stellung des Familienhelfers im Familiensystem - empirische Untersuchung über die Präzision der wechselseitigen Wahrnehmung.* Unveröff. Dipl.Arbeit, FB Psychologie, Univ. Bremen..

Efran, J., Heffner, K.P. & Lukens, D. (1988). Alkoholismus als Auffassungssache. Struktur-Determinismus und Trinkprobleme. *Zeitschrift für systemische Therapie, 3,* 180-191.
Erbach, F. & Richelshagen, K. (1989). Isomorphe Strukturen im Kontext der Suchthilfe. *Familiendynamik, 14,* 27-46
Feuerlein, W. (1984). *Alkoholismus-Mißbrauch und Abhängigkeit.* Stuttgart: Thieme[3].
Foerster, H. von (1981). Das Konstruieren einer Wirklichkeit. In P. Watzlawick (Hrsg.), *Die erfundene Wirklichkeit.* München: Piper.
Foerster, H. von (1985). *Sicht und Einsicht.* Braunschweig: Vieweg.
Friedrichs, J. (1973). *Methoden empirischer Sozialforschung.* Reinbek: Rowohlt.
Garfinkel, H. (1967). *Studies in ethnomethodology.* Englewood Cliffs: Prentice Hall.
Gehring, T.M. (1990). *Familiensystem-Test FAST.* Weinheim: Beltz.
Gehring, T.M., Funk, U. & Schneider, M. (1989). Der Familiensystem-Test. Eine dreidimensionale Methode zur Analyse sozialer Beziehungsstrukturen. *Praxis der Kinderpsychologie und Kinderpsychiatrie, 38,* 152-164.
Gehring, T.M. & Marti, D. (1993a). The Family systems Test: Differences in perception of family structures between nonclinical and clinical children. *Journal of Child Psychology and Psychiatry, 14,* 363-377.
Gehring, T.M. & Marti, D. (1993b). The architecture of family structures: Toward a spatial concept for measuring cohesion and hierarchy. *Family Process, 32,* 135-139.
Gehring, T.M. & Schultheiss, R.B. (1987). Spatial representations and assessment of family relationships. *American Journal of Family Therapy, 15,* 261-264.
Gergen, K.J. (1990). Die Konstruktion des Selbst im Zeitalter der Postmoderne. *Psychologische Rundschau, 41,* 191-199.
Glasersfeld, E. von (1987). *Wissen, Sprache und Wirklichkeit.* Braunschweig: Vieweg.
Grawe, K. (1994). Psychotherapie ohne Grenzen - Von den Therapieschulen zur Allgemeinen Psychotherapie. *Verhaltenstherapie und psychosoziale Praxis, 26,* 357-370.
Goolishian, H.A. & Anderson, H. (1990). Understanding the therapeutic process: From individuals and families to systems in language. In E. Kaslow (ed.), *Voices in Family Psychology.* Newbury Park: Sage.
Goolishian, H.A. & Anderson, H. (1997). Menschliche Systeme. In L. Reiter, E.J. Brunner & S. Reiter-Theil (Hrsg.). *Von der Familientherapie zur systemischen Perspektive* (S. 253-287). Berlin: Springer, 2. überarb. Auflage.
Gurman, A.S. & Kniskern, D.P. (eds.) (1981). *Handbook of Family Therapy. Vol. I.* New York: Brunner/Mazel.
Gurman, A.S. & Kniskern, D.P. (eds.), (1991). *Handbook of Family Therapy. Vol.II.* New York: Brunner/Mazel.
Hahlweg, K., Schindler, L. & Revenstorff, D. (1982). *Partnerschaftsprobleme: Diagnose und Therapie.* Berlin: Springer
Hall, E.T. (1976). *Die Sprache des Raumes.* Düsseldorf: Schwann.
Hare-Mustin, R.T. (1987). The problem of gender in family therapy theory. *Family Process, 26,* 15-27.
Hehl, F.-J. & Ponge, I. (1997). Der Prozeß der Aussiedlung - Veränderungen von familiären Strukturen. *System Familie, 10,* 10-20.
Hehl, F.-J. & Priester, G. (1998). Trennt sich eine Frau vom Mann wegen ihrer früheren Beziehungen in der Herkunftsfamilie? *System Familie, 11,* 80-86.
Hörmann, G., Körner, W. & Buer, F. (Hrsg.) (1988). *Familie und Familientherapie.* Opladen: Westdeutscher Verlag.
Jacob, T. (ed.) (1987). *Family Interaction and Psychpathology.* New York: Plenum.
Jacobskötter, G. (1982). *Möglichkeiten der "Verstörung" im familiären System anhand des Familienbretts.* Unveröff. Dipl.Arbeit, FB Psychologie, Univ. Hamburg..

Jefferson, C. (1978). Some notes on the use of family sculpture in therapy. *Family Process, 17,* 69-76.

Jesse, J. (1993). Die anstaltsgebundene integrative Fortbildung. Ein Seminarangebot für Teams im niedersächsischen Justizvollzug. *Kriminalpädagogische Praxis, 21,* 52-58.

Jüttemann, G. (1985). Induktive Diagnostik als gegenstandsangemessene psychologische Grundlagenforschung. In G. Jüttemann (Hrsg.), *Qualitative Forschung in der Psychologie* (S. 45-70). Weinheim: Beltz.

Karrass, W. & Hausa, U. (1981). Untersuchung zur Interaktion in Familien mit verschieden gestörten Kindern. *Zeitschrift für Klinische Psychologie, 10,* 1-12.

Keeney, B.F. (1979). Ecosystemic epistemology: An alternative paradigm for diagnosis. *Family Process, 18,* 117-129.

Keeney, B.F. (1987a). *Ästhetik des Wandels.* Hamburg: Isko-Press.

Keeney, B.P. (Hrsg.) (1987b). *Konstruieren therapeutischer Wirklichkeiten.* Dortmund: modernes lernen.

Klotz, S. (1991). *Individuelle Symptomatik und familiäre Beziehungsmuster nach stationärer psychotherapeutischer Behandlung - eine systemorientierte Kurzzeitkatamnese.* Unveröff. Diss., Med. Fakultät, Universität Heidelberg.

Knuschke, B. (1993). Überbetriebliche Suchtarbeit - wie funktioniert das? *Suchtreport, 3,* 29-36.

Koch, C. (1990). *Die Analyse von Kommunikationsstilen in Mehrkindfamilien mit Hilfe standardisierter Situations- und Interaktionstests.* Unveröff. Diss., FB Psychologie, Univ. Bremen.

Körkel, J. (Hrsg.) (1992). *Rückfall muß keine Katastrophe sein.* Wuppertal, Bern: Blaues Kreuz.

Kowerk, H. (1991). Qualitative Evaluation systemischer Aspekte bei stationärer Therapie in der Kinder- und Jugendpsychiatrie. *Praxis Kinderpsychologie Kinderpsychiatrie, 40,* 4-22.

Kowerk, H. (1993). *Die Methode der Figurenskulptur.* Unveröff. Habilitationsschrift, FB Medizin, Univ. Hamburg.

Kreppner, K. (1993). Eltern-Kind Beziehungen: Kindes- und Jugendalter. In A.E. Auhagen & M. von Salisch (Hrsg.), *Zwischenmenschliche Beziehungen* (S. 81-104). Göttingen: Hogrefe.

Kriebel, R. (1992). Zur Diagnostik der Projektion: Vom Projektiven Test zur Perzeptgenese. In J. Neuser. & R. Kriebel (Hrsg.), *Projektion - Grenzprobleme zwischen innerer und äußerer Realität.* (S. 251-268). Göttingen: Hogrefe.

Kröger, F., Bergmann, G. & Petzold, E. (1986). Klinische Psychosomatik: Individuelle Aufnahmesituation und systemisches Symptomverständnis. *Zeitschrift für systemische Therapie, 4:* 10-17.

Lambrou, U. (1990). *Familienkrankheit Alkoholismus. Im Sog der Abhängigkeit.* Reinbek: Rowohlt.

Lamnek, S. (1989). *Qualitative Sozialforschung. Band I: Methodologie.* München, Weinheim: Psychologie Verlags-Union

Lang, A. (1975). Psychodiagnostik als ethisches Dilemma. *Schweizerische Zeitschrift für Psychologie, 34,* 221 - 232

Lang, A. (1978). Psychodiagnostik als ethisches Dilemma. In U. Pulver, A. Lang. & F.W. Schmid (Hrsg.), *Ist Psychodiagnostik verantwortbar?.* Bern: Huber.

Leary, T. (1957). *Interpersonal Diagnosis of Personality.* New York: Ronald Press.

Lipchik, E. &. de Shazer, S. (1986). The purposeful interview. *Journal of Strategic & Systemic Therapies, 5,* 88-99.

Lohmer, M. (1983). *Das Familienbrett - Erkundung der diagnostischen Möglichkeiten.* Unveröff. Dipl.Arbeit, FB Psychologie, Univ. Hamburg.

Ludewig, K. (1983). Die therapeutische Intervention - eine signifikante Verstörung der Familienkohärenz im therapeutischen System. In K. Schneider (Hrsg.), *Familientherapie in der Sicht psychotherapeutischer Schulen* (S. 78-95). Paderborn: Junfermann.
Ludewig, K. (1987). Vom Stellenwert diagnostischer Maßnahmen im systemischen Verständnis von Therapie. In G. Schiepek (Hrsg.), *Systeme erkennen Systeme*, (S. 155-173). Weinheim, München: Psychologie Verlags Union.
Ludewig, K. (1988). Nutzen, Schönheit, Respekt - Drei Grundkategorien für die Evaluation von Therapien. *System Familie, 1,* 103-114.
Ludewig, K. (1989). Schritte in die Vergangenheit - mit dem Familienbrett ins Land der Mapuche. *Familiendynamik, 14,* 163-177.
Ludewig, K. (1992). *Systemische Therapie. Grundlagen klinischer Theorie und Praxis.* Stuttgart: Klett-Cotta.
Ludewig, K. (1998). "Überlebensdiagnostik" - eine systemische Option. Vortrag bei der 20. Jahrestagung der DAF vom 30.9.-3.10.1998 in Frankfurt am Main; In *Kontext* 1999 (im Druck).
Ludewig, K., Pflieger, K., Wilken U. & Jacobskötter, G. (1983). Entwicklung eines Verfahrens zur Darstellung von Familienbeziehungen: Das Familienbrett. *Familiendynamik, 8,* 235-251.
Ludewig, K. & Wilken, U. (1983). *Das Familienbrett. Hinweise zur Benutzung.* Hamburg: Eigenverlag.
Ludewig, R. (1984). *Versuch einer systemischen Beurteilung von familientherapeutischen Prozessen.* Unveröff. Dipl.Arbeit, FB Psychologie, Univ. Hamburg.
Luhmann, N. (1980). *Gesellschaftsstruktur und Semantik. Studien zur Wissenssoziologie der modernen Gesellschaft.* Bd. 1 u. 2. Frankfurt/M.: Suhrkamp.
Luhmann, N. (1981). *Soziologische Aufklärung. Band 3. Soziales System, Gesellschaft, Organisation.* Opladen: Westdeutscher Verlag.
Luhmann, N. (1984). *Soziale Systeme. Grundriß einer allgemeinen Theorie.* Frankfurt: Suhrkamp.
Luhmann, N. (1990). *Die Wissenschaft der Gesellschaft.* Frankfurt: Suhrkamp.
Luhmann, N. (1997). *Die Gesellschaft der Gesellschaft.* Frankfurt: Suhrkamp.
Madanes, C., Dukes, J. & Harbin, H. (1981). Familiäre Bindungen von Heroinsüchtigen. *Familiendynamik, 6,* 24-43.
Marti D. & Gehring, T.M. (1992). Is there a relationship between children's mental disorders and their ideal family constructs? *Journal of the American Academy of Child and Adolescent Psychiatry, 31,* 490-494.
Matakas, F., Berger, H., Koester, H. & Legnaro, A. (1984). *Alkoholismus als Karriere.* Berlin: Springer.
Mattejat, F. (1986). Verfahrensspezifische Evaluationskriterien. In H. Remschmidt & M. Schmidt (Hrsg.), *Therapieevaluation in der Kinder- und Jugendpsychiatrie* (S. 46-69). Stuttgart: Enke.
Mattejat, F. (1993). *Subjektive Familienstrukturen.* Göttingen: Hogrefe.
Mattejat, F. & Remschmidt, H. (1991). Die Bedeutung der familialen Beziehungsdynamik für den Erfolg stationärer Behandlungen in der Kinder- und Jugendpsychiatrie. *Zeitschrift für Kinder & Jugendpsychiatrie, 19,* 139-150.
Mattejat, F. & Remschmidt, H. (1997). Die Bedeutung von Familienbeziehungen für die Bewältigung von psychischen Störungen - Ergebnisse zur Therapieprognose bei psychisch gestörten Kindern und Jugendlichen. *Praxis der Kinderpsychologie & Kinderpsychiatrie, 46,* 371-392.
Maturana, H.R. (1982). *Erkennen. Die Organisation und Verkörperung von Wirklichkeit.* Braunschweig: Vieweg.

Maturana H.R. & Varela, F.J. (1987). *Der Baum der Erkenntnis*. Bern: Scherz.
Mayring, P. (1988). *Qualitative Inhaltanalyse*. Weinheim: Deutscher Studien Verlag.
McGoldrick, M. & Gerson, R. (1990). *Genogramme in der Familienberatung*. Bern: Huber.
Minuchin, S. (1974). *Families and Family Therapy*. Harvard: University Press; *deutsch*. (1977): *Familie und Familientherapie*. Freiburg: Lambertus.
Minuchin, S., Baker, L. & Rosman, B.L. (1975). A Conceptual Model of Psychosomatic Illness in Children. *Archives of General Psychiatry, 32*, 1031-1038.
Moreno, J.L. (1946). *Psychodrama*. New York: Beacon.
Olson, D.H., Sprenkle, D.H. & Russell, C.S. (1979). Circumplex Model of Marital and Family Systems. I: Cohesion and Adaptability Dimensions, Family Types and Clinical Applications. *Family Process, 18*, 3-28.
Olson, D.H., Russell, C.S. & Sprenkle, D.H. (1983). Circumplex model of marital and family systems: VI. Theoretical update. *Family Process, 22*, 69-83.
Olson, D.H., Portner, J. & Lavee, Y. (1985). *FACES III*. Minnesota: Family Social Science.
Papp, P., Silverstein, O. & Carter, E. (1973). Family sculpting in preventive work with "well families". *Family Process, 12*, 197 - 212.
Penn, P. (1983). Zirkuläres Fragen. *Familiendynamik, 8*, 198 - 220.
Penn, P. (1986). "Feed-Forward" - Vorwärts-Koppelung: Zukunftsfragen, Zukunftspläne. *Familiendynamik, 11*, 206 - 222.
Petermann, F. (1997). *Kinderverhaltenstherapie*. Hohengehre: Schneider
Pflieger, K. (1980). *Entwicklung und erste Erkundung eines Verfahrens zur Abbildung von Familienbeziehungen*. Unveröff. Dipl.Arbeit, FB Psychologie, Univ. Hamburg.
Plaum, E. (1992). *Psychologische Einzelfallarbeit - Einführendes Lehrbuch zu den Voraussetzungen einer problemorientierten Praxistätigkeit*. Stuttgart: Enke.
Rapoport, A. (1989). A system theoretic view of content analysis. In G. Gerbner, O.R. Holsti, K. Krippendorf, W.J. Paisley & P.J. Stone (Hrsg.), *The analysis of communication content*. New York: Wiley.
Reichelt-Nauseef, S. & Hedder, C. (1985). Die Intervention - Ein Beitrag der Familientherapie zur frühzeitigen Hilfe für den Alkoholiker und seine Familie. *Suchtgefahren, 3*, 261-270.
Reichelt-Nauseef, S. (1991). *Einfluß von Alkoholismus auf die Familienstruktur und deren Veränderung aus der Sicht ihrer Mitglieder*. Ammersbek: Lottbeck.
Reiss, D. (1983). Sensory Extenders versus Meters and Predictors. Clarifying strategies for the use of objective test in family therapy. *Family Process, 22*, 165-171.
Reiter, L., Brunner, E.J. & Reiter-Theil, S. (Hrsg.) (1997). *Von der Familientherapie zur systemischen Perspektive*. Berlin: Springer, 2. überarb. Auflage.
Rennert, M. (1989). *Co-Abhängigkeit. Was Sucht für die Familie bedeutet*. Freiburg: Lambertus.
Riskin, J. & Faunce, E.E. (1972). An evaluative review of family interaction research. *Family Process, 11*, 365 - 455.
Roedel, B. (1994). *Praxis der Genogrammarbeit*. Dortmund: modernes lernen.
Satir, V. (1964). *Conjoint Family Therapy - A Guide to Theory and Technique*. Palo Alto: Science & Behavior; *dtsch*. (1977^2): *Familienbehandlung*. Freiburg: Lambertus
Schaefer, E.S. (1959). A circumplex model for maternal behavior. *Journal of Abnormal & Social Psychology, 59*, 226-235.
Schiepek, G. (1986). *Systemische Diagnostik in der Klinischen Psychologie*. Weinheim, München: Psychologie Verlags Union.
Schiepek, G. (1991). *Systemtheorie der Klinischen Psychologie*. Braunschweig: Vieweg.
Schiepek, G. (1994). Der systemwissenschaftliche Ansatz in der Klinischen Psychologie. *Zeitschrift für Klinische Psychologie, 23*, 77-92.

Schiepek, G. (1999, im Druck). *Die Grundlagen der Systemischen Therapie. Theorie - Praxis - Forschung.* Göttingen: Vandenhoeck & Ruprecht.
Schlippe, A. von & Kriz, J. (1993). Skulpturarbeit und zirkuläres Fragen. *Integrative Therapie, 19,* 222-241.
Schlippe, A. von & Schweitzer, J. (1988). Familienforschung per Fragebogen - eine epistemologische Kritik am Circumplex-Modell und an den "Family Adaptability and Cohesion Evaluation Scales" (FACES II). *System Familie, 1,* 124--136.
Schlippe, A. von & Schweitzer, J. (1996). *Lehrbuch der systemischen Therapie und Beratung.* Göttingen: Vandenhoeck & Ruprecht.
Schmidt, G. (1992). Sucht-"Krankheit" und/oder Such(t)-Kompetenzen. In C. Richelshagen (Hrsg.), *Süchte und Systeme.* Freiburg: Lambertus.
Schmidt, S.J. (Hrsg.), (1987). *Der Diskurs des Radikalen Konstruktivismus.* Frankfurt: Suhrkamp.
Schneider, K. (Hrsg.) (1983). *Familientherapie in der Sicht psychotherapeutischer Schulen.* Paderborn: Junfermann.
Schweitzer, J. & Weber, G. (1982). Beziehung als Metapher: Die Familienskulptur als diagnostische, therapeutische und Ausbildungstechnik. *Familiendynamik, 7,* 113-128.
Schwertl, W., Rathsfeld, E. & Emlein, G. (Hrsg.), (1994). *Systemische Theorie und Perspektiven der Praxis.* Frankfurt: Klotz.
Selvini Palazzoli, M., Boscolo, L., Cecchin, G. & Prata, G. (1978). *Paradoxon und Gegenparadoxon.* Stuttgart: Klett-Cotta.
Selvini Palazzoli, M., Boscolo, L., Cecchin, G. & Prata, G. (1981). Hypothetisieren - Zirkularität - Neutralität: Drei Richtlinien für den Leiter der Sitzung. *Familiendynamik, 6,* 123-139.
Simon, R.M. (1972). Sculpting the family. *Family Process, 11,* 49-57.
Staabs, G. von (1964). *Der Scenotest.* Bern: Huber.
Stierlin, H. (1994). *Ich und die anderen. Psychotherapie in einer sich wandelnden Gesellschaft.* Stuttgart: Klett-Cotta.
Stierlin, H., Rücker-Embden, J., Wetzel, N. & Wirsching, M. (1980). *Das erste Familiengespräch.* Stuttgart: Klett-Cotta.
Thomae, H. (1985). Zur Relation von qualitativen und quantitativen Strategien psychologischer Forschung. In G. Jüttemann (Hrsg.), *Qualitative Forschung in der Psychologie* (S. 92-107). Weinheim: Beltz.
Thomasius, R, (1986). *Lösungsmittelmißbrauch bei Kindern und Jugendlichen. Eine Bestandaufnahme und systemorientierte Betrachtung unter Erkundung des Familienbretts.* Unveröff. Diss., FB Medizin, Univ. Hamburg.
Tomm, K. (1994). *Die Fragen des Beobachters.* Heidelberg: Auer.
Vandnik I.H. & Eckblad, G.F. (1993). FACES III and the Kvebæk Family Sculpture Technique as measures of cohesion and closeness. *Family Process, 32,* 221-233.
Villiez, T. von (1985). Familientherapie bei Alkoholismus, ein Leitfaden für die Literatursichtung. *Suchtgefahren, 31,* 71-75.
Villiez, T. von (1986). *Sucht und Familie.* Berlin: Springer.
Villiez, T. von & Reichelt-Nauseef, S. (1986). Alkoholismus und Familie - ein kritischer Überblick zum Forschungsstand. *Suchtgefahren, 32,* 373-385.
Watzlawick, P. (Hrsg.) (1981). *Die erfundene Wirklichkeit. Wie wir wissen, was wir zu wissen glauben. Beiträge zum Konstruktivismus.* München: Piper.
Watzlawick, P., Beavin, J.H. & Jackson, D.D. (1969). *Menschliche Kommunikation.* Bern: Huber.
Watzlawick, P., Weakland, J. & Fisch, R. (1974). *Lösungen. Zur Theorie und Praxis menschlichen Wandels.* Bern: Huber.

Weber, G. & Stierlin, H. (1989). *In Liebe entzweit. Die Heidelberger Familientherapie der Magersucht.* Reinbek: Rowohlt.
Wegscheider, S. (1981). *Another Chance. Hope and Health for the Alcoholic Family.* Palo Alto: Science and Behavior Books; dtsch. (1988): *Es gibt doch eine Chance.* Wildberg: Bögner-Kaufmann.
Welter-Enderlin, R. (1982). Familienarbeit mit Drogenabhängigen. *Familiendynamik, 3,* 200-210.
Welter-Enderlin, R. (1992). Alkoholismus und Familie. In G. Osterhold & H. Molter (Hrsg.), *Systemische Suchttherapie.* Heidelberg: Asanger.
Westmeyer, H. (1985). Therapieorientierte Diagnostik. Anspruch, Wirklichkeit und Entwicklungsmöglichkeiten In F.J. Hehl, V. Ebel & W. Ruch (Hrsg.), *Psychologische Diagnostik. Kinder, Familie, Schule, Sport,* Vol. 1, (S. 75-86). Bonn: DPV.
White, M. (1989). Der Vorgang der Befragung: eine literarisch wertvolle Therapie? *Familiendynamik, 14,* 114-128.
White, M. (1995). *Re-Authoring Lives: Interviews and Essays.* Adelaide: Dulwich Centre Publ..
White, M. & Epston, D. (1989). *Literate Means to Therapeutic Ends.* Adelaide: Dulwich Centre Publ; dtsch. (1990): *Die Zähmung des Monsters.* Heidelberg: Auer.
Wiedemann, P.M. (1985). Körperimago - Vergessene und neue Möglichkeiten der psychosomatischen Diagnostik. *Diagnostik psychischer und psychophysiologischer Störungen, 2,* 326-345.
Wilken, U. (1982). *Erkundung des Familienbretts als Mittel zur Abbildung der Familienkohärenz.* Unveröff. Dipl.Arbeit, FB Psychologie, Univ. Hamburg.
Wille, A. (1982). Der Familienskulptur-Test. *Praxis Kinderpsychologie Kinderpsychiatrie, 31,* 150-154.
Willi, J. (1975). *Die Zweierbeziehung.* Reinbek: Rowohlt.
Willke, H. (1982). *Systemtheorie.* Stuttgart: Schattauer
Wilson Schaef, A. (1986). *Co-Abhängigkeit. Nicht erkannt und falsch behandelt.* Wildberg: Bögner-Kaufmann.
Wilson Schaef, A. & Fassel, D. (1994). *Suchtsystem Arbeitsplatz.* München: dtv.
Witt, K. (1990). *Zum Verhältnis von Berufs- und Familienleben. Eine Untersuchung mit Hilfe des Familienbretts an acht Unternehmerfamilien.* Unveröff. Dipl.Arbeit, FB Psychologie, Univ. Hamburg.
Wottawa, H. (1983). Some heuristic methods for treatment evaluation. In W.R. Minsel & W. Herffr (Hrsg.), *Methodology in psychotherapy research,* Vol. I (S. 99-106). Frankfurt: Lang.
Wottawa, H. (1990). Einige Überlegungen zu (Fehl-)Entwicklungen der psychologischen Methodenlehre. *Psychologische Rundschau, 41,* 84-97.

Autorenverzeichnis

Frank Baumgärtel, Jg. 1941, Dr. phil., Dipl.-Psychologe, Universitätsprofessor für Psychologie an der Universität Bremen. Forschungsgebiete: Evokative Interaktionsdiagnostik, Kinderpsychotherapie, Rechtspsychologie.

Günther Bergmann, Jg.1948, Dr. med., Privat-Dozent, Arzt für Innere Medizin und für Psychotherapeutische Medizin, Psychoanalytischer Therapeut und Familienmedizin/-therapie. Ärztlicher Direktor der Psychosomatischen Klinik Kinzigtal-Gengenbach. Arbeitsschwerpunkte: Stationäre Psychotherapie, Internistische Psychosomatik, Familientherapie, Eßstörungen, Supervision.

Martin Bökmann, Jg. 1953, Dr. med., Diplom-Soziologe, Arzt für Innere Medizin, Psychotherapie. Oberarzt der Abteilung für Naturheilverfahren des Klinikum Nord in Hamburg. Integration von Schulmedizin, Naturheilkunde und systemischer Psychosomatik..

Thomas Dirksen, Jg. 1964, Dr. med., Arzt für Kinder- und Jugendpsychiatrie, Psychotherapie, Oberarzt der Klinik für Kinder- und Jugendpsychiatrie der Westfälischen Wilhelms-Universität Münster. Weiterbildung in Systemischer Therapie und tiefenpsychologisch orientierter Psychotherapie.

Sabine Haude, Jg. 1963, Ärztin für Psychiatrie, Psychotherapie. Seit 1990 Stationsärztin in den Rheinischen Kliniken Viersen, zuletzt auf der neu gegründeten Station für die qualifizierte Akutbehandlung Drogenabhängiger.

Jörg Jesse, Jg. 1953, Dipl.-Psychologe, Stellvertretender Anstaltsleiter der Jugendanstalt Hameln. Systemischer Therapeut. Beratung, Supervision, Seminarleitung, Begleitung von Organisationsentwicklungsprozessen. Systemische Ansätze im Justizvollzug.

Sabine Klotz-Nicolas, Jg. 1960, Dr. med., geb. in Sigmaringen, Ärztin und Mutter, verstorben 1993.

Birgit Knuschke, Jg. 1960, Diplom-Psychologin und Psychotherapeutin. Leiterin einer Suchtberatungs- und Behandlungsstelle in Wedel/Schleswig-Holstein. Arbeitsgruppe «Systemischer Suchttherapeuten» am Institut für systemische Studien, Hamburg.

Autorenverzeichnis

Kurt Ludewig, geb. 1942 in Chile, Dr. phil., Diplom-Psychologe, Psychologischer Psychotherapeut, Lehrtherapeut und Lehrender Supervisor (SG). 1974-1992 Dozent an der Kinder- und Jugendpsychiatrie der Universität Hamburg, seit 1992 Leitender Psychologe der Klinik und Poliklinik für Psychiatrie und Psychotherapie des Kindes- und Jugendalters der Westfälischen Wilhelms-Universität Münster. Vielfältige Publikationen zur systemischen Theorie und Praxis.

Annegret von Osterroht, Jg. 1944, Diplom-Psychologin, Klinische Psychologin u. Psychotherapeutin BDP. Weiterbildung in Kinder-, Gesprächs- und Familientherapie. Seit 1971 in eigener psychologischen Praxis in Hamburg. Erziehungsberaterin, therapeutische Arbeit mit mißhandelten Kindern, Jugendlichen und Erwachsenen, Gutachterin in Straf-, Familienrechts- und Vormundschaftsverfahren in Hamburg.

Sabine Reichelt-Nauseef, Jg. 1953, Dr. phil., Dipl.-Psychologin und Psychotherapeutin. Inhaberin der Firma "Systemische Organisationsberatung Dr. Reichelt-Nauseef" in Hamburg, Lehrtherapeutin und Lehrende Supervisorin (SG), Dozentin am Institut für systemische Studien, Hamburg. Veröffentlichung: "Einfluß von Alkoholismus", Ammersbek 1991.

Georg Schmidt, Jg. 1964, Dr. rer. nat, Dipl.-Physiker. Ab 1989 Doktorand am Institut für Halbleitertechnik, seit 1997 Habilitand am 2. Physikalischen Institut im Bereich Magnetoelektronik der RWTH-Aachen.

Heike Schmidt, Jg. 1962, Ärztin, Ass. Arts am Cottey College, Nevada. Von 1991-94 Assistenzärztin der Rheinischen Landesklinik Viersen. Seit 1994 in eigener psychotherapeutischen Praxis in Aachen. Weiterbildung in tiefenpsychologisch orientierter Einzel- und Gruppentherapie (Psychodrama).

Elke Sengmüller, Jg. 1940, Österreicherin. Ausbildungen zur Eheberaterin in Salzburg, in Systemischer Familientherapie und Systemischer Supervision und in Hypnotherapie in Wien. Psychotherapeutin und Supervisorin in freier Praxis in Salzburg, Leitung von Workshops und Selbsterfahrungsgruppen unter Verwendung des Familienbretts.

Werner Simmerl, Jg. 1949, gel. Bankkaufmann, Diplom-Verwaltungswirt (FH), DVNLP-Lehrtrainer. Ausbildungen u.a. in NLP, Gruppendynamik, systemischem Ansatz und Organisationsentwicklung. Gründer und Leiter von "Kommunikationstraining Simmerl" in Lichtenfels. Aus- und Weiterbildung von Trainern, Beratern und Führungskräften.

Ulrich Wilken, Jg. 1956, Diplom-Psychologe, Psychologischer Psychotherapeut, systemischer Therapeut, Lehrtherapeut und Lehrender Supervisor (SG), Mit-Begründer, Dozent und Vorstandsmitglied des Instituts für systemische Studien Hamburg.

Psychotherapie

Reinhard Fuhr / Milan Sreckovic
Martina Gremmler-Fuhr (Hrsg.)
Handbuch der Gestalttherapie
*1999, XVI/1245 Seiten, geb., DM 98,– / sFr. 85,–
öS 715,– • ISBN 3-8017-1286-9*

Dieses Handbuch bietet erstmals im deutschsprachigen Raum eine umfassende Bestandsaufnahme der Theorie und Praxis sowie der Anwendungsbereiche der Gestalttherapie. Neben der geschichtlichen Entwicklung werden die Konzepte und Praxisprinzipien sowie die Methoden und Techniken der Gestalttherapie dargestellt. Weitere Kapitel beschäftigen sich mit gestalttherapeutischer Diagnostik, der Anwendung von Gestalttherapie bei speziellen Klientengruppen und in speziellen Arbeitsfeldern sowie mit empirischer Forschung im Bereich der Gestalttherapie.

Rainer Sachse
Lehrbuch der Gesprächspsychotherapie
*1999, 306 Seiten, DM 59,– / sFr. 51,–
öS 431,– • ISBN 3-8017-1242-7*

Mit diesem Buch liegt erstmals eine umfassende Bestandsaufnahme der Klientenzentrierten Psychotherapie bzw. Gesprächspsychotherapie vor. Themen sind u.a. die Erfolgs- und Prozeßforschung, die Stellung der Diagnostik, störungsspezifische Interventionsstrategien sowie therapeutische Verarbeitungs- und Handlungsmöglichkeiten. Dabei wird deutlich, daß diese Therapieform nicht nur wissenschaftlich äußerst gut fundiert ist, sondern auch sehr anwendungsorientierte, differenzierte, ellaborierte und effektive Vorgehensweisen für praktisch tätige Psychotherapeuten entwickelt hat.

Rudolph F. Wagner / Peter Becker (Hrsg.)
Allgemeine Psychotherapie
*Neue Ansätze zu einer Integration psychotherapeutischer Schulen
1999, 244 Seiten, DM 59,– / sFr. 51,–
öS 431,– • ISBN 3-8017-1185-4*

Ziel des Buches ist es, das von Grawe in die Diskussion eingebrachte Konzept einer Allgemeinen Psychotherapie weiter auszuarbeiten. Leitidee ist eine theoretisch und empirisch fundierte Psychotherapie jenseits der psychotherapeutischen Schulen. Dazu werden neue Ansätze dargestellt, die sich einer solchen Integration psychotherapeutischer Schulen widmen. Die dargestellten Integrationsmöglichkeiten berücksichtigen u.a. allgemein-, persönlichkeits- und neuropsychologische sowie system- und wissenschaftstheoretische Perspektiven.

Hansruedi Ambühl / Bernhard Strauß (Hrsg.)
Therapieziele
*1999, 336 Seiten, DM 59,– / sFr. 51,–
öS 431,– • ISBN 3-8017-1126-9*

Prominente Vertreter der wichtigsten Psychotherapierichtungen setzen sich in diesem Buch mit der Frage der Therapieziele auseinander und diskutieren diese sowohl aus historischem Blickwinkel als auch hinsichtlich ihrer Erfaßbarkeit in empirischen Untersuchungen. Darüber hinaus werden ethische Aspekte bei der Setzung von Therapiezielen und die Frage des »Informed Consent« behandelt. Das Buch bietet Psychotherapeuten und Wissenschaftlern eine wichtige Basis zur kritischen Bewertung ihres Handelns und nicht zuletzt zur Planung wissenschaftlicher Untersuchungen auf dem Gebiet der Therapieevaluation.

 Hogrefe - Verlag für Psychologie
Rohnsweg 25, 37085 Göttingen • Tel. 0551/49609-0 • http://www.hogrefe.de

Buchtips

Wilhelm Körner / Georg Hörmann (Hrsg.)
Handbuch der Erziehungsberatung
Band 1: Anwendungsbereiche und Methoden
1998, 534 Seiten, geb., DM 79,– / sFr. 69,–
öS 577,– • ISBN 3-8017-0927-2

Das Handbuch bietet eine kritische Bestandsaufnahme der organisatorischen Einbindung, der Anwendungsbereiche und Klientele sowie der Methoden der Erziehungsberatung. Die Darstellung aktueller Anwendungsbereiche der Erziehungsberatung, wie z.B. Gewalt gegen Kinder, Hyperaktivität, Behinderung und Stieffamilien, bildet einen Schwerpunkt des Bandes. Darüber hinaus werden die wichtigsten Methoden der Erziehungsberatung, wie z.B. Verhaltenstherapie, Kindertherapie und Systemtherapie, in ihren Grenzen und Möglichkeiten vorgestellt.

Klaus A. Schneewind
Lutz von Rosenstil (Hrsg.)
Wandel der Familie
(Münchener Universitätsschriften
Psychologie und Pädagogik)
2., unveränderte Auflage 1998, 102 Seiten,
DM 44,80 / sFr. 40,30 / öS 327,–
ISBN 3-8017-0465-3

In einer Zeit, die geprägt ist durch raschen technologischen und gesellschaftlichen Wandel, bleiben auch die Formen familiären Zusammenlebens von Veränderungen nicht unberührt. In der Diskussion um diesen familiären Veränderungsprozeß sprechen die einen von Auflösungstendenzen oder vom Funktionsverlust der Familie, andere begreifen die Veränderungserscheinungen als einen notwendigen Anpassungsprozeß an gewandelte Lebensumstände. Das Buch diskutiert die Voraussetzungen, Begleitumstände und Konsequenzen familiären Wandels aus einer interdisziplinären Perspektive.

Rohnsweg 25, 37085 Göttingen • http://www.hogrefe.de

Musikpsychologie

Henk Smeijsters
Grundlagen der Musiktherapie
Theorie und Praxis der Behandlung psychischer Störungen und Behinderungen
1999, X/229 S., DM 59,– / sFr. 51,– / öS 431,–
ISBN 3-8017-1189-7

Wie kann mit Musik auf die Gedankenwelt von schizophrenen Klienten eingegangen werden? Wie kann Musik bei geistig behinderten Klienten die kognitiven Funktionen positiv beeinflussen? Das Buch beschäftigt sich ausführlich mit diesen Fragen. Es stellt eine Theorie der Musiktherapie vor und behandelt dazu Kriterien der Indikation und das Konzept der Analogie. Richtlinien zur Behandlung der psychischen Störungen bzw. Behinderungen bieten Musiktherapeuten eine ideale Wissensbasis für ihre praktische Arbeit.

Hans-Helmut Decker-Voigt / Paolo J. Knill
Eckhard Weymann (Hrsg.)
Lexikon Musiktherapie
1996, XII/420 Seiten, geb., DM 98,– / sFr. 92,–
öS 715,– • ISBN 3-8017-0636-2

Musiktherapie ist international mittlerweile so konsolidiert, daß eine handlich lexikalische Übersicht über die vielfältigen Ansätze musiktherapeutischer Praxis, Forschung und Lehre möglich wird. Das Lexikon vermittelt Hintergrundwissen zu den verschiedensten Strömungen im Bereich der Musiktherapie, z.B. zur analytischen Musiktherapie, zur musiktherapeutischen Verhaltensmodifikation, zur anthroposophischen und sonderpädagogischen Musiktherapie sowie zu morphologisch-hermeneutischen Verfahren. Es enthält weiterhin zentrale Begriffe aus dem Bereich musiktherapeutischen Denkens und Handelns sowie zu esoterischen Traditionen der Musiktherapie u.v.m.

Rohnsweg 25, 37085 Göttingen • http://www.hogrefe.de